犹太学博士文库

傅有德 主编

本书是国家社科基金冷门“绝学”和国别史等研究专项
“希伯来－阿拉伯语哲学文献的整理、翻译和研究”阶段性成果
项目批准号：2018VJX001

迈蒙尼德
宇宙生成论思想研究

A Study of Maimonides' Cosmogony

董修元 著

上海三联书店

总　　序

　　犹太学(Jewish Studies)，是一个综合性概念，涵盖了犹太宗教、历史、哲学、习俗、社会、政治、经济、生活方式等各方面的学问。有如西方的汉学(Sinology)，犹太学也不是指一个单一的学科，而是指以各个学科为视角对犹太民族及其历史、文化所做的研究。因此，犹太宗教、犹太哲学、犹太文学、犹太历史、犹太与其他文化比较，诸如此类，皆隶属于犹太学这一范畴。在这个意义上，有多少学科，就有多少犹太学分支。

　　犹太学在西方世界一直颇为兴盛。这突出表现在，犹太学教学与研究机构大量存在，并广泛分布于欧美各国。例如，在英国、法国、美国、加拿大、澳大利亚，多数综合性大学(university)和著名的学院(college)都设有犹太学系、犹太研究中心，或犹太研究科目(program)。二战期间和之后的半个世纪，德国原有的犹太学机构被关闭，但是，20世纪末以来的十几年中，有些已得以恢复，还有新建起来的。这些教学与研究机构并非只是针对犹太学生的，而是开放性的，面向所有学生和学者。在普通大学之外，还有犹太拉比学院或经学院，这些学校多半是犹太教的某个宗派创办的，其目的是培养专职的犹太教拉比或教授希伯来语，加强对散居犹太人的宗教与民族意识教育。犹太学之所以在欧美诸国广为流行且久盛不衰，一方面是散居各地的犹太人自身的需要，另一方面则是西方文化建设与发展的需要。西方之所以需要研究犹太学，一是因为希伯来圣经是西方文化的主要源头之一，二是因为源于圣经的犹太—基督宗教传统现在仍然是西方文化的重要组成部分。西方人要了解和研究自己的文化及其源流，不能将犹太宗教及其典籍置之度外。

　　中以建交于1992年1月。之前，中国的犹太研究少之又少。之后，伴随一批年轻学者海外学成归国，犹太研究机构也相继建立起来，犹太学遂得以迅速发展,且日渐繁荣,成为颇受瞩目的"希望"学科。上海、南京、山东、河南、陕西的高校还设立了犹太学博士课程,迄今已培养出数十名博士。他们身上负载了中国犹太学的未来。凡博士论文的写作,无不经过数年学习而奠定基础,然后围绕一个主题广泛收集资料,掌握国内外研究的历史与现状,在此基础上再做深入细致的梳理与剖析。故此,一般说来,博士论文较之别的论著在资料和理论观点上有其优长之处。对于不少学人,博士论文往往是其一生中最用心血,也最有心得、最有新意的作品。因此,其学术价值是不言而喻的。本文库作为中国犹太学的新成果,对中国犹太学的积极推动作用也是可以期望的。

今天的中国正在复兴之路上迅猛前进。然而,中国的复兴,不能离开中国文化的复兴,而中国文化的复兴绝不是简单地恢复五四运动之前的传统文化,而应该既植根于传统,又在广泛吸收各种优秀文化因素的基础上对传统进行再造与重建。而在再造与重建中国传统文化的过程中,犹太因素是绝不应该忽视的。当然,犹太学之外的其他外来文化,也都是中国文化建设所需要的。但是,因为犹太文化是外来文化中的后来者,是我们了解最少的,所以也就成为最亟需的。应该指出,犹太人之所以能够在散居近2000年后仍然作为一个族群而存在着,现代犹太人之所以能够在思想文化、科学技术、经济金融、工商企业、文学艺术等各个领域做出卓越不凡的成就,根源多半在其独特的宗教信仰、思维方式、行为方式以及对待异质文化的态度之中。相信本套文库对于中国读者多方位了解犹太人与犹太文化大有裨益,因此,它对于当今中国文化的复兴与重建也是颇有意义的。

上海三联书店总编黄韬先生慨然接受这一丛书,对文库的出版有扶持之功。在此,谨与文库的各位作者一起表示衷心感谢。

是为序。

傅有德

2014 年 2 月 8 日于山大静轩

目　　录

Contents

缩略语说明

ANET	*Ancient Near Eastern Texts Relating to the Old Testament*，3rd，Princeton：Princeton University Press，1969.
BT	*Babylonian Talmud*.
MJ	*Dalālat al-Hā'irīn/Moreh Nevuchim*，Judaeo-Arabic version，ed. S. Munk and I. Joel，Jerusalem：Junovitch，1931（《迷途指津》希伯来—阿拉伯语版）.
HA	*Dalālat al-Hā'irīn*，Arabic version，ed. Huseyin Atāy，Cairo：Maktaba al-Thaqāfa al-Dīnīya，1980（《迷途指津》阿拉伯语版）.
P	*Priestly Texts* in the Hebrew Bible.
JPS	The Jewish Publication Society.
JSAI	*Jerusalem Studies in Arabic and Islam*.
SAA	*State Archives of Assyria*.
大正藏	《大正新修大藏經》，高楠顺次郎等辑，东京：大藏出版株式会社，1924—1934 年。
迷途指津	迈蒙尼德著作 *Dalālat al-Hā'irīn*（*The Guide of the Perplexed*）汉译，傅有德、郭鹏、张志平译，济南：山东大学出版社，1998 年。
亚里士多德全集	中文版《亚里士多德全集》，共十卷，苗力田主编，北京：中国人民大学出版社，1990—1996 年。

导　言

一、　主题说明

本书的主要研究对象是犹太哲学家摩西·迈蒙尼德（Moses Maimonides，1135—1204）在中世纪世界永恒①论与有始论争论中的立场及其对这一论题的独特解决思路。

宇宙生成论，顾名思义，是关于世界起源的理论，它首先探究世界是否有时间起点，进而在此基础上探讨宇宙产生的方式。关于宇宙生成论问题的争论，从古代一直绵延至中世纪，历代哲学家和宗教思想家及神学家都参与其中。这一争论反映出各种思想派别对宇宙的起源及存在本性的理解的根本差异，并由此延伸到对神性与来世生活的不同界定。宇宙生成论问题作为自然哲学与形而上学的接合点，在古代和中世纪哲学史上起到关键的枢纽作用。一方面任何一位试图构建大全体系的思想者都不可能忽略或回避这个问题；另一方面，在这个特殊领域发生的任何变异或创新也会迅速反映到形而上学和自然哲学的领域，从而改变一个时代的思想图景。而且，它构成希腊化思想与启示一神教对话的一个主要平台：哲学思辨由此渗入经典解释的领域，而神学信念所带来的新视野也通过这一渠道潜移默化地改变着哲学的基本框架和预设。

迈蒙尼德作为中世纪犹太哲学与神学最高成就的代表，在他的主要著述——如《律法再述》（*Mishneh Torah*）和《迷途指津》（*Dalālat al-Hā'irīn*）——中表述了他在这一争论中的立场和理据。在探讨该论题的过程中，他全面梳理了当世的两大显学即阿拉伯亚里士多德主义和伊斯兰凯拉姆（*Kalām*，即伊

---

①　以下不加特别说明的"永恒"都是指无始，即向前永恒。

斯兰经院哲学,亦译作辩证神学)的相关主张及其前提与论证,并提出原创性的批判见解。而且,迈蒙尼德将自己的宇宙生成论思想视为塔木德学术的高端部分,即"创世论",在哲学—科学与犹太律法学之间建立结构性对应。与此相关,他对世界有始与世界永恒两种立场各自的神学意义有深刻的洞察,极力抵制犹太教内复神话化(*Re-mythologisation*)或原卡巴拉主义(*Proto-Kabbalah*)的倾向。①

迈蒙尼德的哲学著作《迷途指津》在他逝世后不久就翻译成了拉丁文,在阿拉伯亚里士多德主义及伊斯兰经院哲学遗产传输至西欧基督教世界过程中起到了关键中介作用。大阿尔伯特、托马斯·阿奎那、邓斯·司各脱等经院哲学的代表人物都接触到这一著作,尤其是阿奎那阐发创世论的著述中有明显的迈蒙尼德影响印记。② 因此,对迈蒙尼德的宇宙生成论思想的研究,构成了理清中世纪(乃至近代)哲学发展脉络的一个必要环节。

探究迈蒙尼德的宇宙生成论思想,所面对的一个先决问题就是矛盾—分歧表述。迈蒙尼德在《律法再述》和《迷途指津》中分别做出了看似相互矛盾的创世论陈述,而在《迷途指津》内部的相关陈述也有分歧。而令问题进一步复杂化的是,迈蒙尼德本人对这种观点上的矛盾或分歧具有自觉的意识。他在《迷途指津》导语中列举了神学—哲学言说中七种造成矛盾—分歧的原因③——陈述多人观点、立场前后变化、隐喻的表里差异、主题范围不同、教学次第要求、隐藏的逻辑矛盾、论题本身的模糊性要求——并声称哲学家或掌握真理者之著述中的分歧原因归于第五种(教学次第要求),而他自己的著作(《迷途指津》)中的分歧则属于第五种和第七种(论题模糊性要求)。因此,迈蒙尼德哲学著述中的矛盾—分歧不是运思或行文的疏漏,而是作者的一种有意设置。迈蒙尼德为何做出此种设置以及如何在作者的提示下发掘这些矛盾—分歧表述背后的思想意旨,在此后数百年中成为犹太学者持久关注的焦点,在中世纪被称为"Rambam④难题",而在现代则由列奥·施特劳斯(Leo

---

① 对这两个术语之意义的讨论见下文第一章 3.2、第二章 3.4、第四章 3.2。

② 见下文第 4 章 3.1。

③ 迈蒙尼德:《迷途指津》,傅有德、郭鹏、张志平译,济南:山东大学出版社,1998 年,第 18—20 页。下文引用《迷途指津》,除非有特别说明,都是指这个版本。

④ 即摩西·本·迈蒙(Rabbi Moshe ben Maimon)的缩略表示,摩西·本·迈蒙是迈蒙尼德的本名。

Strauss)重启这一问题的探讨并提出基于政治哲学考虑的隐微解读思路,引起巨大反响和不断争议,使之成为现代学术界犹太哲学和中世纪哲学研究领域经典而常新的论题。①

因此,这里要处理的三个基本问题是:迈蒙尼德在宇宙生成论问题上的最终立场是什么;他是如何达到这一立场的;他为何以这种特殊的方式来表述这一立场。在本书中,我准备从兼容教化意识的辩证思路出发去解决迈蒙尼德宇宙生成论陈述的矛盾—分歧问题,还原迈蒙尼德在相关哲学—神学争论中的最终立场及其理据,进而评估其在思想史上的地位与意义。

二、 研究现状

现代以来,西方学界解释迈蒙尼德哲学著述中之矛盾—分歧的思路大致可归结为六种,下面将逐一审视这些思路及其在宇宙生成论问题上的应用:

(1) 传统哲学史进路

胡斯克(Isaac Husik)与古德曼(Julius Guttmann)从传统哲学史观点出发,判断迈蒙尼德哲学观点表述中出现的矛盾主要是无意识造成的。胡斯克认为,古代及中古哲学家由于缺乏严密的分析工具以及信仰、偏好等主观因素的干扰,经常出现思想不连贯的情况。迈蒙尼德也是如此,他的思想中出现矛盾,在驳斥伊斯兰凯拉姆时支持宇宙永恒论、在批判亚里士多德主义时又质疑之,是为犹太信仰辩护的情结干扰运思的结果。② 古德曼则指出,迈蒙尼德在将犹太教信念植入亚里士多德形而上学框架的过程中未能充分意识到二者实质存在的深层冲突。③ 然而,迈蒙尼德在《迷途指津》导语中对文本矛盾原因的条分缕析(尤其是对本书中存在第五、七种分歧或矛盾的直承),④使这种传统哲学史解释难以立足。迈蒙尼德显然是在有意识地运用矛盾或看似矛盾的分歧来达到某种写作目的。而且,从《迷途指津》(II 导言及 1—24 章)中对阿

---

① Herbert Davidson, *Moses Maimonides：the Man and His Works*, Oxford：Oxford University Press, 2005, pp. 391 - 402.

② Isaac Husik, *A History of Mediaeval Jewish Philosophy*, New York：the Macmillan company, 1916, pp. 274 - 276.

③ Julius Guttmann, *The History of Jewish Philosophy：From Biblical Times to Franz Rosenzweig*, translated by David Silverman, New York：Holt, Rinehart and Winston, Inc.，1944, 1964, pp. 201,207.

④ 迈蒙尼德:《迷途指津》,第 20 页。

拉伯亚里士多德主义全面、深入的还原和剖析来看,其实迈蒙尼德对"雅典与耶路撒冷"间的张力是有明确意识的。

（2）思想演化进路

这种思路以希斯金（Kenneth Seeskin）和朗格曼（Tzvi Langermann）为代表,他们提出从《律法再述》（Mishneh Torah）等律法学著作到后期的哲学—神学著作《迷途指津》,迈蒙尼德关于宇宙生成论的思想发生了变化,基于对人类理性能力的反思以及维护犹太信仰根基的考虑,他修正了早期的自然主义哲学观点而转向神出于自由意志创世的观点,这种立场的转变致使前后的观点表述发生矛盾。① 针对此种解释,我们注意到,《迷途指津》多处引用《律法再述》,对后者的神学立场持强烈肯定态度。且从《律法再述》成书（约1178年）到《迷途指津》的写作（约完成于1190年）,其间超过十年,如果迈蒙尼德自身的思想发生变化,那完全有机会改写《律法再述》。事实上他后半生在不断改写早年著作如《密释纳评注》（Commentary on Mishnah）,而《律法再述》的定位乃是准备向整个犹太世界传播并垂范后世的宪法式典章,迈蒙尼德更是决不会放任其中的错误流传。但迈蒙尼德并未对其中倾向自然主义的宇宙论观点陈述做出修改,因此,以迈蒙尼德的思想转变来解释其著作中的矛盾—分歧的思路亦并不具有很强的说服力。

（3）隐微解读

列奥·施特劳斯（Leo Strauss）在总结中世纪阿拉伯—犹太亚里士多德主义政治哲学传统的基础上提出隐微解读思路,认为有意识的自相矛盾是解读《迷途指津》的枢纽,迈蒙尼德运用此种修辞策略向有资质的学徒暗示律法书的秘密而将不合格的读者拒之门外。② 这种解读进路,突破了传统哲学史思路的历史主义局限,主张搁置种种现代哲学的先入立场,"贴近阅读"古代文本,通过细致剖析其文学特征、修辞手法来还原作者在适应特定历史文化环境的表面陈述之下设置的隐微意旨。因此,施特劳斯要求文本诠释者在阅读和

---

① Kenneth Seeskin, "Metaphysics and its Transcendence", in *The Cambridge companion to Maimonides*, Cambridge: Cambridge University Press, 2005, p. 83; Tzvi Langermann, "Maimonides and Miracles", *Jewish History* 18, 2004, pp. 155 - 159.

② Leo Strauss, "The Literary Character of the Guide for the Perplexed", in *Persecution and the Art of Writing*, Chicago: University of Chicago press, 1952, pp. 38 - 94; "How to Begin to Study *The Guide of the Perplexed*", in *The Guide of the Perplexed*, translated by Pines, Chicago: The University of Chicago Press, 1963, pp. xi - lvi.

探究的过程中抱持一种试图从古典作家那里获取超出时代局限尤其是现代性局限的视野及教益的期待。他的一系列方法论主张和相应的文本解读实践，具有划时代的意义，标志着迈蒙尼德哲学文本之现代研究的开端。他把矛盾—分歧问题极度凸显出来，其所倡导的隐微解读方案在 20 世纪 50—70 年代也成为解决这一问题的主流进路，此后虽遭遇多方挑战，但影响传延至今。

　　按照施特劳斯的隐微解读提示，迈蒙尼德在宇宙生成论上的真实立场是阿拉伯亚里士多德主义的世界永恒论，其著作中大量出现的与此种立场相矛盾的观点陈述是为了掩盖这一隐义，以避免宗教—政治迫害或防止淆乱大众朴素信念以致危害社会秩序。而且，施特劳斯还做出一个影响深远的划分，即《迷途指津》是包含迈蒙尼德终极哲学立场的隐微著作而《律法再述》是向与哲学无缘的大众灌输律法知识的显明著作。尽管施特劳斯在视野和方法论上取径极高，他所指向的这个结论却十分脆弱。正像皮纳斯（Shlomo Pines）指出的，按照施特劳斯的隐微预设，迈蒙尼德是要用矛盾掩护其亚里士多德主义哲学观点、使其不被大众所知，但事实上迈蒙尼德在《律法再述》这部面向所有人的"显明"著作中早已把其哲学观点表露无遗了："从《律法再述》的这些段落来看，迈蒙尼德在将永恒性归于世界时显然毫无顾虑。"①

　　基于此，皮纳斯提出另一种隐微解读：流行的阿拉伯亚里士多德主义哲学观点也是保护色，迈蒙尼德真正的主张是康德式的理性批判或不可知论，即人类理性只能向月下世界作经验运用，天体世界、分离性理智和神都属于人无从认知的范围，由此创世论问题其实是无从索解的伪问题。② 然而，仔细考察即可发现，这个观点也有很大的局限。首先，其彻底的康德主义批判认识论色彩，与迈蒙尼德的中世纪思想语境存在较大差距；其次，皮纳斯构建的证据链——伊本·巴哲和图斐利转述法拉比佚著《〈尼各马可伦理学〉评注》中有此观点、假定迈蒙尼德接受此书中的这一观点——过于薄弱；最后，它与迈蒙尼德的总体理论框架相冲突，如果它成立，按照迈蒙尼德在《律法再述》和《迷途指津》两部著作中都提到的条件，将不可能有人成为先知、也没有人能获得灵

---

①　Shlomo Pines, "The Philosophical Purport of Maimonides' Halachic Works and *The Guide of the Perplexed*", in *Maimonides and Philosophy*, Dordrecht: Kluwer, 1986, p. 5.

②　Shlomo Pines, "The Philosophical Purport", pp. 6 - 14; "The Limitation of Human Knowledge according to Al-Farabi, ibn Bajja and Maimonides", in *Studies in Medieval Jewish History and Literature*, Cambridge, MA: Harvard University Press, 1979, pp. 82 - 109.

魂完善。而且,如果关于神存在的理性论证不可能,律法科学的第一根基将被架空,迈蒙尼德用半生建构、半生维护的理论陈述将全成空言。这样一种将解释对象取消的解释并不优于隐微解读的经典版本。

作为隐微解读的第三代代表人物,泽夫·哈维(Warren Zev Harvey)倾向于对皮纳斯版的怀疑论解读作弱化处理,保留亚里士多德主义版本神之存在证明(内含世界永恒前提)的知识确定性;[①]克雷恩-布拉斯莱维(Sara Klein-Braslavy)从圣经解释的进路提出支持皮纳斯主张的意见,认为迈蒙尼德事实上在宇宙论争议中所持的立场是悬搁判断。[②] 与怀疑论解读相近而又有所区别,哈尔伯托(Moshe Halbertal)认为迈蒙尼德在创世论等一系列重大争议问题上持多元论立场,即同时呈现对立立场的理据和局限,将最终判断权交给读者。[③] 伊弗利(Alfred Ivry)则根据《迷途指津》中的隐微提示和逻辑思路推断,迈蒙尼德实际上持一种类似于柏拉图的从永恒质料创世论。[④] 但这几种解决方案的问题同样是无法圆融解释迈蒙尼德的多处明文陈述,在这种情况下强行诉诸隐微—矛盾预设,非常容易陷入相对主义的泥潭。值得注意的是,克雷泽尔(Howard Kreisel)综合以往隐微解读思路提出一套系统化的迈蒙尼德世界永恒论证,[⑤]而希斯金则从有始论立场予以回应(其具体观点见下文"辩证解读"思路部分)。

从 20 世纪 70 年代起,随着隐微解读思路的局限性逐渐呈露,众多迈蒙尼德研究者开始尝试从别种进路处理矛盾—分歧问题,以期获得更完满的解决方案。以下述及的观念化解读、教化解读和辩证解读即是其中较具建设性的

---

① Warren Zev Harvey, "A Third Approach to Maimonides' Cosmogony-Prophetology Puzzle", *The Harvard Theological Review*, Vol. 74, No. 3 (Jul., 1981), pp. 287 - 301; "Maimonides' Critical Epistemology and Guide 2:24", *Aleph* 8 (2008), pp. 213 - 235; "Maimonides' Avicennianism", in *Maimonidean Studies*, vol. 5, New York: Yeshiva University, 2008, pp. 113 - 115.

② Sara Klein-Braslavy, *Maimonides as Biblical Interpreter*, Brighton, MA: Academic Studies Press, 2011, pp. 21 - 86.

③ Moshe Halbertal, *Maimonides: Life and Thought*, Princeton: Princeton University Press, 2014, pp. 312 - 353, 354 - 368.

④ Alfred Ivry, "Maimonides on Creation", in *Creation and the End of Days*, Lanham: University Press of America, 1986, pp. 185 - 213; "Maimonides on Possibility", in *Mystics, Philosophers and Politicians*, Durham: Duke University Press, 1982, pp. 74 - 84.

⑤ Howard Kreisel, "Maimonides on the Eternity of the World", in *Jewish Philosophy: Perspectives and Retrospectives*, Brighton, MA: Academic Studies Press, 2012, pp. 157 - 184.

三种思路。

（4）概念化解读

这种对迈蒙尼德哲学文本作概念化还原的解释路径，最初由近代犹太哲学家赫尔曼·科恩（Hermann Cohen）在《迈蒙尼德伦理学》（1908）①中提出，在当代由赫伯特·戴维森（Herbert Davidson）和利曼（Oliver Leaman）重申并发展。这两位学者反对施特劳斯学派所倡导的借由种种修辞策略探求迈蒙尼德文本背后隐义的解读进路，认为这种解释既无坚实的文本依据，又有被字面衍生的歧义及琐碎的修辞细节误导而作捕风捉影式徒劳探索的危险。相对于施特劳斯的贴近阅读，他们所主张的解释原则是相信迈蒙尼德的理智真诚性（《迷途指津》II 24，25），②即判断迈蒙尼德在写作时虽然有宗教信仰关切的内在推动，但在进行论证的过程中始终以真理为指归、自觉地按照一种知识规范来探索和解决哲学难题；据此，应当将迈蒙尼德文本放在时代知识语境的背景下，还原其问题关注和思想资源，通过概念辨析和论证梳理的方法来探究迈蒙尼德在相关哲学问题上的基本立场及其提出的解决路径。这种思路与隐微解读思路形成文本诠释策略的经典对立，即透过文本、以意逆志的概念化理解和考辨字句、探求微言大义的修辞—索隐诠释之间的对立。这种观念化的解读思路在一定程度上是传统哲学史思路的回归，但其间差别在于，传统哲学史家通常是从某种现成的当代哲学理论出发重构古代哲学思想的意义，而戴维森和利曼则试图首先还原迈蒙尼德所依靠的神学—哲学传统框架、以此为参照来确定其著述中的概念意指和论证思路。③

戴维森和利曼在对迈蒙尼德的直接陈述作概念化还原的基础上得出结论，迈蒙尼德事实上尽其所能地提出了一致且严密的哲学论证，其著述中并不存在以掩饰真相为目的的有意矛盾（但不排除存在无意识失误的可能）。而针

---

① Hermann Cohen, *Ethic of Maimonides*, translated by A. S. Brucstein, Madison: The University of Wisconsin Press, 2004, pp. 23 - 48；另见，列奥·施特劳斯《柯亨与迈蒙尼德》，李秋零译，收录于《犹太哲人与启蒙》，北京：华夏出版社，2010年，第127—128页。

② 迈蒙尼德：《迷途指津》，第301、302—303页。

③ Herbert Davidson, "Maimonides' Secret Position on Creation", in *Studies in Medieval Jewish History and Literature*, ed. I. Twersky, Cambridge, MA: Harvard University Press, 1979, pp. 16 - 40; *Moses Maimonides: the Man and His Works*, Oxford: Oxford University Press, 2005, pp. 387 - 402; Oliver Leaman, *Moses Maimonides*, Richmond: Curzon, 1997, pp. 3 - 5, 65 - 84.

对迈蒙尼德本人在《迷途指津》导语中关于本书中矛盾—分歧系第五、七种原因所致的说法,戴维森给出的解释是,《迷途指津》是陆续写成、其间作者写作计划发生改变,并未执行导语所体现的原初设想。这种解释与思想演化进路相接近,面对同样的困难。同时,戴维森和利曼在宇宙生成论上所还原出的迈蒙尼德最终立场,分别是柏拉图主义的和温和不可知论—实用主义的,[1]难以得到文本支持、甚至与迈蒙尼德的直接陈述相冲突,似乎重蹈了两人批评的隐微解读的覆辙。

(5) 教化解读

特沃斯基(Isadore Twersky)、哈特曼(David Hartman)和拉维茨基(Aviezer Ravitzky)等强调迈蒙尼德著作中的教化意识(pedagogic sense),[2]认为迈蒙尼德有一个连贯的神学—哲学理论,并准备将这个他所认定的真理体系传授给所有犹太民众。由于这些受众有资质和学养的差别,针对具有不同接受能力的群体,迈蒙尼德采取不同的适合于他们的教学方式:对普通大众他用最简明的信条、最宽泛的解释;对初学的或传统的拉比他授之以《律法再述》这种主题明晰、表述确定的律法著作;而对具备哲学素养的最精英的律法学徒,他则用《迷途指津》将其引向最崇高也是最艰深的神学—形而上学领域。每一阶段的教学内容孤立起来进行比较似乎有相互矛盾的地方,但如果考虑到它们对各种受众资质的迁就以及引导其理智成长的连续上升趋势,则可以看出它们其实只是同一理论体系的不同折射或权宜施设,其中并不包含出于意识形态考虑的有意隐瞒,相反,暂时或部分的遮蔽是为了达到未来充分揭示的进阶。

根据教化解读思路,迈蒙尼德本人掌握了一种真理体系,他要把这种真理按其各自的接受能力传授给众人。但是,由于他的受众即潜在的犹太读者中几乎没有人具备充分的接受能力(甚至连他最欣赏的弟子、《迷途指津》教诲的直接诉诸者约瑟夫也有知识结构的缺陷),同时受制于论题本身的艰深与前辈拉比的口传禁令,最终的结论将是,在迈蒙尼德的现有著述中没有关于这种真理的最终表述。由此,采取此种进路的解释者将面对一个比隐微解释者更困难的局面:如何从这些各有局限的表述推知迈蒙尼德没有实际说出的东西,

---

① Davidson, 1979, pp. 21 - 22, 35 - 36; Oliver Leaman, 1997, pp. 81 - 84.

② 这种教化意识集中体现于迈蒙尼德《迷途指津》导语(第 18 页)中提到的第五种矛盾原因。

在隐微解读的设想中迈蒙尼德毕竟还或多或少地直接说出了他的真实信念。面对此种困难,教化解读者们通常出于谨慎、满足于对迈蒙尼德的最终立场作一般性勾勒,如理性化的律法科学、传统与理性的综合、律法与哲学的互补——共生结构等等,对其具体内容——如这一真理体系的两种构成因素究竟以何种方式结合——往往语焉不详;由于教化目标无法清晰确认,对教化过程及策略的解释(即对矛盾—分歧的具体解释)也难免失之空泛。而且,在论及哲学与律法的互补性时,在哲学补足律法方面的阐发较充分,而反向的在律法之于哲学的积极作用上则论述较为单薄。

在创世论问题上,由于对不同阶段教化内容之连续性的强调,教化解读者所导向的结论都是传统律法见解与自然主义哲学观点的交集或综合,具体的答案则在光谱两端之间有不同的倾向和定位:特沃斯基和哈特曼认为迈蒙尼德从启示视野出发限制和修正了亚里士多德的自然主义宇宙论、最终提出一种超越而不违背自然理性的从无创世论解释[1];而拉维茨基则倾向于判断迈蒙尼德在总体上接受亚里士多德的世界永恒论、只是在一些细节问题(如偶尔偏离规律的"奇迹")上做出兼容启示的调整。[2]

(6) 辩证解读

希曼(Arthur Hyman)、福克斯(Marvin Fox)、克莱默(Joel Kraemer)、丹尼尔·戴维斯(Daniel Davies)、劳勃鲍姆(Yair Lorberbaum)以及希斯金等主张辩证解读思路。他们认为,迈蒙尼德的著作中经常运用辩证论证,由此造成观点矛盾的表面现象。按照亚里士多德的《论题篇》(卷一、章 1—3),辩证论证是指从可接受的(*plausible*)意见出发做出推理的论证方法,与证明论证相对。在迈蒙尼德的哲学著述中,由于其所处理的主题(关于神、分离性理智及天体)的特殊性无法得到自明或必真的前提,所以只能进行辩证探讨。在辩证论证的过程中经常需要审视各种立场的前提和论证,有时在做不同观点的还原时会被误认为矛盾。如果仔细追踪论证的全过程,最终还是能够发现迈蒙

① Isadore Twersky, *A Maimonides reader*, Springfield: Behrman House Publisher, 1972, p. 29; *Introduction to the Code of Maimonides*. New Haven: Yale University Press, 1980, pp. 319 – 320, 448 – 449, 468 – 471, 530; David Hartman, *Maimonides: Torah and Philosophic Quest*, Philadelphia: The Jewish Publication Society, 1976, pp. 99 – 100, 133.

② Aviezer Ravitzky, "Maimonides: Esotericism and Educational Philosophy", in *The Cambridge companion to Maimonide*, Cambridge: Cambridge University Press, 2005, pp. 300 – 323.

尼德通过折中去取而达到的内在一致的结论,尽管这一结论可能具有相当大的开放性。

希曼根据迈蒙尼德早期著作《论逻辑》中对辩证论证的定义,判断《迷途指津》对宇宙生成论问题的处理属于辩证论证,并简要还原了这个论证的程序,指出迈蒙尼德并不满足于说明从无创世是可能的而更致力于展示这一立场在理性上比世界永恒论更为可取。[①]

福克斯指出,施特劳斯学派将迈蒙尼德著述中的观点分歧一律归结为逻辑矛盾是一种武断的做法。事实上,在《迷途指津》导语中迈蒙尼德在指称观点分歧时用词十分灵活,而且在论及哲学家以及自己的著作中的观点分歧时所用的术语并非"矛盾"而是"分歧"($divergence/ikhtilāf$),即两种彼此具有张力关系的观点表述。福克斯带着这样一种洞见分析文本得出的判断是,迈蒙尼德著述中的这种分歧不是必须做出非此即彼抉择的矛盾表述,相反,其中大部分都是能够在某种特定的调谐平衡中同时为真的辩证表述,迈蒙尼德为自己设定的任务恰恰就是寻求这种平衡。《迷途指津》中的创世论探讨是这种辩证方法的典范例示,迈蒙尼德的最终立场是亚里士多德主义与凯拉姆意见的选择性综合,即坚持从无创世以拯救月上世界的不规则现象,与此同时保留亚里士多德对月下世界的自然主义解释。[②] 希斯金在主张迈蒙尼德思想有一个从自然主义到偶因论的转向的同时,也认为迈蒙尼德所要对大众掩饰、对精英透露的不是自己隐秘的亚里士多德主义观点,而是对人类知识局限性与不确定性的洞见;后者并不像皮纳斯所设想的那样阻断了形而上学知识探索的可能性,而是预示了一种辩证探索的道路,这条道路可以溯源至柏拉图与亚里士多德。[③] 在与克雷泽尔的论战中,希斯金提出在关于宇宙生成论问题的辩证探讨中永恒论者负有举证责任。[④] 通过与阿奎那相应立场的比较,他进一

---

① Arthur Hyman, "Demonstrative, Dialectical and Sophistic Arguments in the Philosophy of Moses Maimonides", in *Maimonides and His Time*, Washington, DC: The Catholic University of America Press, 1989, pp. 39 - 41,48 - 49.

② Marvin Fox, *Interpreting Maimonides*, Chicago: University of Chicago press, 1990, pp. 72 - 80,294 - 296.

③ Kenneth Seeskin, *Maimonides on the Origin of the World*, Cambridge: Cambridge University Press, 2006, pp. 6 - 34,121 - 153.

④ Seeskin, "Maimonides on Creation", in *Jewish Philosophy: Perspectives and Retrospectives*, Brighton, MA: Academic Studies Press, 2012, pp. 185 - 199.

步指出迈蒙尼德选择从无创世立场并不是基于宗教信念，而是基于一种理性论证，即源出于凯拉姆而经过改造的特殊决定论证。[①]

劳勃鲍姆认为，施特劳斯学派判定迈蒙尼德利用矛盾实行隐微写作的原初依据是对《迷途指津》导语所列第七种矛盾—分歧原因[②]的一种特殊解释，其实彼处迈蒙尼德已经指明这种"矛盾"是由论题本身的辩证性质决定的，因此迈蒙尼德在著述中运用"矛盾"论证主要是基于认识论的考虑，而不是出于施特劳斯学派所强调的政治哲学目的。[③]

辩证解读者们将这种思路运用到迈蒙尼德著述中的矛盾—分歧解释，尝试还原迈蒙尼德对关于同一问题的各种不同观点的梳理、评鉴和去取，在此过程中突出了被隐微解读者和教化解读者——这两派在追溯迈蒙尼德思想来源时通常只局限于阿拉伯亚里士多德主义和犹太律法学术——边缘化的伊斯兰凯拉姆观点之于迈蒙尼德哲学立场还原的重要意义，因为在迈蒙尼德处理的所有重大神学—哲学问题中（尤其是创世论问题），凯拉姆的立场都是不可或缺的参照因素。而且，按辩证思路，迈蒙尼德自身的哲学立场作为在各种观点中折中去取的结果，也不可避免地吸收凯拉姆的部分洞见。

这种解释思路必然涉及迈蒙尼德做出折中去取的标准问题，辩证解读者通常接受的标准是尽最大可能同时满足信仰与知识的诉求。问题在于两种异质性的因素如何协调，正如福克斯在批评隐微解读时指出一个规范指令和一个命题判断之间无所谓矛盾或一致，[④]与此类似，在一种情感的信仰诉求和一个知识判断之间似乎也无从做辩证的整合，把信仰诉求代入知识判断之中要求整合，最终带来的将是知识判断的扭曲。这是迈蒙尼德在《迷途指津》中明确批评的，克莱默也正是据此推断，迈蒙尼德在《迷途指津》中采取辩证论证只是降格以求的一种妥协或教学手段、其思想归宿还是在亚里士多德主义哲学

① Seeskin, "Creation and the Argument from Particularity", in *Maimonides on God and Duns Scotus on Logic and Metaphysics*, ed. G. Kelima and A. W. Hall, Newcastle: Cambridge Scholars Publishing, 2015, pp. 3 - 15.

② 迈蒙尼德:《迷途指津》，第 19 页。

③ Yair Lorberbaum, "On Contradictions, Rationality, Dialectics, and Esotericism in Maimonides's *Guide of the Perplexed*", *The Review of Metaphysics*, 55: 4 (Jun. 2002), pp. 711 - 750.

④ Marvin Fox, *Interpreting Maimonides*, p. 77.

与温和怀疑论的综合，①这种结论最终回到了隐微解读的思路上。

戴维斯在继承和批评上述各家思路的基础上提出自己的辩证解读版本。他认为先前论者的缺陷在于认定辩证探讨最终无法达到确定性，因而最终陷入某种模棱两可的折中论（如福克斯和希斯金）或退回某种形式的隐微解读（如劳勃鲍姆之于神秘主义立场、克莱默之于亚里士多德主义和怀疑论）。他通过对迈蒙尼德辩证论证过程的分析指出，辩证论证其实最终能够达到具有一定的知识确定性的结论，换句话说，迈蒙尼德通过辩证探讨最终给出了一套内在一致的形而上学理论，而从无创世及其论证是这套理论中不可或缺的一部分。② 但是，戴维斯对迈蒙尼德关键的方法论提示的解释并不令人满意。首先，他判断第五种矛盾（教化考虑）是基于辩证论证的考虑，这是明显的误读，因为从迈蒙尼德本人的陈述来看，无论证明性的还是辩证性的教学内容，在传授给初学弟子时都要有教学次第的考量。其次，他认为第七种矛盾并不是像劳勃鲍姆所分析的那样是指向辩证探讨过程、在此过程中需要向大众掩饰在某些艰深主题上的知识不确定性，恰恰相反，迈蒙尼德已经非常显白地一再向读者说明这种知识不确定性；因此，第七种矛盾最终不是指向辩证论证，而是出于释经的考虑。然而，事实上，迈蒙尼德向读者一再明言的并非相应主题的知识不确定性，而是人类理智的界限，后者正是一个彰显"确定性"的论断，即在一定界线之内我们可以获得确定的知识、超出此界线应诉诸启示。但迈蒙尼德本人在后文中处理艰深神学—形而上学问题时却并未严格遵循这一原则，这意味着，他实际上承认这个界线并不那么截然分明，而是有一个不确定性的中间地带，这就是辩证探讨适用的领域。所以，戴维斯对劳勃鲍姆判断的反驳并不成立。此外，戴维斯给出的所谓释经考虑，在表述上有一种游移，即从表义—隐义区分的温和版本到先知之间彼此观点有实质冲突的激进版本的游移。温和版本毫无疑问是迈蒙尼德的主张，但在第三种矛盾中已经陈述，没有必要再单列一类。而激进版本则几乎不可能出现于一个持有一神信仰的

---

① Joel Kraemer, "Maimonides on Aristotle and Scientific Method", in *Maimonides and His Time*, Washington, DC: The Catholic University of America Press, 1989, p. 88; "Maimonides' Use of Dialectic", in *Maimonides and the Sciences*, Dordrecht: Kluwer Aacademic Publishers, 2000, p. 124.

② Daniel Davies, *Method and Metaphysics in Maimonides' Guide for the Perplexed*, Oxford: Oxford University Press, 2011, pp. 5 - 53.

中世纪思想者的头脑之中，因为，就像戴维斯所承认并力图论证的，迈蒙尼德坚持真理必须内在一致。先知们如果意见有冲突，那必有真伪之分，而传递伪意见的是伪先知，根本就不是先知，由此先知意见冲突这个判断本身自相矛盾。最后，戴维斯将绪论中"以一个比喻代替另一个比喻"的表述（《迷途指津》绪论①）引为释经考虑的提示，实为断章取义，因为此句的上下文明确显示出迈蒙尼德对这种以比喻解释比喻的方法是持否定态度的。

国内对迈蒙尼德哲学思想的研究，始于赵敦华的《基督教哲学 1500 年》，其中介绍了迈蒙尼德（译为"梅蒙尼德"）对实体—本质的"单型论"理解，②但并未论及他的形而上学观点在宇宙生成论上的体现。蔡德贵在所著《阿拉伯哲学史》附录部分简述了迈蒙尼德的生平和学说，其中指出他受到法拉比、伊本·西拿（阿维森纳）影响，"企图把亚里士多德的学说和《旧约》调和起来"③，主张创世说和物质永恒论都不能被理性证明或推翻、因此可以并行不悖，在此条件下迈蒙尼德选择的立场是上帝从无中创造世界。④ 与此类似，陈中耀在《阿拉伯哲学》中指出，迈蒙尼德的学说在总体上接近于伊本·鲁世德（阿维罗伊）所代表的阿拉伯亚里士多德主义，但仍坚持宗教信条，认为世界是从无中创造的。⑤

傅有德主持翻译了迈蒙尼德的经典著作《迷途指津》并由山东大学出版社于 1998 年出版。在《译者序》中他指出迈蒙尼德在此著作中观点表述的不一致或矛盾问题，介绍了西方学界解决此问题的两种基本路向，即"或此或彼"的对立路向与"亦此亦彼"的融合路向，⑥并在《迈蒙尼德的先知论及其基本特征》一文中具体运用融合论（主要借鉴福克斯思路）的视野方法来处理迈蒙尼德的先知论表述。⑦ 在宇宙生成论问题上，傅有德的观点比较接近上文提到的胡斯克和古德曼，认为迈蒙尼德对从无创世立场的肯定，是为了维护犹太教

---

① 迈蒙尼德：《迷途指津》，第 10 页。
② 赵敦华：《基督教哲学 1500 年》，北京：人民出版社，1994 年，2005 年，第 302—303 页。
③ 语出马坚译第·博尔《伊斯兰哲学史》（北京：中华书局，1958 年），第 201 页。
④ 蔡德贵：《阿拉伯哲学史》，济南：山东大学出版社，1992 年，第 429—430 页。
⑤ 陈中耀：《阿拉伯哲学》，上海：上海外语教育出版社，1995 年，第 59—60 页。
⑥ 《迷途指津》，"译者序言"，xv‐xvii。
⑦ 傅有德：《迈蒙尼德的先知论及其基本特征》《世界宗教研究》，1995 年第 2 期，收录于《犹太哲学与宗教研究》（北京：中国社会科学出版社，2007 年），第 71—85 页。

信仰而"没有把他的'理智的信仰'的原则贯彻到底"的表现。①

参与《迷途指津》翻译的郭鹏在其论文《信仰合理化的企图——从〈迷途指津〉看迈蒙尼德的理性主义》中指出,迈蒙尼德在创世论探讨中最终是"用目的论取代了亚里士多德的必然论之后又用不可知论取而代之",这一论断类似于皮纳斯式的怀疑论隐微解读,但与皮纳斯不同的是,她认为迈蒙尼德之所以取此种立场不是基于理性批判而纯粹是为了保存犹太信仰②;在另一篇论文《迈蒙尼德犹太教十三条信条简析》中,她揭示了第四信条(上帝的初始性)与世界是否有开端的问题之间的内在关联,指出迈蒙尼德所理解的上帝的初始性论是指上帝绝对地先于时间、在创造世界的同时创造时间,这一观点将迈蒙尼德与持世界永恒论的亚里士多德区分开来,并判断其动机仍是维护《圣经》权威。③

赵同生参与傅有德教授主持编著《犹太哲学史》(中国人民大学出版社,2008 年)中"摩西·迈蒙尼德"一章的撰写,并完成专著《迈蒙尼德宗教哲学思想研究》。在这些论著中,赵同生都触及矛盾—分歧问题,其处理思路是以隐微解读为主、兼采融合论的部分见解。他运用这一思路梳理了迈蒙尼德的创世论观点,在结论上比较接近于福克斯版本的辩证主张,即迈蒙尼德出于同时满足哲学与宗教两种诉求的需要、对阿拉伯亚里士多德主义和凯拉姆(分别代表两种诉求)的神学—宇宙论主张作折中处理。④ 而关于前期律法著作和《迷途指津》在创世论问题上的不同观点陈述,他倾向于运用思想前后转变这一思路来解释。⑤

王彦在其博士论文《中世纪犹太教教条思想研究》中探讨了迈蒙尼德为何没有将创世纳入"十三信条"的问题,认为迈蒙尼德提出十三条时并不意在建立教条体系,因此未涵盖其所认同的全部宗教原则。虽然没有直接处理迈蒙尼德创世论立场的问题,但他显然并不接受凯尔纳(Menachem Kellner)对第四信条原始表述作永恒论解释的倾向。⑥

---

① 《迷途指津》,"译者序言",xiv。

② 郭鹏:《信仰合理化的企图——从〈迷途指津〉看迈蒙尼德的理性主义》,《犹太研究》第 1 辑,2002 年,第 84—85 页。

③ 郭鹏:《迈蒙尼德犹太教十三条信条简析》,《犹太研究》第 5 辑,2007 年,第 23—24 页。

④ 赵同生:《迈蒙尼德宗教哲学思想研究》,上海:上海三联书店,2016 年,第 125—132 页。

⑤ 傅有德、赵同生等:《犹太哲学史》,北京:人民大学出版社,2008 年,第 300 页。

⑥ 王彦:《中世纪犹太教教条思想研究》,山东大学博士学位论文,2008 年,第 56—62 页。对凯尔纳主张的评论见下文第四章第二节第二部分 4.。

夏歆东在其专著《迈蒙尼德寓意释经研究》中,对施特劳斯的隐微解读思路做出剖析和批评,并分析了迈蒙尼德的圣经创世论解释,认为迈蒙尼德之所以在同样未被证明的 YHVH 创世观和永恒论中选择从创世观,是因为它有圣典经文和先贤言论作支撑,而他之所以选择对这些经典文本作倾向创世观的解释,是因为永恒论可能导致偶像崇拜。① 但是,她对于哲学家的永恒论与萨比教偶像崇拜间具有何种具体关联(前者如何导致后者)的问题并未做出进一步说明。

王增福在论文《理性的有限性与形而上学的可能性——论迈蒙尼德关于理性与信仰关系的思想》②中考察了迈蒙尼德关于人类理性认识范围的思想,认为迈蒙尼德将创世论问题排除在理性探讨的范围之外,他对从无创世立场的坚持是顺从启示权威的表现。王增福的这种解释所反映的是传统的哲学史观点,即上文提到的历史进路。

张缨在论文《何来迷途,如何指津——略论作为教育者的迈蒙尼德》中强调迈蒙尼德针对不同资质受众采取不同进路予以教导,与上文提到的教化解读思路相契,她还观察到迈蒙尼德在凯拉姆学家和哲学家之间做出区分的强烈方法论意识。但在创世论问题上,她同样做出较为传统的判断:迈蒙尼德之所以持世界创生论,是因为在维护律法的根本要求面前"理性必须却步"。③

高山奎在《迈蒙尼德是一个亚里士多德主义者吗?——一种施特劳斯主义的视角》中指出,迈蒙尼德在宇宙永恒论问题上的立场其实更契合于柏拉图主义。④ 这种观点与戴维森的思路比较接近,但问题同样在于迈蒙尼德明文否定了采取柏拉图主义立场的必要性。

三、 本书研究进路

在解释原则上,笔者认同列奥·施特劳斯所揭橥的"贴近阅读"——即在

---

① 夏歆东:《迈蒙尼德寓意释经研究》,上海:上海三联书店,2016 年,第 14—23、87—94、237—238、245 页。

② 王增福:《理性的有限性与形而上学的可能性——论迈蒙尼德关于理性与信仰关系的思想》,《华中科技大学学报》,2010 年第 5 期,第 18—24 页。

③ 张缨:《何来迷途,如何指津——略论作为教育者的迈蒙尼德》,《海南大学学报》(人文社会科学版),2012 年第 5 期,第 23—24 页。

④ 高山奎:《迈蒙尼德是一个亚里士多德主义者吗?——一种施特劳斯主义的视角》,《哲学动态》,2017 年第 11 期,第 72—73 页。

尊重原文的基础上尽可能根据作者本人的陈述和历史语境去还原作者意欲表达的内在一致的思想——同时接受特沃斯基对隐微解读的批评性限制。[①]"隐微解读"其实是在面对无法解决的文本矛盾时所采取的一种策略,如果看似矛盾的分歧能够在作者的方法论提示下根据明文陈述加以化解,就没有必要采用这种策略。这里需要澄清的是,本书提到的"隐微解读"专指部分中世纪犹太亚里士多德主义者和现代以来施特劳斯及其追随者们所主张的将自相矛盾作为《迷途指津》解读枢纽的进路,我在本章下文将要说明这种进路实际上源出于对迈蒙尼德方法论提示的误读、并无真正坚实的文本依据。不可否认,迈蒙尼德著作中确实存在广义上的"隐微修辞",这就是迈蒙尼德本人在《迷途指津》"绪论"和"导读"中所说的他可能使用分散、模糊、简要(暗示)等方法来揭示律法奥秘,以避免其被不具资格者获知。

　　基于上面对各种研究进路利弊得失的分析,本书准备采取较为贴近迈蒙尼德文本和语境的辩证解读思路来处理迈蒙尼德的宇宙生成论探讨,同时兼取各家之长对辩证解读进路做出方法论改造。我的工作假设是:

　　(1)承认迈蒙尼德在执行辩证探讨程序和陈述自身立场时确实有一些广义上的隐微设计,这些设计主要是出于教化考虑。

　　(2)针对辩证解读的现有局限,引入戴维森和利曼的概念化还原策略,认为迈蒙尼德在辩证探讨中所要整合的并不直接就是信仰与理性两种异质因素。能够进行辩证整合的对象只有知识判断,宗教关切要进入辩证探讨的界域必须进行概念化的"转译",从情感表达或规范指令的形式转换成有一定的真值条件的知识判断的形式。尽管这些源自启示传统、经过转译的知识判断之上仍寄寓有宗教关切的心理动力因素,迈蒙尼德对此有清醒的反思意识,在进行辩证—解难探讨的过程中也始终能够秉持理智的真诚性,严格遵循知识探索的规范。迈蒙尼德之所以敢于在涉及信仰根基的神学领域做这种知识性的"冒险"探索,乃是由于他对启示与理性之同源性的坚定信念。但是,迈蒙尼德对宇宙生成论问题的技术性处理和他所持有的信仰动机是两个需要分开探讨的问题,不应混为一谈。

　　简言之,本文的方法论选择是一种经过改良的辩证解读进路。需要特别

---

　　① Twersky, *Introduction to the Code of Maimonides*, New Haven: Yale University Press, 1980, pp. 319 - 320, 448 - 449, 501.

说明的是,在分析哲学家的第八种宇宙永恒论证时将引入迈蒙尼德对于萨比教版本的宇宙永恒论的讨论。事实上,迈蒙尼德有意识地将萨比教的观点排除出了辩证探讨的范围,但是鉴于萨比教宇宙永恒论版本与哲学家观点的"亲缘性"及其与迈蒙尼德整个宇宙生成论辩证探讨的宗旨的深刻关联,我仍会对这一问题作较为详尽的处理。

之所以做出上述研究进路选择,主要根据在于迈蒙尼德本人的方法论陈述,特别是《迷途指津》导语中的提示:

> 本书分歧系第五、第七两种原因的产物。明白这一点,掌握并牢记其真正的意思,就不致被本书的某些章节所迷惑了。①

这里所说的第五种分歧原因是指出于教授解惑的目的,起初因应学生的有限接受能力而对原理所作的不精确陈述与最终给出的精确陈述之间看似矛盾。迈蒙尼德在多种场合做出这种方法论自述,意义较为明确,不像第七种原因的解释引发众多争议。接下来我们重点分析迈蒙尼德所说的第七种分歧原因:

> 第七个原因。(1)谈论模棱两可的问题,必然要掩盖一部分,揭示另外的部分。(2)在解释某些言论(qawla)时,这种必然性有时要求论述(al-kalām)的过程要以某一个前提为基础,而在另外的地方,它又要求把论述建立在与第一个前提相反的前提上。(3)遇到这些情形,普通人不应察觉矛盾的存在,而作者也施尽技巧将它掩藏起来。(《迷途指津》,MJ,p. 12;HA, pp. 19 - 20;汉译,第 19 页)②

迈蒙尼德的这段方法论陈述被施特劳斯视为理解《迷途指津》全书的枢纽:"矛盾是《迷途指津》的轴心。它们以最令人信服的方式表明这部书的真实教诲被密封起来了,同时又透露出打开密封的方法。"施特劳斯认为,第七种

---

① 迈蒙尼德:《迷途指津》,第 20 页。
② 本书以下对《迷途指津》的引用中,译文参照原文有改动处用斜体显示并标出原文页码,译文与原文一致的引文则仅标注汉译本页码。另外,这段引文中的(1)、(2)、(3)标号是笔者为便于分析而加入的。

"分歧"的意义在于应用有意识的、故意的矛盾（*conscious and intentional contradictions*）这种手法来"向那些能够自己领悟的博学之士透露真理，同时又向普通大众隐瞒真理"；针对同一问题两种相互矛盾的表述中，比较常见的"所有人时时刻刻都在说"的那一种是用来掩护较罕见较隐秘的另一种的，后者才是迈蒙尼德的真意。①

这是对第七种矛盾原因最为流行的解释，连施特劳斯的最坚定挑战者戴维森都落入彀中："迈蒙尼德做出了引起无数笔墨官司的提示：在《迷途指津》中'可能发现'的'分歧'（*inconsistency*）——他并没有使用更精确的术语'矛盾'和'相反陈述'——或是出于第五种或是出于第七种原因，即出于解释的需要或出于向大众隐瞒的必要性。"②

直到近年，劳勃鲍姆在《论迈蒙尼德〈迷途指津〉中的矛盾、理性、辩证与隐微主义》一文中，凭借坚实的文本根据与细致的语义解析，揭示出施特劳斯对这段文字的政治哲学式隐微解释实际上是一种误读。③ 为澄清此点，有必要对这段文字作详细考辨：

第一，句（1）中的"模棱两可"在原文中是"*ghāmida*"，这个词有"模糊"、"暧昧"的意义，也有"深奥""难懂"的意义，而《导语》上文论及第五种矛盾—分歧原因时（"可归于教授及解惑的需要。有一些问题晦暗不明、令人很难想象"④）所说的"晦暗不明"用的是同一个词的阳性形式。而在第一篇第35章中迈蒙尼德用枚举的方法说明了此类深奥难明的问题的范围：

> 至于他（神）的属性的含义、他对于被造物的创造、他统治世界的特

---

① Strauss, "The Literary Character of the Guide for the Perplexed", in *Persecution and the art of writing*, Chicago: University of Chicago press, 1952, pp. 68 - 69, 73 - 74;所引用汉译文出自刘锋译《迫害与写作艺术》（北京：华夏出版社，2012年），第66,67页。

② H. A. Davidson, *Moses Maimonides: The Man and His Works*, Oxford: Oxford University Press, 2005, p. 389,句末的着重标记是我所加，显然，此处戴维森接受了施特劳斯对第七种分歧原因的解释。但在后文中他声称在《迷途指津》中并未发现这种旨在向大众隐瞒真理的故意矛盾，并认为迈蒙尼德在《迷途指津》的写作过程中很可能没有执行导言所陈述的原初计划，见同书 p. 391。

③ Yair Lorberbaum, "On Contradictions, Rationality, Dialectics, and Esotericism in Maimonides's *Guide of the Perplexed*", *The Review of Metaphysics*, 55:4(Jun. 2002), pp. 716 - 718, 747, 750.

④ 迈蒙尼德：《迷途指津》，第18页;MJ, p. 11; HA, p. 19。

征、他之于一切被造物的神佑究竟如何、他的意志、他的洞察力、他对万物的知识，以及预言及其等级、他的诸名（尽管有许多）都指称同一个东西，所有这些都是模糊不清的（*ghāmida*）。它们是真正意义上的律法的秘密（*setarei torah*）和《先知书》及贤哲言论中时常提及的奥秘（*sodot*）。（MJ, p.54；HA, p.82；汉译，第78页）

这些问题被迈蒙尼德称为"律法的秘密"，它们不仅超出普通人的认识能力，也超出了理想状态下的人类理智能够作确定把握的范围。迈蒙尼德用"深奥—模糊"来描述这类问题的认识论特征，正是这种认识论特征要求必须执行本段下文提到的方法论指示。

第二，句（1）后半句提到"掩盖一部分、揭示另外的部分"，所要掩盖/揭示的具体内容需要联系句（2）、（3）的陈述才能明了，但是，这两个行为本身已经与施特劳斯所说的故意自相矛盾的做法相冲突。因为自相矛盾不是掩盖一部分、揭示另一部分，而是把真的陈述和假的陈述同时"揭示"。而且，掩盖和揭示的对象分别是"一部分"和"另外的部分"，也就是说，二者应该是同一整体的两个部分，而自相矛盾的两个陈述不可能构成一个统一的观点表述。

第三，句（2）中的"格言"原文是"*qawla*"，意为言谈、话语，此处是指先知、贤哲们的观点陈述；"讲座"原文是"*kalām*"，意为话语、论述，亦有辩证之义，所谓的凯拉姆或伊斯兰辩证神学即是用这个词指称。这句话的直解意义是，在解释先知和贤哲关于上述问题的陈述时，问题本身要求论述有时从一个前提出发，在另外的地方又要求论述从与之矛盾的另一前提出发。决定采取此种论证方式的原因是论题的认识论特征，此时向大众掩饰这一考虑尚未出现。

第四，句（3）其实说的是，在矛盾已经存在的情况下应注意不使大众得知，而不是从隐瞒大众的意图出发制造矛盾。施特劳斯的解释是本末倒置的。也就是说，向大众掩饰是执行此种论证时的注意事项，而不是此种论证的原初目的。而且，还有更值得注意的一点，即要掩饰的对象是矛盾，不是矛盾中的一方观点。结合论题之认识论特征（深奥—模糊）和向大众掩饰矛盾这双重考虑，我们可以达到对句（1）中"掩盖一部分、揭示另外的部分"这句话的实质理解，即在从相反的前提出发对深奥问题作论证的过程中，需要向大众掩饰两个前提的矛盾，在呈现其中一套前提和相应论证的过程中应避免论及与另一套前提和论证相矛盾的部分，质言之，需将这部分内容隐藏。之所以这样做，最终是由论题的认识论特征决定的。由于涉及律法秘密的论题本身的深奥—模糊，对它们的论证不可能有明晰、确定的前提可以依靠，只能从不同的甚至相互对立的立场出发去作尝试性的探讨，在这个过程中尽可能地吸取各种论证思路的洞见并避免其错误、以期达到一个最可接受的问题解决方案。对普通民众而言，他们既不具备进行此种探讨所必需的方法论素养和科学知识，同时他们的价值观念又都建基于对某些传统信念的朴素接受之上。如果贸然向他们揭示这些信念所依据的前提在知识上具有不确定性、对这些信念做出的支持性论证具有高度开放性，那势必淆乱甚至摧毁他们的基本信仰与道德观念。这是迈蒙尼德要竭力避免的一种状况。所以，迈蒙尼德在论证中执行此种策略的最终目的，是要向普通读者显示宗教信念作为一种知识的可靠性，并掩盖这种可靠性背后的不确定性。

综合以上四点，迈蒙尼德通过对第七种矛盾—分歧原因的解释传递的信息是：基于律法之秘密即各种形而上学问题的认识论特征，他决定在本书中运用辩证论证来作知识探索，同时考虑到大众的接受能力以及可能造成的混乱和争议，他选择掩盖论证的尝试性出发点之间的矛盾。为了避免精英学徒（兼备律法知识与哲学素养者）的误解，他在《导语》中做出这一方法论提示，让他们在发现作者论证过程中的潜在矛盾时不致迷惑。

在描述和分析迈蒙尼德的宇宙生成论辩证论证之前，我们有必要首先说明什么是辩证论证，或者更确切地说，什么是迈蒙尼德所理解的辩证论证。

所谓辩证论证，出于亚里士多德的《论题篇》。其中，亚里士多德对比了两种推理方式：

> 当推理由以出发的前提是真实的和原初的时，或者当我们对于它们的最初知识是来自于某些原初的和真实的前提时，这种推理就是证明的。从普遍接受的意见出发进行的推理是辩证的推理。[1]

也就是说，证明推理是从自明的或已被证明为真的前提出发做出的逻辑推论，而与之相对的，辩证推理是从一种普遍接受的意见出发做出的逻辑推论。辩证推理的前提即普遍接受的意见，是指所有或多数人的意见、所有或多

---

① 《亚里士多德全集》第一卷，第353页。

数或其中最负盛名的贤哲们的意见以及与得到认可的技艺性学科相一致的看法。① 这种辩证推理适用于辩证的论题:

> 一个辩证的问题就是一个探讨的题目,它或者引人选择或避免,或者引人得到真理和知识,或者它自身就能解决问题,或者有助于解决其他某个问题。并且它涉及的问题或者是无人有意见,或者是多数人与贤哲的意见相反,或者贤哲与多数人的意见相反,或者是这一切人中的每个人都意见各异。……在推理方面有冲突的种种疑问也属辩证的问题(因为涉及某物是否确实如此时,双方都有强有力的论证);还有的疑问是我们无法论证的,因为它们涉及面广,我们很难说出为什么的理由,例如宇宙是否是永恒的。因为某人也可能探究这一类问题。②

一个辩证的论题,实质上就是一个有争议的问题,各种相关于这个问题的彼此冲突的主张各有其根据,同时又没有一个必然为真的前提、从其出发就可得到必真的结论从而一劳永逸地解决问题。在这种情况下,只能退而求其次,从普遍接受的意见出发作推论。但是,看似普遍接受的意见未必就是真的被所有人或所有贤哲普遍接受的看法,很可能仍有人持相反的见解,而且,即使是被所有人或贤哲普遍接受的意见,也只是一种得到较多支持的可接受意见而并不保证就是真实的意见。所以,在对一个问题作辩证探讨的过程中,不能只从一种可接受的意见出发进行论证,而必须考察各种不同的前提和论证思路,在比较、分析其各自优劣得失的基础上来做出一种决疑的判断。

亚里士多德认为辩证论证的作用有三方面:"关于智力训练,关于交往会谈,关于哲学知识。"③具体说来,将辩证论证用于智力训练,是让初学者掌握提出问题并作正确逻辑论证的方法;用于交往会谈,是为了说服对方接受正确的意见;用于哲学知识,则使人具备从两方面探讨问题的能力,更容易在每个方面洞察出真理和谬误,以考察、探索某门学科的初始原理。在前两种应用中,论证者对该问题其实已有定见,只是运用辩证技巧将这种意见灌输给受教

① 《亚里士多德全集》第一卷,第363页。
② 同上,第364—365页.
③ 同上,第355页。

者或对手;而第三种应用是一种开放的知识探索,论证者在探讨的过程中并无坚执的成见,而是随时准备接受来自不同思路的有力反驳或接纳其合理洞见,亚里士多德本人在《形而上学》中对本原问题的多进路解难探索就为辩证论证的这一应用提供了极佳的实例。①

亚里士多德对论证类型的分类及对辩证论证的界定,被古典晚期和阿拉伯—伊斯兰时代的注释家们所继承和发展,迈蒙尼德正是从法拉比(al-Fārābī,卒于950/951年)的一系列《工具论》注疏及逻辑著作中接受了这种理论框架。他曾向《迷途指津》的希伯来语译者提本极力推荐法拉比的逻辑著作,并称法拉比的这些著作是精确完美的。②

迈蒙尼德对这种论证形式的了解,首先体现于其早期著作《论逻辑》第八章:

> 对于任何一个三段论论证而言,如果它的两个前提都是必真的,那么它就是一个证明性论证,进行这种论证以及关于其条件的知识构成所谓的证明技艺。如果这个论证的一个或两个前提是公认的意见,它就是辩证论证,进行这种论证以及关于其条件的知识构成所谓的辩证技艺。如果这个论证的一个或两个前提是出于传统,它就是修辞论证,进行这种论证以及关于其条件的知识构成所谓的修辞技艺。③

迈蒙尼德在《迷途指津》中尽管没有直接援引这一定义,但其标准却体现在他对亚里士多德宇宙永恒论论证类型的认定上。在《迷途指津》第2篇第15章中,迈蒙尼德指出:"亚里士多德自己知道,他并没有为世界的永恒性提供证明。"④接下来,迈蒙尼德反问:

---

① 亚里士多德对此论题的方法论反思集中见于《形而上学》第三卷第一章,《亚里士多德全集》第七卷,第64—66页。

② Pines, "Translator's Introduction", in *The Guide of the Perplexed*", Chicago: The University of Chicago Press, 1963, lx.

③ *Maimonides' Treatise on Logic*, edited and translated by Israel Efros, New York: The American Academy for Jewish Studies, 1938, p. 48;据 Israel Efros 考证这部著作的基本来源是法拉比的 *Perakim* 和 *Iggeret*,见此书编译者导言,p. 19.

④ 迈蒙尼德:《迷途指津》,第268页。

难道亚里士多德不懂得论证和证明之间的区别？不懂得意见这种可以被或多或少地接受的东西和证明的真理之间的差别吗？不仅如此，如果他已提出过充分的证明，难道他还需要用修辞性的语言来借助对论敌的友好公允来加强自己的意见吗？①

在这里，迈蒙尼德列举了论证的三个层级：从必真前提演绎结论的证明，建基于可接受意见的论证，以及借助雄辩技巧打动对手—听众的修辞论证——自上而下，三种论证形式的知识效力依次降低。居于中间地位的这种论证，其实就是亚里士多德主义传统中所谓的辩证论证。这一点还可以从本章的两处陈述中得到印证：首先，迈蒙尼德着重指明亚里士多德引证以往大多数哲学家的观点来支持自己的观点，②这一方面表现出亚里士多德对自己观点真实性的不确定，正是这种不确定促使他去审视并承认反对意见中的合理成分，另一方面也是在试图通过大多数哲学家的意见一致来将自己的推理前提确立为公认的意见；其次，迈蒙尼德引述亚里士多德《论题篇》中关于世界永恒问题之疑难性的断语（见上文引文），来说明在这个问题上难以做出证明论证，因而，很自然地，它就落入辩证论证的论题范围。所以，无论从论题还是从论证程序来看，迈蒙尼德所描述的绝大部分亚里士多德主义宇宙永恒论证都完全合乎辩证论证的定义。③

迈蒙尼德在《导语》中承认本书中存在由第七种原因——也就是辩证探讨——造成的矛盾—分歧，这是迈蒙尼德写作计划的一部分。但是，诚如戴维森所指出的，由此并不能必然推出《迷途指津》正文中运用了这一方法，因为一个作者在写作过程中未必实际执行他的预先计划。在这方面，宇宙生成论问题恰恰提供了最佳的示例：关于它的探讨在《迷途指津》中居于中心位置、在所有问题中占据了最大的篇幅。依上文给出的界定，迈蒙尼德创世论探讨的辩证性是十分明显的。从《迷途指津》第一篇第71章至第二篇第25章，他首先明确指出在宇宙生成论问题上没有证明论证，因此只能在考察各种现有思

---

① 迈蒙尼德：《迷途指津》，第269—270页。
② 同上，第268—269页。
③ 迈蒙尼德之所以在《迷途指津》中没有直接称哲学家的宇宙永恒论证为辩证论证，可能是考虑到亚里士多德主义者们论证世界永恒时还运用了修辞技巧，尤其是引用异教传统的神话信念（《迷途指津》，II 14，第267—268页），相关探讨见下文第二章第三节。

路的基础上选择或提出一种疑难最少、解释力最强的意见；进而详尽、系统地考察了当时的两大显学对此问题的解决思路，即伊斯兰凯拉姆建基于原子—偶因论的世界有始论证和阿拉伯亚里士多德主义建基于逍遥派物理学和新柏拉图主义流溢论的宇宙永恒论证；最终在全面分析两家论证的利弊得失的前提下提出自己的意见。这体现出一个典型的辩证论证的程序，即澄清论题、评析各种思路、得出最合理结论。

迈蒙尼德在对辩证论证的理解和应用上有一些不同于阿拉伯亚里士多德主义传统的特征，这些特征为揭示他在宇宙生成论问题上所发掘出的独特哲学视野提供了非常关键的观察点。

亚里士多德的名字在《迷途指津》中第一次（I 5）出现即被冠以"哲学泰斗"（*ra'is al-falāsifa*，字面意思是"哲学家之首"）的称号，①足见迈蒙尼德对他的尊重，这也似乎是迈蒙尼德在思想上认同阿拉伯逍遥派的一种标志。然而，透过《迷途指津》中对亚里士多德的观点、态度、治学路径的描述，读者所得到的印象是一个与阿拉伯逍遥派前辈们公认的"第一导师"迥然不同的形象——在迈蒙尼德眼中，亚里士多德与其说是真理的掌握者，毋宁说是真理的求索者。

迈蒙尼德认为，亚里士多德在开始宇宙生成论问题探索之前就已清醒地意识到关于世界是永恒的还是有始的这个问题不可能有证明性的结论，因为所涉及的对象过于宏大、出离了人类的观察范围；但是，亚里士多德并没有像盖仑那样满足于一种不可知论断言，而是从他所掌握的现有知识出发，运用科学的逻辑推理，对该问题作积极而审慎的辩证探讨。在探索的过程中，他试图尽可能地提出一种疑难最少、说服力最强的意见，同时虚心考察各种反对意见，并欣然承认其中的合理成分。他最终选择了较合乎可见事物本性的时间与运动永恒论。但他并不确定自己的论证是业已证明的定论，只是相信这种观点相对于现存的其他意见而言是最可接受、最为可能的。是亚里士多德的追随者们——确切地说是以法拉比为代表的阿拉伯注释家们——出于对亚里士多德权威的盲从而把这个辩证论证当成是证明。其实这并非"亚里士多德本人的意思"（*nass kalām al-rajul*），②迈蒙尼德更倾向于接受古典注释家阿弗罗迪西亚的亚历山大的提法，即亚里士多德的论证是最不易反驳的。③ 然

---

① 迈蒙尼德：《迷途指津》，第 31 页；MJ, p. 19.
② 字面意思为"本人话语的明文"。
③ 迈蒙尼德：《迷途指津》，第 268—269 页；MJ, pp. 201—203。

而，这一论断的效力仅限于古代语境，在天文学不断取得进步和一神论普及的中世纪阿拉伯世界（即迈蒙尼德所置身的知识语境）这种论证的弱点已经显现出来（《迷途指津》，II 9、17）。

迈蒙尼德所谓"亚里士多德本意"的用语，让人很自然地联想到他的同时代人阿维洛伊回到本真的亚里士多德的号召与努力。在更贴近文本、更信靠古典注释家以获得不同于中古传统的亚里士多德理解这个意义上，迈蒙尼德与阿维洛伊确实是同路人，代表同一种诠释路向。然而，由于各自不同的出发点与侧重面，他们所还原出的亚里士多德"本真"形象大相径庭：阿维洛伊的亚里士多德是"自然所树立的人类终极完善的典范"，[1]对一切人类可能获得的真理达到了最大范围与最高精确度的把握；而迈蒙尼德的哲学泰斗，是一个在对知识进行不懈追求的同时清醒意识到自身理性局限性的探索者，按《论知识》给出的标准，他在理智完善上可达到先知弟子或预备先知的水平，[2]按《迷途指津》第三篇第51章宫廷隐喻的等级结构，[3]他已经能够进入内厅与国王共处一室，但还没有被擢升到朝中大臣（先知）的层级。

按照中世纪逍遥派传统——法拉比与阿维洛伊在此点上意见一致——只有证明论证才是真正的科学论证，辩证论证则主要用于教学训练和向普通人灌输必要信念。[4] 证明论证和辩证论证不仅有知识确定性上的差别，在诉诸受众上也有所不同：证明论证针对受过系统逻辑训练且具备完善科学知识的哲学家，而辩证论证则面向缺乏哲学—科学素养的宗教学者与大众。

相对于训练与说服这两种功能，迈蒙尼德显然更重视辩证论证作为知识探索道路的作用。尽管迈蒙尼德也接受证明论证与辩证论证在知识确定性上的差别，但他独特的认识论观点使这两种论证类型的相对关系发生逆转。迈蒙尼德一反阿拉伯逍遥派传统在形而上学知识上的乐观态度，认为大部分形而上学的论题都在证明性知识的范围之外，关于这些问题的探索只能借助于

---

① Richard C. Taylor，"Averroes：Religious Dialectic and Aristotelian Philosophical Thought"，《剑桥哲学研究指针：阿拉伯哲学》，北京：生活·读书·新知三联书店，2006年，第189页。
② Maimonides，*Mishneh Torah：The Book of Knowledge*，edited and translated by Moses Hyamson，Jerusalem：Feldheim Publishers，1974，"Yesodei ha-Torah"，7：1，7：4，7：5.
③ 迈蒙尼德：《迷途指津》，第570页。
④ 法拉比、阿维洛伊等阿拉伯亚里士多德主义代表人物对辩证论证的态度及定位，见 Joel Kraemer，"Maimonides' Use of Dialetic"，in *Maimonides and the Sciences*，ed. R. S. Cohen and H. Levine，Dordrecht：Kluwer Aacademic Publishers，2000，pp. 112-115，120-122。

辩证论证。由于这些问题的探索在迈蒙尼德看来代表着人类理智走向终极完善的更高阶段,辩证论证也就成为在证明论证之上——正如形而上学是在物理学"之后"、与此相应辩证论证亦在证明论证"之后"——的更为高阶的认识工具。

迈蒙尼德所认同的辩证论证并不完全等同于前辈哲学家们所理解的面向大众的似是而非的论证,后者旨在顺应与安抚大众且不要求严格的逻辑形式。迈蒙尼德以亚里士多德本人为范例呈现的辩证论证,是以科学知识为基础、遵循逻辑规范建构起来的,所得到的推测性结论不能与已被证明的科学知识相冲突,而且要最大限度地符合经验观察材料或为其提供更有说服力的解释。在这个意义上,施特劳斯将迈蒙尼德在《迷途指津》中所表达的观点界定为一种"理智化的或经过启蒙的凯拉姆",①确为不刊之论。因为从逻辑方法的角度看,凯拉姆是以辩证论证为神学—形而上学的根本探讨方法的,而且传统的凯拉姆学家们在逻辑与科学素养上确实与哲学家存在差距。值得一提的是,在援用哲学—科学标准对凯拉姆方法进行"启蒙"改造方面,迈蒙尼德并非史无前例,在他之前的伊斯兰神学集大成者安萨里(al-Ghazālī,卒于 1111 年)已经开始将三段论引入凯拉姆,并致力于推进神学探讨的科学化。② 真正使迈蒙尼德区别于其阿拉伯—伊斯兰前辈的是他引介哲学的全面性,他不满足于仅仅以一种拿来主义的方式③取用《工具论》所代表的科学论证方法,而是试图以亚里士多德主义哲学(包括其物理学和形而上学框架)为典范彻底重建犹太律法学。④

迈蒙尼德关于辩证论证最具特色的观点就是他对这种论证形式的隐微性

①　Leo Strauss, "The Literary Character of the Guide for the Perplexed", in *Persecution and the Art of Writing*, Chicago: University of Chicago press, 1952, p. 41.

②　Dennis Morgan Davis Jr., *Al-Ghazālī on Divine Essence: A Translation from The Iqtisad fi I'tiqād with Note and Commentary*, A dissertation submitted to the faculty of The University of Utah, 2005, "The Fourth Introduction", pp. 105 - 119;另外,安萨里在其《哲学家的宗旨》(Maqāsid al-Falasifa)一书中亦系统介绍了亚里士多德主义逻辑学,这部分其实与他后来执行的以《宗旨》为基础驳斥哲学家观点的计划并无直接关联,而更有可能像《信仰之中道》(Iqtisad fi I'tiqād)导言第四篇一样是旨在向伊斯兰宗教学界引介科学的论证方法,该书的逻辑学部分见 Gershon B. Chertoff, *The Logical Part of Al-Ghazālī's Maqāsid al-Falāsifa*, A dissertation submitted to the faculty of Philosophy, The University of Columbia, 1952.

③　王希在《安萨里思想研究》(北京: 宗教文化出版社,2016 年,第 179 页)中称安萨里对待哲学理论的态度为"工具主义",或许是对这一意向的一种更为恰切的描述。

④　见下文第一章第三节第一部分 1。

的强调,即在进行辩证论证的过程中要运用各种手法避免使大众察知论证前提的彼此冲突、也就是相关知识探索的不确定性。在阿拉伯逍遥派哲学家看来,辩证论证是对大众进行显白教诲的途径,而证明论证是大众无力理解的,其与一般宗教信念相冲突的结论更是需要被隐蔽的。迈蒙尼德继承了这种"修辞"传统,但对需要隐蔽的对象却有不同于以往的理解。他认为,被证明的神学真理(如神之无形体性)是全体以色列民众必须接受的信条,关于这些信条的证明论证则是经过启蒙的律法学徒必须修习的内容,对神学—形而上学问题的辩证探讨才是需要对大众和普通学者隐蔽、只能由少数精英作排他性掌握的领域。

　　阿拉伯亚里士多德主义哲学家进行隐微写作主要是基于意识形态考虑,他们对受众做出截然的划分:精英与大众——神学家亦被归入大众之中——二者之间的鸿沟是不可逾越的。在这个两分法的视野中,大众注定与证明性的真理无缘,他们只能接受有利于维持社会秩序的必要信念,后者由于要迁就他们的理解力、经常实质上是虚假的。而迈蒙尼德执行隐微策略的首要出发点是教化。所有人都是被教化的对象,都要根据自己的能力接受真理:大众如果无法接受正确的表达形式、那可以暂时用不精确的方式传达,但是随着他们的理智成长,最终要传授他们正确的信条;另一方面,哲学家们并不掌握终极确定的真理,他们的理解力也有待于进一步的引导和提升。在迈蒙尼德看来,大众与精英之间有区分但是没有固定的壁垒,而是始终有实现向上流动的可能。这种形而上学教学的次序与普通教学并无二致,是从确定的内容逐渐过渡到不确定的内容。大众的理解力处于起步的阶段,在这个阶段上主要是向他们灌输已被证明为真的结论;某些人或许只能停留在这种知其然不知其所以然的层次,较有资质者则将被授以证明的前提与过程;在充分掌握证明性的内容后,最精英的学徒将被引领进入证明性知识之外的关于上界对象的辩证探索的领域。迈蒙尼德遵循了教学的基本规律:在一个较初级的阶段上,较高阶的内容是需要被隐蔽的,尤其是考虑到辩证探讨从前提、过程到结论都具有不确定性,过早地向理智尚不成熟的学徒揭示这种不确定性,会动摇他们对基本信念与知识探索的信心。

　　迈蒙尼德指出,进行辩证论证的过程中应揭示一部分、掩盖一部分,以使普通人察觉不到矛盾。他本人在对创世论问题作辩证探讨时确实做了这种处理。迈蒙尼德从未明确表示他认可凯拉姆的基本立场,更不用说承认他从凯拉姆观点出发批判亚里士多德主义哲学。迈蒙尼德所直接呈现的姿态,是从根本上否定凯拉姆的前提和论证,而对亚里士多德主义哲学则持一种同情之理解的态度,在肯定其基本框架的合理性的同时揭示其疑难和局限性。

在上文处理过的迈蒙尼德的方法论提示中,他指出要掩盖作为论证出发点的不同前提间的矛盾。带着这一提示来看这个问题,就会发现:迈蒙尼德在评述凯拉姆的过程中是从亚里士多德主义哲学立场出发的,此时他搁置了对自然秩序必然性的质疑,同时掩盖了凯拉姆的部分可取洞见,呈现出的是一种立足于科学方法论批驳错误观点的姿态;而在质疑亚里士多德宇宙永恒论的过程中,他极力强调自己准备采取的特殊决定论证与凯拉姆的根本差异,并把质疑表述为从亚里士多德本人的思路出发必然会遭遇的困难,但事实上这些困难大都是取径凯拉姆视角发现的,亚里士多德主义者自身往往意识不到这些问题或者倾向于低估其严重性。

因此,迈蒙尼德实际上执行了两套辩证论证的程序。在表层陈述上,他做了一个旨在说服的辩证论证,即首先给出凯拉姆这种错误的观点并指明它的错误,然后给出一个比较正确的观点并说明它的内在困难和局限(无法对月上世界的偶然性现象提供因果解释),最后引入能够克服这一局限的摩西律法的观点(实质上是迈蒙尼德本人所认同的哲学—神学观点)作为完满的结论——呈现给读者的印象是作者从一开始就掌握了最后表述的确定真理,整个论证是将这个单一真理渐次展开的过程。而在深层结构上,他是在做一个旨在探索的辩证论证:批驳凯拉姆的章节和呈现哲学前提—论证的章节构成一个完整的单元,是从亚里士多德主义哲学立场出发探讨宇宙生成论问题的一个过程,其中既有驳论亦有立论,但预设的立场是同一的;而当进入到对亚里士多德主义观点的质疑时,迈蒙尼德转换了视角,从经过批判筛选的凯拉姆合理洞见出发,来探讨从无创世观点是否可能和可取。这一辩证探讨的结果,是凯拉姆与亚里士多德主义各自的一部分核心观点的综合。迈蒙尼德用这种综合性观点去解释圣经文本,就得到了所谓的摩西律法关于创世的"基本原理"。

迈蒙尼德在辩证探讨的过程中掩饰了凯拉姆的部分洞见以及自己对这些洞见的引用,始终显示一种批判凯拉姆弊失的姿态;而在审视哲学思路的过程中他则以一种平正的态度在承认其合理性的同时揭示其局限。问题是他为什么选择用这样一种抑凯拉姆、扬哲学的特殊方式来掩盖矛盾。要达到隐藏矛盾的目的,他其实还可以有其他两种选择(即抑哲学、扬凯拉姆,或者对哲学和凯拉姆各自有所抑扬）。要解释这个问题，需要还原迈蒙尼德的写作情境与意旨。

迈蒙尼德在《迷途指津》导言中明确指出，写作此书的目的在于调解启示信念与理性知识之间的表面矛盾，进而建立"真正意义上的律法科学"，[①]也就是一种对神学信念作符合知识规范的论证的理论学科。宗教的理性化（或者更进一步，科学化），不仅是当时拉比犹太教的内在需求，也是一种时代潮流。这种潮流由经历了中世纪理性启蒙（9—10世纪）的穆斯林引领，在伊斯兰教中率先实现宗教知识的学科化，[②]在神学理论上则体现为凯拉姆的建立。迈蒙尼德在开篇书信中提到弟子约瑟夫一个非常关键的询问，即他在对神学—形而上学问题产生困惑的背景下向老师求问凯拉姆的方法是不是建立在证明论证的基础之上——这实质上就是在询问凯拉姆是否提供了一条解决律法与理性冲突的可行道路。但迈蒙尼德断然否定了这一路向，在《迷途指津》中贯穿始终的一个意向是在犹太律法学徒面前彻底驳斥凯拉姆、使其远离此种"歧途"。

尽管迈蒙尼德在知识探索的层面也能够发现并吸取凯拉姆的合理洞见，但在教学的领域他不希望年轻的律法学徒被凯拉姆所吸引，他为《迷途指津》设定的任务是开辟一条凯拉姆之外的调和启示与理性冲突的道路。

迈蒙尼德针对凯拉姆的态度，非常类似于穆斯林神学家针对希腊化哲学所采取的态度，即既从中汲取理智资源又谨防其危害信仰根基的倾向。而在穆斯林社会中逐渐遭到宗教正统排斥的哲学路向，恰恰为迈蒙尼德探索犹太教理性化道路提供了导向和助力。哲学在当时的知识界被视为基于人类自然理性的普遍律法，具有一种相对于特殊宗教传统的中立性。迈蒙尼德所采取的护教策略是，援引哲学的普遍标准来论证拉比犹太教的优越性，说明后者是最符合理性的一种启示版本，从而树立律法学徒对于先知—拉比传统的信心，并在思想上回应教内外对这一传统的反驳与攻击。用一种形象化的说法，哲

---

① 阿拉伯原文为'ilm al-shari'a alā al-haqīqa，见《迷途指津》绪论，MJ，p. 2；HA，p. 5；汉译，第5页。

② 这里的"学科化"是指将宗教理解为一个知识体系而对其作系统化分类和技术性处理的努力，而"科学化"是一种特殊类型的学科化，即参照欧氏几何、亚里士多德逻辑学和物理学等古代科学典范将宗教知识及其研究严格规范化的尝试。"学科化"这一术语提法得自与刘新利教授的谈话和通信。

学是迈蒙尼德为拉比犹太教引入的盟友,所对抗的首要敌手正是以逻辑思辨捍卫伊斯兰教信条同时对犹太知识分子极具吸引力的凯拉姆。在这种"远交近攻"的策略考虑下,迈蒙尼德在辩证探讨中扬哲学而抑凯拉姆的做法,是一种再自然不过的选择。

四、 本书篇章结构

本书下文章节将遵循迈蒙尼德宇宙生成论辩证探讨的次序展开:

第一章梳理宇宙生成论问题的由来,还原圣经创世论和古希腊哲学宇宙生成论两条脉络及其在古代晚期的汇流、一神论创世信念的命题化以及中世纪前期世界有始—无始争论截止至迈蒙尼德时代的发展,说明迈蒙尼德切入问题的视角、他的思想来源以及他对此问题的定位。

第二章和第三章分别处理迈蒙尼德对宇宙生成论问题的两种主流思路的评析。第二章审视迈蒙尼德对哲学家的宇宙永恒论证的评述,他总结出了哲学家论证世界永恒的八种方法,前四种是亚里士多德从世界本性出发的论证,后三种是亚里士多德后学从神之本性出发的思路,最后一种是对古代各民族神话共识的援引。本章将说明迈蒙尼德主要是从认识论上对前两类论证提出质疑、推翻哲学家对世界永恒的证明宣称,然后将单独处理最后一种论证,指出它实质上是萨比教版本的世界永恒论并揭示迈蒙尼德对待此种理论的微妙态度。

第三章考察迈蒙尼德对凯拉姆世界有始论证的批评。迈蒙尼德总结了凯拉姆原子—偶因论体系的十二前提以及建基其上的七种宇宙有始论证,然后逐条予以解释和批驳,说明凯拉姆的世界有始论证不具备科学上的有效性,但他并未完全否定凯拉姆的特殊决定论证。本章通过比较凯拉姆学家们的相关表述与迈蒙尼德对这些内容的选择性复述,指明迈蒙尼德于其间执行的操作及其意图,同时揭示凯拉姆原子—偶因论的印度起源(借由中亚佛教)并在"两大世界体系对话"的视野下呈现迈蒙尼德凯拉姆论证评述的思想价值。

第四章分析经过迈蒙尼德改造、嫁接入阿拉伯亚里士多德主义物理学—形而上学框架之中的特殊决定论证,这实质上是一个目的—设计论论证,通过建立世界的合目的性偶在秩序来推出世界有始,迈蒙尼德认为这种世界有始论在理论解释力上优于永恒—必然论。本章将论证迈蒙尼德辩证探讨得出的最终立场(基于目的—设计论的世界有始论)的可辩护性,揭示其宇宙生成论思想的哲学史意义主要在于奠定后世相关问题探讨的范式格局、推进阿维森纳模态形而上学道路与亚里士多德物理学框架及形而上学预设的深度整合、向基督教欧洲系统介绍凯拉姆原子—偶因论，而其对于犹太教的意义则体现为一套层层推进的构划，即通过宇宙生成论探讨建立"真正意义上的律法科学"，通过建立律法科学贯彻犹太教发展的知识精英上行路线，通过贯彻这一理性化路线方案应对中世纪后期（12 世纪以降）地中海世界的犹太生存危机。

第一章　问题史梳理

第一节　宇宙生成论问题的缘起

一、脉络一：希伯来圣经的创世论

迈蒙尼德的宇宙生成论探讨在很大程度上是以创世论解释（*Ma'aseh Bereshit*）的形态出现的，因此，希伯来圣经的创世叙述（以《创世记》首章为中心①）就构成他相关论述的一个最根本的思想来源。但是，需要指出的是，圣经的创世叙事本身是一种非常独特的话语体裁，它既非完整意义上的神话，也未提供一种科学意义上的描述与论证。无论在叙述的目的、形式还是内容上来看，它都同时区别于一般的世界起源神话和哲学化的宇宙生成论。但是，它所体现出的思想原型和关切，却从根本上型塑着包括迈蒙尼德在内的所有中世纪宇宙生成论问题探讨者的基本视野与焦点投注。因此，选择圣经创世论作为问题史梳理的出发点，是有充分理由的。

古代与中世纪经注学中对圣经创世论的考察，都是以《创世记》的叙述为本，辅以《先知书》与《圣著》中的相关记述。近代以来，随着圣经历史批评的发展与近东考古发现的成果累积，近东异教神话作为理解圣经创世叙事的语境

---

① 圣经的创世叙事可分为三类。第一类包括创世记1：1—2：3，这是圣经中最集中的关于世界创造的叙述，构成整部圣经的开头，但是在编定年代上却是较晚的，通常被认为是在摩西五经最后一轮的编辑中加入。其他两类都是散见于先知书与圣著中的创世叙述：第二类是其中所包含的与《创世记》有一定出入、同时在形态上较接近于近东神话中的神谱—神战记的宇宙生成论内容，如申命记32：8—9，约伯记26：12—13，诗篇89：9—10；第三类是在神学上更成熟的即更为彻底的贯彻一神论观念的创世叙事，如以赛亚书第45章所体现的第二以赛亚神学。

的作用越来越得到凸显。鉴于此,下文将首先在古代以色列宗教与近东异教的互动—对话的格局下来呈现圣经创世论在其自身历史语境中的意义,唯此我们才能明确后世思想者(包括迈蒙尼德)在何种方向和程度上继承或"修正"了古希伯来宇宙生成论遗产。

　　古代以色列人的主要活动区域迦南处于美索不达米亚和埃及两大文明中心的辐射之下。现代以来,大量考古发现证实这两个中心尤其是美索不达米亚文明在迦南地区的流布之广与影响之深。从圣经本身的记述也可以看出以色列人的先祖与近东文明中心的渊源。因此,在希伯来圣经中发现近东创世神话的影响印记或者二者共享的母题,是一个非常自然的现象。值得注意的是,圣经的编修者对这些材料的评判态度以及相应的改写折射出独特的神学视野。

　　1. 圣经创世论的基本框架

　　以下论述将集中于《创世记》两个创世叙述版本中的第一个(以下称为"P创世论"①),理由在于它的叙述相对完整,后世神学—哲学关于创世问题的讨论基本上都是以它为中心。从现代圣经批评的角度来看,P创世论属于祭司文本,根据写作体裁与语言特征判断,通常认为它较为晚出。② 从近东考古学发现的以色列与犹大王国晚期的宗教实际状况来看,P创世叙事中所体现的相当成熟的一神论神学观点不可能早于公元前六世纪(流散前后)。而在这种神学立场形成之时,以色列族群正承受着来自巴比伦、亚述、埃及等政治—文化中心的强势压力。因此,有必要将《创世记》的宇宙生成论陈述与古代近东的世界起源神话——以巴比伦史诗《埃努玛·埃利什》(*Enuma Elish*)为代表——的相关章节相参照,作一互文的解读,以呈现圣经创世论在其原初语境中的意义。

　　(1)创世背景

　　　　Gen 1：1　*起初神创造天地。*

　　　　Gen 1：2　*地是空虚混沌*(*tohu va-vohu*,*unformed and void*)。*渊*

---

　　① 此处P只是代表祭司文本(*priestly texts*),即希伯来圣经中与祭仪及其意义密切相关或体现出祭司背景的部分,使用这个概念并不意味着全盘接受威尔豪森JEDP四底本说框架。关于后者的批判性审视,参见游斌:《希伯来圣经的文本、历史与思想世界》(北京:宗教文化出版社,2007年),第20—22页。

　　② 关于这个问题的各种意见梳理与评述,见 Mark Smith, *The Priestly Vision of Genesis 1*, Minneapolis：Fortress Press 2010，pp. 41 - 43,213 - 215。

面(*tehom*,*the deep*)黑暗。神的灵(*ruah*,*wind*)运行在水面上。①

"起初"或与之类似的"当……之时""在……之初",是近东创世史诗的一般开篇模式。和合本的断句,源于古代晚期和中世纪神学对这句经文意义的处理。它肇始于七十士希腊文译本,中世纪的经注家们或将第一句理解为 P 创世论的总纲,或将其理解为造物次序的开始。事实上,中世纪犹太释经大家拉什(Rashi,1040—1105)和伊本·以斯拉(Abraham ibn Ezra,1093—1167)已发现这个误读并试图恢复原始读法,但出于便利神学建构的考虑,"起初"的读法在现代圣经批评学产生之前仍占据主导地位。② 根据原文的语法和文体特征,这两句经文的原本意思是描述当神创造天地之初时的状态:地是空虚混沌,被深不可测的黑暗的水所包拢,或者说土与水处于一种原初的混溶状态,此时从神所发出的风/灵介入了这种混沌状态,预示着朝向秩序的转变的开始。

我们注意到,在创世场景的描述中,"地/水""空虚—混沌""深渊"已经先在,P 作者并未交代这些"元素"的由来,这里没有"从无创世"的表述或暗示。这反映出古代近东世界所共同接受的一个预设,即构成世界的原初物质是自身固有的,并不是被神所创造的,神或者与原初物质共在或者是从原初物质中生成。创世叙事所要解释的不是原初物质的由来,而是宇宙秩序的由来。

将圣经创世论的开篇与《埃努玛·埃利什》(*Enumah Elish*)的相应章节对比:

> 当在上之天尚未被赋予名字,
> 当在下之地尚未被称之以名,
> 原始的阿普苏(*Apsu*)③是它们的生成者,
> 还有蒂亚玛(*Tiamat*)④是生育一切的母体,

---

① 以下圣经译文出自和合本圣经,希伯来文及英译参照 JPS 圣经(1989 年)。

② Nahum Sarna, *JPS Commentary*: *Genesis*, Philadelphia: The Jewish Publication Society, 1989, p. 5; Smith, *The Priestly Vision of Genesis 1*, Minneapolis: Fortress Press, 2010, pp. 43 - 46.

③ 淡水之神。

④ 咸水之神。

他们将各自之水混融在一起。

……

当众神尚未出生之时，

没有东西被命名，没有命运被确定，

随后众神在二者(阿普苏和蒂亚玛)之中生成。[1]

我们发现，《埃努玛·埃利什》(以下简称《埃》)的作者与《创世记》作者一样预设了创世之先的混沌状态以及水在混沌状态中的支配地位。同时在下文中强调来自创世之神(在圣经中是雅威、《埃》中是马尔杜克)的风搅动、分化混沌从而引入秩序的作用。[2] 而且，《创世记》所使用的"深渊"(tehom)一词，与《埃》中原始水神的名字蒂亚玛(Tiamat)出自同一词根。但值得注意的是，水在《埃》中以人格化或半人格化的形式出现(阿普苏和蒂亚玛)，而在《创世记》中则始终是一种无生命的物质力量。与此相关，正如考夫曼(Y. Kaufmann)所观察到的，圣经的创世叙述没有近东创世神话通常所具有的神谱(theogony)和神战记(theomachy)性质的内容。[3] 这类神话涉及两个关键的问题：第一，神从何而来；第二，主导现行宇宙秩序的神的权力是如何确立的。《埃》对这两个问题给出的答案非常具有代表性，即众神从混沌中生成，在与混沌的战争中发挥最关键作用的神成为众神之主与命运的决定者，他按照自己的意志和设计、利用混沌的身体作为原料来构造世界。

P 创世论则完全没有这些创世之前的情节，直接从创世之初的混沌进入神对宇宙秩序的安排。在这里，缺省表达了针锋相对的否定意义。首先，神外在于原初物质，二者永恒共存，没有相互生成的关系。其次，P 使用 Elohim 这个复数形式指称神，后文描述创造人的情节时又用"我们"自指并采取提议的口吻，似乎暗示了一个神圣会议的存在。但是，P 创世叙述中所有对神之行为的描述用的又都是单数形式，创世过程始终是一个声音、一个意志的贯彻，完

---

[1] ANET, pp. 60 - 61; B. R. Foster (ed. and trans.), *Before the Muses*, Patomac: CDL Press, 2005, p. 439; W. G. Lambert, *Babylonian Creation Myths*, Leiden: Brill, 2013, pp. 50 - 51.

[2] ANET, pp. 66 - 67; Lambert, *Babylonian Creation Myths*, pp. 57, 91 - 92; *Before the Muses*, pp. 443, 458.

[3] Kaufmann, *The Religion of Israel*, London: Geoge Allen & Unwin LTD, 1961, pp. 60 - 63.

全没有出现其他神圣会议成员的意见（哪怕是赞同意见）表达。这意味着，即使P作者仍预设神圣会议的存在，这个会议也是由至上神的单一意志控制的，其他神性成员不再具有独立意志，其存在的意义只是执行至上神的决议——这已经是一种实质上的一神论。最后，在美索不达米亚和迦南史诗中至上神以强力战胜的方式建立自己对于混沌与众神的支配权从而主导创世，而在《创世记》中，至上神的绝对权威从起初就被视为不言自明的出发点，不需要通过战胜对手的方式来建立。同时，原始物质被彻底去人格化，虽然仍具有自身的物理倾向，但既没有对抗神之意志的主动性，也没有阻碍创世计划执行的能力。

（2）创世程序：

A. 宇宙架构

　　　Gen 1：3　神说，要有光，就有了光。

　　　Gen 1：4　神看光是好的，就把光暗分开了。

　　　Gen 1：5　神称光为昼，称暗为夜。有晚上，有早晨，这是头一日。

在《创世记》中神的创造行为始于言语（"说"）。言语首先是思想的表达，这意味着世界秩序出于神之智慧的设计。其次，言语以命令的形式出现（"要有"），只要神形成一个意志决断，这个决断的对象就会进入存在，没有任何外在因素能够阻挠这个意志的实现。这种单一神圣意志凭言语创世的模式，在美索不达米亚和迦南神话中实属罕见，却可以在埃及古代创世神学中找到非常接近的原型。[①] 鉴于迦南地区与埃及的地缘关联以及公元前7至6世纪美索不达米亚文明中心与埃及的深入接触，以P作者为代表的以色列知识阶层在流散前后都有机会了解埃及的创世论思想资源。

神的第一个造物是光，我们在此处没有必要追问"尚未有天体如何有光"这种基于科学（包括古典与现代科学）预设的年代错置问题。但是，光从何而来，却是一个很自然的问题，因为在创世场景的描述中有黑暗而没有任何能成为光源的物质。在不预设从无创世信念——此教义从古代近东思想视野出发根本无法想象——的情况下，只剩一种解释：光从神自身而来，神是终极光源，这也正是《诗篇》作者（104：2）和早期拉比经注（*Genesis Rabbah* 3：4）所暗

---

① *The Theology of Memphis*，ANET, p.5.

示的。至此,已经有三种(如果不算神圣会议的沉默成员)代表神性临在的力量出现,风、话语和光。将光与暗分开,意味着上界与下界分开,水之上的世界是永恒光明的,而水及水下世界是光与暗交替的格局。神并没有用光彻底驱除黑暗,而是满足于将黑暗这种原始存在物纳入自己所设计的秩序中。神将光带入世界之后"看光为好的",是对自己所确立的事物秩序的肯定,意味着神不仅是存在之源也是价值之源。

> Gen 1：6　神说,诸水之间要有穹苍,将水分为上下。
>
> Gen 1：7　神就造出穹苍,将穹苍以下的水,穹苍以上的水分开了。事就这样成了。
>
> Gen 1：8　神称穹苍为天。有晚上,有早晨,是第二日。
>
> Gen 1：9　神说,天下的水要聚在一处,使旱地露出来。事就这样成了。
>
> Gen 1：10　神称旱地为地,称水的聚处为海。神看着是好的。

这一部分描述宇宙宏观架构的确立,体现出近东宇宙论的共同预设,即从一个原始总体中剖分出天与地。① 这个总体以被水覆盖的未成形的土的形象出现,神创造一个拱形的透明物体(穹苍/天)将水分开,或者说将一部分水挡在地上世界之外,又将地面的水聚集在一处(海),从而让地呈现或成型。这里有一点值得注意,就是神在第二日创造穹苍—天之后没有给予肯定的评价("看……是好的")。在七十士希腊文译本中此处有神圣认可的表述,②但在通行的马索拉经文(*Massoretic Texts*)——也是迈蒙尼德时代普遍接受的经文文本——中第二日缺省了其他每一日都具有的神圣认可,这也成为后世经注家们面对的一大难题。③

B. 生物世界

> Gen 1：11　神说,地要发生青草,和结种子的菜蔬,并结果子的树

① ANET,p. 67.

② William P. Brown, *Structure, Role, and Ideology in The Hebrew and Greek Texts of Genesis 1：1-2：3*, Atlanta：Scholars Press, 1993, p. 24.

③ 迈蒙尼德对此问题的处理见《迷途指津》II 30,第 325 页.

木,各从其类,果子都包着核。事就这样成了。

　　Gen 1:12　于是地发生了青草,和结种子的菜蔬,各从其类,并结果子的树木,各从其类,果子都包着核。神看着是好的。

　　Gen 1:13　有晚上,有早晨,是第三日。

　　创世的第二个单元同样从"地"开始,但此时的地已经是具有明确定型的宇宙构成部分。虽然同样是用言语,神创造植物的方式与创造光有所不同,他不是从外部将植物置于地,而是让地从自身之中生出植物,地在此似乎发挥了某种中介性动因的作用。同时,作者反复强调植物"结种子"并"各从其类"(下面第五、六日动物也相对应的是"滋生繁多""各从其类"),也是旨在揭示一种秩序井然、按照神所设定的自然本性恒常运转的物种生态结构。

　　Gen 1:14　神说,天上要有光体,可以分昼夜,作记号,定节令,日子,年岁。

　　Gen 1:15　并要发光在天空,普照在地上。事就这样成了。

　　Gen 1:16　于是神造了两个大光,大的管昼,小的管夜。又造众星。

　　Gen 1:17　就把这些光摆列在天空,普照在地上。

　　Gen 1:18　管理昼夜,分别明暗。神看着是好的。

　　Gen 1:19　有晚上,有早晨,是第四日。

　　第四日,对应于第一单元中的第二日,都是对于上界的安排(此时上界已成为天)。神创造天体,来作为历法节期的记号,预示出某种以人类为中心的目的论倾向,更确切的说,是以人所执行的神圣仪式为中心。天体的创造晚于光,意味着光是神赋予天体的。对比近东神话传统或将天体自身视为神或将其视为诸神的居所与显现的处理,P 作者在这里有意识地贬抑天体的地位—作用,剥除其神性。

　　Gen 1:20　神说,水要多多滋生有生命的物,要有雀鸟飞在地面以上,天空之中。

　　Gen 1:21　神就造出大鱼和水中所滋生各样有生命的动物,各从其类。又造出各样飞鸟,各从其类。神看着是好的。

　　Gen 1：22　神就赐福给这一切，说，滋生繁多，充满海中的水。雀鸟也要多生在地上。

　　Gen 1：23　有晚上，有早晨，是第五日。

　　第五日对应第一单元的第三日，描述在已分开的上下之水中创造生命的过程。有两点需要指出：第一，1：21 中所谓"大鱼"（*tannim*）其实是迦南神话中与主神巴力作战的海中巨兽，[①]在此从神的对手被转化成了神的造物；第二，同句中水受命生出活物，其地位正对应于第四日中的地，而且，据七十士希腊文译本，飞在天空之中的鸟也被归于水（天上之水）所生的对象。[②]后者的文句更符合 P 创世论的整体结构：从地到天到上下之水，再回到地，由此开始同样次序的新一轮创造。

　　C. 造人

　　第六日的场景又重新回到地，首先是创造地上的各种动物，然后进入整个六日创造进程的终点也是顶点，即人的创造：

　　Gen 1：26　神说，我们要照着我们的形像，按着我们的样式造人，使他们管理海里的鱼，空中的鸟，地上的牲畜，和全地，并地上所爬的一切昆虫。

　　Gen 1：27　神就照着自己的形像造人，乃是照着他的形像造男造女。

　　Gen 1：28　神就赐福给他们，又对他们说，要生养众多，遍满地面，治理这地。也要管理海里的鱼，空中的鸟，和地上各样行动的活物。

　　Gen 1：29　神说，看哪，我将遍地上一切结种子的菜蔬和一切树上所结有核的果子，全赐给你们作食物。

　　Gen 1：30　至于地上的走兽和空中的飞鸟，并各样爬在地上有生命的物，我将青草赐给它们作食物。事就这样成了。

　　Gen 1：31　神看着一切所造的都甚好。有晚上，有早晨，是第六日。

---

　　①　Nahum Sarna，*JPS Commentary：Genesis*，Philadelphia：The Jewish Publication Society，1989，p. 10.

　　②　William P. Brown，*Structure，Role，and Ideology in The Hebrew and Greek Texts of Genesis 1：1-2：3*，Atlanta：Scholars Press，1993，p. 25.

神按照"我们的形象"创造人,而神的形象究竟是什么却并未明言,从上下文对神的行为的描述以及指派给人的职责来看,这种形象似乎和语言以及基于语言的设计、命令—命名、宰制相关。这与近东神话形成对比:首先,在近东传统中神的形象通常只适用于王,[①]而 P 作者将其推广到所有人,把这种神化描述从君主的专属品泛化为所有人生而具有的本性,似乎暗示着一种有意识淡化君主—国家(无论是以色列的还是异族的)在宗教中作用的倾向;其次,圣经创世叙事中人的职责在于统治,而在近东史诗中则是服役于神,这种传统的神人关系(神需要献祭供奉并为此而造人)在圣经创世叙述中几乎没有踪迹。

D. 安息日

Gen 2:1　天地万物都造齐了。

Gen 2:2　到第七日,神造物的工已经完毕,就在第七日歇了他一切的工,安息了。

Gen 2:3　神赐福给第七日,定为圣日,因为在这日神歇了他一切创造的工,就安息了。

一般近东创世神话都需要一个仪式性的结尾,通常是神庙的建造,从此世界秩序作为命运就被永恒确定下来。而 P 作者则把这个仪式设定为安息日,而且,整个创世叙事没有出现任何与特定神庙相关的暗示,反过来,也可以说整个世界就是一座神庙。P 作者似乎试图以守安息日这一仪式来替代神庙—圣殿献祭。

2. 历史语境分析:

从上面的对比和文本分析可以看出,圣经的创世叙事虽然与近东宇宙生成神话共享若干母题和基本预设,却突破了神话体裁的基本框架。在一般宇宙生成神话中,神本身的起源以及诸神的互动是创世活动的必要前导,神圣世界与地上世界之间具有一种映射关系,地上世界的结构与各种重大安排和事变都能在上界找到原型或原因。而在圣经的创世叙述中,关于神本身的起源、属性、形象、经历的叙述被完全省略,用神圣世界的多元主体互动解释地上世

---

① Mark Smith, *The Priestly Vision of Genesis 1*, Minneapolis: Fortress Press, 2010, pp. 99-100.

界起源与基本架构的模式被彻底废弃。《创世记》首章所呈现的,是一个"来历不明"的神凭其不可测的意志渐次安排世界秩序的过程。关于这个神,没有任何正面描述,对他的认知只能通过他的话语和创造活动,而他的话语所指向的对象全都即时实现或毫无抵抗地顺从指令——这里没有任何空间让神话的情节得以展开,换句话说,这是一种有意识的去神话化的宇宙生成论话语。所有这一切,都是以作者的超越性一神信念为预设的。然而,需要指出的是,这种将以色列族群与其近东背景分离开来的一神信念,并非横空出世,而是特定历史语境的产物。

在圣经创世叙事从中生成的古代近东世界,在共享一套基本的神话资源与世界观的前提下,各个民族都在建构自己的神圣叙事,为自身的生存与发展提供解释和导向。这种建构不是各自闭门造车,而是在一个民族间竞争—对话的语境中进行的。对话并不是在一种完全自发、平等的格局下发生,而是有某种中心的主导,尤其是巴比伦—亚述帝国的意识形态建构在其间发挥着关键的作用。巴比伦—亚述帝国通过官方修订的史诗文本(以《埃努玛·埃利什》为代表),综合各种古代近东神话、因应帝国统治的意识形态需要而形成一套神学话语。这套话语不仅在国家政务、宗教仪式当中被应用,而且还被有意识地推广至附属国,①灌输给那里的政治与知识精英,成为一种文化帝国主义的有力工具。因此,边缘族群的民族宗教建构并不完全是一种自发行为,而在很大程度上是对帝国意识形态冲击的回应。《创世记》的编修者(P)正是在这样一种条件下获得其写作的材料来源。按《创世记》文本所显示的,作为边缘族群的精英,P作者不甘心成为强势文明话语的传声筒。在对相同叙事元素及母题的不同组织与重述中,呈现出一种针对主流强势话语的潜在论战姿态。这场话语战争的赌注是民族身份的存续。

需要指出的是,在公元前最后一千年的近东世界,逐渐形成一种神性集中化的宗教动向,主要体现为某个主要神明对其他众神的神性力量的吸收。这一点在巴比伦史诗《埃奴玛·埃利什》末尾对马尔杜克的五十个圣名的叙述中已经有所体现,其中很大一部分原本都是独立于马尔杜克的众神的名字。② 亚述国王亚述巴尼拔(Ashurbanipal)献给马尔杜克的颂词更是鲜明的

① *Before the Muses*, ed. and trans. B. R. Foster, Patomac: CDL Press, 2005, pp. 8-10.
② Ibid., pp. 476-484.

道出此点：

> 你持有安奴(Anu)之神性、英利勒(Enlil)之神性与伊亚(Ea)之神性，
> 以及主权和王权，
> 你集聚全部咨议(*counsel*)，
> 你拥有完美的力量。①

这种神性集聚的结果，是被吸收的众神都成为主神的一个侧面或属性：

> 宁努尔塔(Ninurta)是用锄头的马尔杜克，
> 内尔加勒(Nergal)是攻击的马尔杜克，
> 扎巴巴(Zababa)是近身搏斗的马尔杜克，
> 英利勒是主权和咨议的马尔杜克，
> 纳比乌姆(Nabium)是计算的马尔杜克，
> 辛(Sin)是夜间照明的马尔杜克，
> 沙玛什(Shamash)是公义的马尔杜克，
> 阿岱德(Adad)是降雨的马尔杜克。②

神性统一的另一种模式是将众神视为主神的身体：

> 哦，主(指宁努尔塔)，你的脸是太阳神，你的头发是阿亚(Aya)，
> 主啊，你的双眼是英利勒和宁利勒(Ninlil)，
> 你的瞳孔是古拉(Gula)和贝利特-伊利(Bêlit-ilī)，
> 你双眼的虹膜是双生子辛和沙玛什，
> 你的睫毛是太阳神的光……
> 主啊，你口中所说是众星的伊什塔尔(Ishtar)，
> 安奴和安图姆(Antum)是你的嘴唇，

---

① Thorkild Jacobsen, *The Treasure of Darkness: A History of Mesopotamian Religion*, New Haven: Yale University Press, New edition, 1978, p. 234.

② Thorkild Jacobsen, *The Treasure of Darkness*, New Haven: Yale University Press, 1978, p. 235.

> 你的命令······
>
> 你的舌头是上界的帕比勒萨格(Pabilsag)······
>
> 主啊,你嘴的上部是天地的穹窿,你神圣的居所,
>
> 你的牙齿是击败邪恶者的七神。①

亚述国王森纳赫里布(Sennacherib)对亚述主神阿述尔(Aššur)的赞颂,体现了帝国意识形态对至上神的理解:

> 所有神的王,他自身的创造者,诸伟大神明之父,他的形象在深渊之中被树立,(他是)天地之王,所有神的主,天上众神和地下众神的祖先(šapik),天之穹顶与地之根基的创造者,所有方位的构造者,居于星光闪耀的纯净之天,最先的神,命运的决定者,住在亚述城的伊亚拉(Eãarra),伟大的主,我的主。②

但值得注意的是,这种主神对其他神之神性的吸取并不带来对其他神之存在的否定或对其崇拜的取消。而且,神性集中的趋向也并没有锁定在某一个单一的中心,上面的三个例子就分别诉诸三个不同的神性主体。同时,这种集中于一神的崇拜虽然属于帝国官方意识形态的一种表达,但并不代表这种意识形态的全部。只能说,帝国精英阶层中有持此种立场的分子(部分祭司、学者—文士和君主)并能够通过常规渠道将这种神学主张表达出来,至于它具有多大的约束力和接受度则难以估定。所以,更确切地说,新亚述—巴比伦帝国所主导的近东宗教更像是一个光谱:在其一端是作为存在与秩序之源的一神,而另一端是由具有独立意志与特定功能—职守的众神构成的神圣会议。这个神性光谱不是对立两极的斗争场域,而是一个具有某种连续性的范围,帝国的宗教政策指针就在这个范围中因应具体情况而游移,即使一时的策略倒向一端,也不会有撕裂性的、非此即彼的选择。质言之,在强调一神集中所有神性的场合,其他神也并没有被取消,而是仍有作为超越性一神自我显现的侧面或属性的意义。而在对神圣会议的描述中,即使有各个神不同

---

① Thorkild Jacobsen, *The Treasure of Darkness*, New Haven: Yale University Press, 1978, p. 235.

② SAA XII, 86.7-11.

意见的表达(在史前史叙事中甚至可能有某些神的独立行动),这个会议也绝非民主制议会的天庭版本,众神之中必有一个最高主权者,在他的主导下众神会议最终对世界秩序做出统一、恒定的安排——这一决议被称为不可改变的命运。

这样一种宗教意识形态,既能维持作为王室庇护者和帝国统一象征的主神的绝对至上地位,又能灵活地处理中央与地方、精英与大众、宗主与附庸之间的微妙关系,对处于边缘地位的民族宗教加以包容、控制和利用。还需要说明一点,就是这种帝国宗教意识形态不是一时一地政治—文化精英的发明,而是对此前整个近东神话—仪式传统的发展和提纯。

希伯来族群在面对新亚述-巴比伦帝国的兼并压力之前,在王国阶段(联合王国以及南北朝)已经形成了一套一神主导神圣会议的民族宗教建构,这里的一神是希伯来族群的保护神雅威。正如近东地区其他民族宗教版本一样,他在宇宙生成战争中力克代表混沌力量的对手,而建立了天界(众神)、自然和人间秩序(以他所庇护的王室为中心)。比较特殊的是,雅威同时吸取了周围宗教系统中创造天地、生成众神的源始之神(迦南的 El 或埃及的 Amun-Re)和凭强力征服天界、支配下界的战胜之神(迦南的 Baal 或近东的宁努尔塔)两种主神的形象,从而具有了一种普世且压倒(但并不否定)其他一切神性及自然力量的权威,[①]他所护佑的君王理所应当地要成为全地之主。笔者倾向于认为,这反映出联合王国时代建立一个大卫—所罗门王室主导的多民族多宗教融合的新帝国的愿景,但不得不承认,对于以色列族群(即使不发生南北分裂)而言,这一神学—政治架构过于宏大、难以承担。然而,已经升格、放大的神灵无法再缩减至为以色列、犹大的实际国力量体定做的尺寸。

很快,在公元前 8 到前 6 世纪的历史处境中,这套具有先天不可承受之重的宗教意识形态遭遇了致命的危机。在新亚述帝国所建构的近东格局中,南北王国屡战屡败,北国以色列终被吞并而南国犹大成为附属国。先前佑助希伯来族群脱离埃及、征服迦南的雅威似乎在阿述尔面前失去了他的神性权威。为了重拾信心并强化民族认同,犹大王室启动了宗教改革。希西家及后来的

---

① 只有埃及新王国的阿蒙-瑞(Amun-Re)、新亚述及巴比伦的阿述尔(Assur)和马尔杜克(Marduk)这三个帝国至上神才能在神性权威的高度上与他相提并论,事实上这是一个大致同步的神性建构过程,埃及较早,美索不达米亚和以色列随后。

约西亚利用古代近东的"神弃"传统,①强调雅威由于以色列人的错误崇拜而发怒,暂时离弃以色列人,如果后者重回正确的信仰道路,雅威会宽恕以色列人的罪过而继续给予护佑。所谓正确的信仰方式,就是对雅威崇拜的集中化(集中于王国首都耶路撒冷),清除所有对雅威崇拜构成现实或潜在竞争的地方与外族崇拜对象,对以色列族群所固有的非造像传统予以有意识的强调和极端化。在新亚述帝国衰落的条件下,约西亚的改革一度让以色列人看到雅威神佑的曙光,但是,约西亚的"意外"战死——事实上作为边缘小国君主参与帝国强权的逐鹿游戏,这种结局在所难免——又将这一希望打得粉碎。按照古代近东的传统神学逻辑,以色列人似乎只能放弃雅威至上的崇拜而融入美索不达米亚文明中心。因为在已经做出彻底的单拜一神改革之后,被集中崇拜的雅威仍未能保佑犹大王国免受异族压迫,似乎只能证明雅威的神力不足以对抗帝国至上神。在这种政治—文化压力达到顶峰之际,也就是流散(新巴比伦帝国攻灭犹大、摧毁圣殿,犹大王室与精英被掳)前后,以色列人迈出了朝向一神论的关键一步:他们没有选择放弃民族信仰,而是选择颠覆传统的神学逻辑。具体来说,圣经文本作者们对当时在近东世界居于主导地位的单一神论(henotheism)框架做出极端化的改造——将一神主权的原则推至极限,相形之下众神会议已成虚设,只待最后的摒弃或总体降格处理——再根据这个框架重新剪裁原有的宗教传统材料。在这样一个新框架中,雅威从统摄众神的主神转化为排除其他神祇存在的独一神:他在建构世界秩序的过程中没有任何对手,他的主权不需要通过战胜或征服对手来体现。这种神学观点折射到人间秩序,就是一切胜负兴衰都是雅威的安排,以色列的失败不代表雅威的失败,亚述、巴比伦的兴盛也不代表阿述尔、马尔杜克具有真实的神性。这种排他性的一神宣称,可以看作是一种釜底抽薪式的策略,也是在绝望处境中保存雅威至上崇拜的最后出口:如果继续承认其他神的存在,就必然面对神圣力量之间的对比与权力划分问题,其他神祇所护佑的异族对以色列人的统

① 这种民族神抛弃—谴怒属于自己的族群、使其被外来政权征服的母题,在当时已被帝国意识形态十分纯熟地利用(民族神背离属民,既是对后者犯罪的厌弃,也是对帝国至上神所作出的惩罚决定的服从,见 Morton Cogan, *Imperialism and Religion*:*Assyria*,*Judah and Israel in the Eighth and Seventh Centuries BCE*,Atlanta:Society of Biblical Literature,1974,pp. 9‐21)。所以,如果雅威继续在多神背景下被理解,无论作何种神学操作,最终都无法避免被帝国宗教收编的命运。

治(当时他们已经看不到凭自身力量摆脱这种统治的任何希望),就将成为这些神祇的权威凌驾于雅威之上的有力证明。唯一的出路是否定异族神的存在,将世间一切置于一个神即雅威的支配之下,异族的胜利也同样是雅威的安排,这种胜利只是雅威利用这些民族贯彻其世界历史计划的结果,而由于这些民族是崇拜伪神的,他们最终必归于衰灭。这样就避免了雅威成为被挫败之神或无力之神的可能。由此,我们可以理解《创世记》的宇宙生成论叙述为何缺省了神战记的环节,因为当时的以色列人不能将雅威置于与别神对抗的地位,因为他们的现实处境无法提供雅威战胜的任何一点证明,所以雅威作为宇宙之主的地位必须是不战自有的。同样,对雅威在形象、属性、来历方面的任何描述,都将使他在强势宗教话语的万神殿中被定位,后者恰恰是《创世记》作者极力避免的。

圣经作者针对近东神话母题与世界起源叙事的一系列操作直至最终突破,都是基于一种强烈的集体生存意向,即尽一切可能、不惜一切代价维系危机中的以色列族群认同。这种认同需要成为贯穿整部圣经,甚至贯穿古代犹太思想史的主线。但是,仅仅有这样一种意向或精神需求,并不足以建立一种持久发挥效用的宗教传统。要充分理解圣经的创世话语,还必须考虑到其他的构成性思想脉络。

3. 圣经创世叙事的思想史意义

P 创世叙事,是以色列独具特色的一神宗教建构的关键一环。下面将以当时帝国中心的神学架构为参照,来探测圣经创世神学在思想史——尤其是宇宙生成论探讨的问题史——上的地位和意义。

以集权君主为原型设想的一神统摄并吸收众神神性力量的巴比伦—亚述神学,表现为一种光谱式结构,在两端间游移:一端是一切归一,另一端是众神会议。P 神学则是将对一神至上的强调推至极端,所有的神性力量都集中在单一至上神的身上,众神会议被抽空了任何实质性内容,众神相应地降格为天使,[①]不再具有相对于至上神的独立性。由此,真正意义上的神(即值得崇拜的对象)只余下一个。

这种绝对的一神崇拜必然会带来一个神学认识论问题,即一个凭单一意

---

① 《创世记》中未提到、但在同时代的先知书中运用的另一策略,是将一向较为流行、享受较高规格崇拜因而难以做降格处理的神灵(如阿什拉、巴力)斥为伪神。

志统治宇宙的神如何可能被表象的问题。人最终只能通过他的现实经验来设想超验对象,在宗教中最直接、最自然的认知模式无过于为每一种支配人类生活的力量设定一个人格化动因并通过这些动因间的斗争——妥协来解释世界与人间秩序的多神论。相对而言,一神崇拜是不那么"自然"的,只在非常特殊的语境或历史条件下才有可能建立。首先进入视野的条件,是世界帝国的产生。统治所有可居住之地的王者为设想一个全权掌控宇宙的神提供原型。事实上,《申命记》中神与以色列所立之约就是以亚述帝国和属邦的政治条约为范本的。① 相应地,雅威作为宇宙之主的形象很大程度上也是人间帝国君主形象的投射。但是,统治所有可居之地永远是个有待实现的梦想。而且,君主集权总是有限度的,一个单一人格不可能掌控一切。无论他的权威被张大到何种程度,他总需要共治者,如宫廷大臣、地方总督、属邦君主等——"君主隐喻"同样也可以被多神论者引用来作为单一主神前提下众神存在的理据。因此,需要考虑另一种补充性的表象模式,即秩序设计者模式。

古人观察到世界总体秩序——主要体现为天体的循环运行及由此引发的四季更替——是久远且普遍的事实,但问题在于这个秩序的严整性程度以及相应的对秩序原因的解释。较为原始的创世神话中透显出的先民所认识的宇宙秩序是非常粗放的,落在秩序之外的空间和秩序自身的变动性都非常之大,这就使多神通过斗争和协调建立某种动态平衡式秩序的神学解释获得最大程度的接受。但是,随着巴比伦—亚述具有帝国官方支持的星象学(包融天文学和占星术)的发展,建基于常态的、连续的大规模天文观测以及数学模型的应用,星象学家们已经能够对天文现象(特别是日月食)的周期性作相当准确的描述与预测。在天体运行支配地上事物的星象学宇宙论框架下,这就意味着,宇宙的总体运行是由某种可理知、可预测的法则支配的。这种知识范式在宗教思想中的反映就是,一个神圣理智设计了一套完满恒定的宇宙运行法则,所有存在物都被笼罩在这个法则之下。祭司创世文本的作者接受了巴比伦—亚述精英阶层发展出的这种宇宙论架构,②将天体运行的严格规律性作为不言

---

① ANET,pp. 534 - 541;关于此问题以往研究状况及较近趋势,见 Richard Jude Thompson, *Terror of the Radiance:Aššur Covenant to Yhwh Covenan*, Göttingen:Vandenhoeck & Ruprecht, 2013, pp. 2 - 47。

② Baruch Halpern, *From Gods to God:The Dynamics of Iron Age Cosmologies*, Tübingen: Mohr Siebeck, 2009, pp. 427 - 480.

自明的前提。相比于《埃奴玛·埃利什》不厌其烦地详述马尔杜克对天体运行秩序的安排,[1]《创世记》作者侧重于贯穿宇宙总体的更根本也更单纯的法则,即一种不断递进的划分:原始质料与神性力量的区分;光与暗、上界与下界的区分;下界之中天与地的划分、地与海的划分(与此相关的水的划分);生物与非生物的划分;生物中植物与动物的划分;动物中水生与陆生动物的划分;陆生动物中能言语的动物与不能言语的动物的划分。这种划分不仅是存在类别的区分,也是价值等级的分别,整个宇宙架构体现出一种合乎理性的目的论设计秩序。

这种神学宇宙论对多神崇拜形成冲击,因为它使多重独立动因的预设成为不必要,即使仍保留次级力量作为至上神设计方案的具体执行者,它们也不再拥有独立意志的决断,因此不能成为值得崇拜的对象。基于此,集权君主和全知设计者两种表象模式交织在一起,使一神崇拜的神学设想得以可能。而政治意识形态诉求与知识诉求,在后世也成为支撑一神论话语发展和传播的两根支柱。

具体到宇宙生成论问题的格局,通过上文对 P 创世论与近东世界起源神话的比较分析,我们得到一个创世论—宇宙生成论的基本结构图示,即:

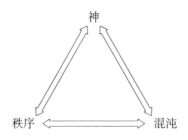

神、秩序、混沌(水、质料)三元格局内部的相互地位与互动关系可以有不同的侧重,从而形成不同的宇宙生成论模式。在近东创世史诗中,神出自混沌,通过制服、转化混沌建立宇宙秩序。秩序反映出神与混沌之间的力量对比,同时折射出上界诸神之间的关系,这些对比、关系遵循某些恒定不变的法则,在此基础上的宇宙秩序则是各种动因—力量均衡的产物。至上神的智慧和强力以及众神的公议保证现存秩序恒久持续,与此同时,众神的相对独立性

---

① *Before the Muses*, pp. 463 – 468.

和混沌力量的始终存在又使这种秩序具有某种动态的弹性与包容性。神话思维的一大特点是,试图在神的主导性、秩序的恒定性和混沌的母源性三者之间维持某种平衡。这样一套宇宙论观念通过神话以拟人的方式得到表述,并与崇拜仪式、巫术实践相配合,同时满足中央集权与地方多样性、知识诉求与大众接受的需要。[①]

P 作者所建构的独特的一神创世话语,作为对近东主流神话叙事的挑战,最大限度地张扬了神的权威。相对神的权能而言,秩序被平面化(上界被取消)、偶因化(取决于单一神的意志—选择),混沌被彻底去主体化、完全处于被支配地位。圣经创世叙述最根本的意旨,是在帝国中心主导的普世诉求下保持以色列族群的独立身份,知识诉求与政治调和的需求最初并不是其考虑的焦点。

我们注意到,与圣经创世话语大致同时,还有另外一种针对近东帝国中心影响的边缘精英反应。公元前 8—前 6 世纪,近东文化同样渗透到爱琴海地区,早期希腊神话与前苏格拉底哲学都呈现出某种近东印记。新生的古希腊哲学话语,对三元格局中的秩序一极至为强调,以自本自根的可理知秩序吸收神性、统摄混沌,彻底完成后二者的去人格化。这一传统由米利都学派的自然哲学肇始,经柏拉图学派至亚里士多德建立宇宙生成论问题探讨的新范式。由此我们进入下一部分内容的探讨。

二、 脉络二: 古希腊哲学中的宇宙生成论探讨

1. 前苏格拉底哲学家

前苏格拉底哲学家(或所谓自然哲学家)所做的工作往往被称为去神话化,但这恰恰说明神话是他们的出发点。近东宇宙生成论神话的影响印记已经可以在荷马史诗中明显看出,后者同样视海洋为诸神诞生之源;而第一个希腊哲学家泰利士的理论基点也是水。[②] 值得注意的是,亚里士多德在追溯自然哲学的历史起点时直接将海神夫妇创生万物的神话作为泰利士观点的背景

---

① 这种神话思维并没有随着古代近东帝国的崩溃和一神教的勃兴而消亡,其经典文本继续传承至古代晚期,其母题和元素不断被新思想体系再利用,而且一旦时机成熟(新一轮帝国建构与知识范式更新的汇合),还会作为一种原型以新的形态"还魂"。相关分析见下文第二章第三节。

② William P. Brown, *Structure*, *Role*, *and Ideology in The Hebrew and Greek Texts of Genesis 1*: *1 - 2*: *3*, Atlanta: Scholars Press, 1993, pp. 147, 151 - 152.

引入讨论：

> 在那些最初进行哲学思考的人们中，大多数认为万物的本原是以质料为形式，一切存在着的东西都由它而存在，最初由它生成，在最终消灭时又回归于它。……至于这种本原的形式和数量所有的说法并不相同。这派哲学创始人泰利士说是水（因此他认为大地浮在水上），他之所以做出这样的论断，也许是由于看到万物都由潮湿的东西来滋养，就是热自身也由此生成，并以它来维持其生存（事物所由之生成的东西就是万物的本原）。这样的推断还由此形成，由于一切事物的种子本性上都有水分，而水是那些潮湿东西的本性的本原。

> 有些人认为，那些距今很久以前的远古时代的人们，在他们最初思考神的问题时，对本性或自然也持同样的观点。他们把奥克安诺（Ocean）和泰宗（Tethys）当作生成的父亲[父母]，①众神都指水（也就是他们所谓的斯图加）为誓。最古老的东西最受尊敬，指以为誓的东西是最受尊敬的。关于自然的这种意见是否是最初的和古老的，可以说并不清楚，不过据说泰利士在关于最初原因的问题上是如此表述的。②

自然哲学家们接过了创世神话所追问的根本问题（宇宙从何而来，更具体地说，秩序如何从混沌中生成），并坚信宇宙生成论问题可以通过观察与思辨来解决。和近东知识阶层一样，希腊哲学家们相信世界有一个统一的可理知秩序，但与前者将对宇宙秩序的理解编织在神话叙事之中的做法不同，自然哲学家们倾向于用这个秩序来解构神话世界。而且，他们对神话的解构不仅限于否定次级神的作用，还从根本上排除了所有人格化的神的存在。换句话说，他们不满足于将秩序完全归因于一个超越性的、深不可测的神圣心智的设计，而更倾向于在自然世界之中寻求宇宙秩序的根源。在他们看来，这个复杂的可理知秩序应当起源于某种更为单纯的可理知本原。他们的探索进路是分析可见世界的构成元素，直到发现那个（些）最基本、最原初的始基——本原，如泰利士的水、阿那克西美尼的气、赫拉克利特的火、德谟克利特的原

---

① 即海神夫妇，见《荷马史诗·伊利亚特》，14：201，246。

② 亚里士多德《形而上学》卷一章三，《亚里士多德全集》第七卷，第33—34页；另见《西方哲学原著选读·古希腊罗马哲学》（北京：商务印书馆，1981年），第15—16页。

子、阿那克萨戈拉的同素体、恩培多克勒的四根、毕达哥拉斯的数,运用它(们)本身的运动倾向以及分层—组合来解释整个宇宙的生成。在元素及其物理作用不足以解释现实时才引入主体性因素——如恩培多克勒的爱—恨、阿那克萨戈拉的努斯或心灵——通过二者的共同作用或相互配合来说明宇宙的生成及运行。[①]

2. 柏拉图

柏拉图在始基—本原问题上提出理型说,改变了宇宙生成论探讨的路向。理型作为宇宙秩序的原型,本身是永恒的,不需要说明它的由来。因此,问题从宇宙秩序本身的起源转移到了秩序的原型与物质元素相结合(其产物即是可见世界)的起源。柏拉图在《蒂迈欧》中对宇宙生成论问题给出了他的答案:

> 我们首先作此划分:什么是永恒真实没有变化的存在? 什么是永恒变化没有真实的存在? 由思想通过推理来认识的东西是永恒真实不变的;而通过非推理的感觉来把握的意见对象则是常变不真的。任何变化的东西都一定有原因使然。没有原因就没有生成。当造物主以永恒不变的存在作为模式创造万物时,所造物就必定完善。如果他按着被造物或变化的模式,则所造之物就不会是完善的。因此,谈到整个天体或宇宙(这两字词哪个合适则使用哪个),开始时的问题是:它是永恒存在没有原因的呢,还是被造的有开端的? 我认为,它是被造的,因为它是有形物体,可见可摸。可感知的物体总是在被创造的过程中。被造者必有原因。然而,要找到宇宙之父和造物者是极艰难的。即使找到了他,把他说出来让其余的人明白也是不可能的。还有的问题就是:这造物者选择哪一种模式作为不变的世界模式,并据此创造世界? ……每个人都会看到,他所使用的是那永恒的,因为这个世界是最完美的,而他则是最好的原因。[②]

柏拉图认为,是造物者(Demiurge)按照完美模式(理型)从永恒载体中创造出可见世界。这似乎意味着神话式的人格神的回归,但值得注意的是,世界秩序并不是出于这个神的自由选择或设计。造物者在宇宙生成过程中所起的

[①] 亚里士多德对这些自然哲学家观点的记述见《形而上学》卷一,章 3—5,《亚里士多德全集》第七卷,第 32—43 页。

[②] 柏拉图:《蒂迈欧篇》,谢文郁译,上海:上海人民出版社,2003 年,第 19—20 页。

作用只是将永恒的完美原型压印在自身无定型的载体之上,①如果使用后来亚里士多德的术语,他就是形式与质料结合的动力因。柏拉图的这种创世论被中期柏拉图主义归结为三本原(造物者、理型、载体)论,②这一理论可以说是对上文所提到的创造神话思维模式的最精粹的思辨表述。而在柏拉图主义对三本原的理解中,代表秩序的理型实际上处于中心地位。

3. 亚里士多德

亚里士多德在柏拉图开启的路向上完成了宇宙生成论的革命。在他之前,宇宙生成论的探讨基本都是在接受世界是生成的前提下追问世界从何以及如何生成的问题,而亚里士多德则在批评性审视前辈观点的基础上质疑并反驳这一前提。

他在《论天》卷一章 10 指出,③之前的所有哲学家(包括柏拉图)都认为宇宙是生成的,而他试图证明宇宙是永恒的。他将之前的宇宙生成论分为三类,一类主张宇宙是生成的但不会消灭(柏拉图),一类主张宇宙是生成的也终将消灭(原子论),一类主张宇宙处于不断生灭的交替过程中(赫拉克利特和恩培多克勒)。他认为,第一类包含内在矛盾,因为生成本身就意味着将会消灭;第二类不符合事物运动(尤其是天体运动)的自然本性;第三类实质上是一种宇宙永恒论,但亚里士多德本人主张另一种形式的宇宙永恒论,他对宇宙可灭论的反对理由同样适用于不断生灭论。

在这些宇宙生成论观点中,亚里士多德最为重视的还是柏拉图的从永恒理型及质料创世论,他之于柏拉图的关系,正如自然哲学家之于古代神话。他扬弃了柏拉图和学园派脱离可见世界的理型说,而保留了可理知秩序的永恒性。他强调形式的内在性和动力性,这体现为元素(水、火、气、土和以太)以及元素构成的事物本身就具有作有序运动的倾向和能力。世界按其自然本性就会永恒地存在和运动,不需要外力的干预;所谓第一推动者,实际上并不发挥物理作用,他只是一个思维自身的纯粹理智,处于全体存在等级的顶端(对应的另一端是原初质料),众天体出于对他的完美存在状态的向往和模仿而作永

---

① 柏拉图:《蒂迈欧篇》,谢文郁译,上海:上海人民出版社,2003 年,第 45—48 页。

② Eduard Zeller, *Outline of The History of Greek Philosophy*, Oldbery: Meridian Books, 1955,p. 309;阿尔吉努斯:《柏拉图学说指南》,狄龙英译注疏,何祥迪译,上海:华东师范大学出版社,2016 年,第 58—59 页。

③ 《亚里士多德全集》第二卷,第 298—301 页。

不止息的圆周运动,从而带动月下世界一切事物的周期性生灭过程。神(纯粹理智)对于宇宙的存在和运转既没有物理影响,也没有有意识的干预。按照亚里士多德的宇宙论逻辑,只要神存在,宇宙的基本架构(天体和物种)就会存在,神与世界之间并非制作关系,而是一种共时的映射关系。宇宙作为神之本性在质料中的映现,是一个自组织的有机体,它拥有完美的目标、均衡的架构和可持续的运动方式,因而必然享有永恒的生命,追问它的时间起源或产生过程乃是一个伪问题。

在亚里士多德脱离柏拉图学派而抛出彻底的宇宙永恒论之前,学园内部已经出现对柏拉图的创世叙述作寓意解释的倾向,[①]而在亚里士多德对这一论题做出详尽论证并产生普遍影响之后,自中期学园派以降柏拉图主义者基本上倒向了宇宙永恒论。[②] 在他们看来,宇宙实质上没有时间起点,宇宙生成论言说只具有教学或教化的意义。由此,在希腊化时代宇宙永恒论成为哲学家们的共识。

三、 两条脉络的汇流

希腊化—罗马时代,环地中海的庞大政治—文明架构的形成,使分别来自希伯来与希腊的两条宇宙生成论思想脉络得以相遇、碰撞和交融。由此而来的一大事因缘即是从无创世教义的产生。

如上文所示,希伯来圣经之中没有从无创世的表述。创世的背景及出发点是空虚混沌,后者事实上是流散时代以色列人生存处境(国家灭亡、圣殿被毁)的投射,这种描述的意义更多是落脚在荒芜、无生机。对以色列人而言,这种荒芜是神创造的起点,结合后面的洪水叙事来看,类似的状态也是再创造的起点,这让以色列人能够在现时的黑暗混沌中保持信心、期待新世界与新生命的创造。至于混沌本身的来源或者说起点之前的起点问题,不在圣经作者关注的视域之内。

在希腊化时代一定程度上受到哲学思维影响的犹太教与早期基督教文献中——如《马加比二书》《所罗门智训》《罗马书》《黑马牧人书》——出现了类似于从无创世的表述,尤其是《马加比二书》7:28 节在复活论语境中提出的"上

---

① 亚里士多德:《论天》,279b35 以下。
② 阿尔吉努斯:《柏拉图学说指南》,第 66—67 页。

帝从一无造出万有"。① 然而,这些表述的意义都不是十分明确,可以解释为从无创造,也可以解释为从先在质料(不定型的质料在希腊哲学和神学探讨中也常被称为不是者或不存在者),原文的上下文并没有给出可以作为判断依据的进一步发挥或说明。

从无创世是犹太—基督宗教与希腊化哲学相遇的产物,但这并不意味着二者相遇就必然产生此种教义。从无创世作为对宇宙生成论问题的一种解答,具有双重意义:其一,神不是从任何与他永恒共在的事物之中创造世界,即世界以及构成世界的原初质料都是神创造的,这同时也排除了神从自身产生世界的解释;其二,世界是生成的,即世界是在不存在之后进入存在的,也就是说,世界本身有不存在的可能性。

1. 亚历山大里亚的斐洛

斐洛深受希腊化哲学的影响,他试图用柏拉图《蒂迈欧》的从原初质料创造框架来解释圣经创世论。与大部分学园派所接受的永恒论寓意解释不同,斐洛倾向于按字面意思接受《蒂迈欧》的创造叙述。对他而言,这个叙述恰恰是圣经与希腊哲学宇宙生成论汇合的中点。尽管有部分学者试图从斐洛的其他表述推出他实质上认为原初质料亦是神所造,但这无法解释他为什么从不提及质料的来源问题(尤其考虑到后世拉比对这个问题的穷追不舍),而且他关于神不可能与质料有直接接触、质料是恶之源的表述也排除了神创造质料的可能性。②

在世界生成的问题上,斐洛一方面明确表示他接受世界作为生成之物有时间起点的圣经表述:

> 有些人崇敬的是世界而不是世界的创造者,他们声称世界没有开端,世界是永恒的,同时又虚假地把神设定为巨大的、无活力的东西;而我们正相反,必须对神作为创世主和天父的力量感到震惊,而不是对世界不相称的歌功颂德。……摩西不是这样。这位大师认为无起源的东西属于那与可见事物不同的序列。因为一切可感的物体都是不断生成变化的,绝

---

① 汉译文出自张久宣译《圣经后典》(北京:商务印书馆,1999 年),第 411 页。

② Gerhard May, *Creatio Ex Nihilo*:'*The Doctrine of Creation out of Nothing*'*in Early Christian Thought*, trans. A. S. Worrall, London:T&T Clark, 1994, pp. 9 - 21.

不会长期保持同一状态。……既然这个世界是可见的、能被感官所感知的，那么它一定有过起源。从这个论点出发，我们可以涉略他记载的要点，按照神工的庄严阐述起源问题。①

在斐洛的笔下，先知摩西俨然成了一个柏拉图主义哲学家，其观点与《蒂迈欧》中的论述如出一辙。然而，另一方面他又极力排除圣经创世叙述的时间性因素，将其寓意解释为代表存在物的优越性等级：

> 然后摩西说："起初，神创造天地。"在这里，"起初"这个词并非如某些人所认为的那样，具有时间意义，因为在有世界之前不会有时间。……由于"起初"这个词在这里不是指时间的开端，所以它像是在指某种秩序。②

从他的神学—宇宙论出发，神作为构想理念的理智永远不会停止思考、作为动因永远不会停止作用：

> 神绝不会停止创造，就像火的性质是燃烧、雪的性质是寒冷一样，神的性质是创造；他也绝不能停止创造，因为他是一切行动的源泉。③

由此一个必然的结论将是，世界作为神的思维对象和作用对象将无始无终地存在。④ 所以，斐洛的宇宙生成论主张包含有某种悖论，似乎在圣经和柏拉图的创世论与亚里士多德的宇宙永恒论之间摇摆。

但无论如何，斐洛并没有任何采取从无创世这种"激进"立场的动机。在释经学上，从原初质料创世论非常接近于《创世记》叙述（从混沌废弃状态开始创造）的字面意思，而后者则更适合于犹太族群的拯救期望。还需要考虑的是，斐洛代表一种对希腊化文明积极融入的态度，他对《创世记》的寓意解释一

① 斐洛：《论创世记》，王晓朝、戴伟清译，北京：商务印书馆，2012，第22—23页；类似论述又见第70页。
② 同上，第27—28页。
③ 斐洛：《论创世记》，第79页。
④ David Winston, "Philo's Theory of Eternal Creation: De Prov. 1. 6–9", *Proceedings of the American Academy for Jewish Research*, Vol. 46/47, Jubilee Volume [Part 2](1979–1980), pp. 593–606.

方面旨在向具有希腊化哲学思维的知识分子证明犹太信仰的合理性,另一方面也是将他所认可的普遍知识—价值纳入犹太思想机体的一种努力。这种"改革"的理想结果是造就一种希腊化的犹太教,让犹太人在不放弃一神信仰的前提下获得世界公民的资格。从某种意义上讲,这是亚历山大里亚犹太社群生活状态与愿景的反映。在斐洛看来,哲学就如同那个十分可欲的希腊化文明世界的准入凭证,他绝没有想过去质疑或反对它的基本公理(包括无中不能生有的预设),因为这种做法可能断绝融入的通道。

2. 基督教早期教父

早期基督教作为一种激进宗教,从诞生之初就与其文化母体——起初是犹太教、进而是希腊化世界——处于一种紧张状态。强烈的末世渴望,推动早期基督教思想者进一步强化神对世界的绝对主权,以保证拯救—复活应许的实现。但是,神学建构从来不是从无到有的突变,最初的基督教神学家——以殉道者查士丁为代表——在斐洛的影响下仍应用柏拉图从原初质料创世的模型来解释圣经,虽然这套模型在解释肉身复活的问题上会遭遇困难,但略加调整并不是不可克服(如诉诸在来世运用别种质料重新创造容或更优越的身体的理论)。杰哈德·梅认为希腊化犹太思想者以及 2 世纪中叶前教父未能意识到原初质料对神之全能构成限制,[1]有过分低估其思辨能力之嫌。其实早期教父很可能已经意识到这个问题,但这套框架的一大优点是可以为恶之起源的问题提供现成的解答,如果采取从无创世的立场,就必须重新面对神义论难题。因此,需要有更强的思想动力或压力,才会使得一神论神学向从无创世这一更激进的方向运动。

2 世纪中叶后,随着基督教的传播尤其是向罗马社会上层的渗透,基督教教义开始与知识精英普遍接受的哲学思想发生深层碰撞,具有宗教关切的哲学家们意识到基督教对于希腊化文明遗产的"威胁",于是发起对基督教教义的全面审查与批评。同时,有一批接受基督教信仰但仍试图保留固有异教传统核心要素的思想者亦着手建构一套融合圣经叙事、古代神话母题和希腊化哲学的思想体系,这就是诺斯替主义。一些具有极强的神学—政治敏感性的教父意识到,如果不对来自内外两面的冲击做出具有自身标志性的回应,基督教或者将在罗马社会失去立足之地而逐渐萎缩,或者将被同化为当时流行的

---

① Gerhard May, *Creatio Ex Nihilo*, London：T&T Clark, 1994, pp. 22 - 26, 35 - 38.

诸多秘教中的一支。

创世论问题，就是这些教父们发起回击的阵地之一。在晚期希腊化哲学中的主流宇宙生成论学说是柏拉图学派兼容亚里士多德宇宙永恒论的神按完美原型从原初质料创造论。而诺斯替主义诸宗派则发展出一套神从自身产生若干流溢层级从而构成上界、最低的流溢层级堕落从而衍生出下界的宇宙生成论立场。[①] 为了有意识地区别于这两种学说，教父们接过希腊化时代启示文学中神从"不是—不存在"中创世的表述，将其中所体现的强调神之主权的倾向推至极端，最终完成了从无创世的神学建构。值得注意的是，教父们表述神学观点的方式既区别于哲学家的系统化论述又不同于诺斯替主义的新神话构造，而是结合逻辑思辨与经文诠释的一种辩护式话语体裁。

最初对这个教义做出明确表述的教父是塔提安：

> "起初神（创造天地）"，我们被教导（《约翰福音》1.1），这个"起初"就是逻各斯的能力。因为世界之主自身是一切存在的必然根据，在被造物尚未进入存在之前独自存在。……质料与神不同，不像神那样是无始的，因而并不具有与神平等的能力；它是被产生的，不是被任何其他存在者产生，而是被万物的独一构造者赋予存在。[②]

至此，从无创世的两个基本条件都已齐备：世界有时间的起始，同时在神之外的一切存在者包括质料都是被神创造的。此外，值得注意的是，塔提安及其后的基督教神学家强调逻各斯——在基督教语境下就是圣子—圣言——在创世中的中介—代理作用。圣子不是造物，而是从神自身之中生成的，这一点与诺斯替主义的神圣流溢过程相似。但基督教创造论区别于诺斯替主义的关键点在于：首先，神从自身生成神性存在者的过程止于圣灵，圣灵之下的存在物就都是从无创造的，不再分有神性；其次，不存在神性堕落的事件，圣子和圣灵都是完美的，通过他们创造与掌控的世界也是完善的。

安提阿的西奥菲勒斯在与哲学家论战的语境中更为集中的表述了从无创

---

① May, *Creatio Ex Nihilo*, pp. 39 - 53；另见，汉斯·约纳斯：《诺斯替宗教》，张新樟译，上海：上海三联书店，2006 年，第 165—178 页。

② Tatian, "Address to The Greeks", in *Ante-Nicene Fathers II*, eds. Alexander Roberts, James Donaldson, Buffalo：The Christian literature publishing company, 1885, Chapter V, p. 67.

世教义：

> 柏拉图及其学派确实承认神不是被造的而是一切事物的父亲和制造者，但他们坚持质料和神一样不是被造的，主张质料与神永恒共在。根据这些柏拉图主义者的学说，神不再是一切事物的创造者，神的王权也无从确立。而且，由于神不是被造的，所以他是不变的；如果质料也不是被造的，它也将成为不变的，从而与神平等。……如果神是从已经存在的质料中创造世界，这有什么伟大呢？因为一个人类艺术家当他从他者处获得材料也能按其意愿进行制作。然而，神的能力体现于他从无中创造任何他所意愿的东西……在所有方面，神都比人更有力，这也体现于：他在他所意愿的时刻从无中创造他所意愿的存在者。①

在这里，西奥菲勒斯不仅指出质料的受造性，而且明确给出强调其受造性的理由，即质料的先在意味着对神的自由与能力的限制。按照这种神学逻辑，任何束缚神圣权能的因素都要被排除，柏拉图学派的理型或者更宽泛地说希腊哲学所理解的自然—本性，同样不能对神的作为构成限制。从此，从无创世与神的自由意志和绝对全能结合在一起，成为一神教神学区别于异教神话及希腊化哲学的标志。这种神学立场被稍后的爱任纽和德尔图良极力坚持，到3世纪奥利金的时代已经成为教会普遍接受的原则。其后奥古斯丁又对从无创世论做出更具哲学思辨意义的澄清与论证，以克服这一神学理论逐渐呈露的内部困难（如神自身不变与从不作为到创造的转变之间的矛盾和神义论问题），并对抗日益流行——对他本人也曾经极具吸引力——的摩尼教创世观点。可以说，从无创世论在奥古斯丁手中达到了一个相对稳固的理论形态。② 这套原型中的若干要素后来又经过亚历山大里亚和叙利亚的基督教神学家的传承与改造而进入中世纪阿拉伯伊斯兰世界的神学—哲学架构之中。在这个过程中起到关键作用的人物是约翰·菲罗伯努斯（见下节）。

---

① Theophilus, "To Autolycus", in *Ante-Nicene Fathers II*, Chapter IV, p. 95.
② 对奥古斯丁创世论的相关分析见下文第二章第二节和第四章第二节。

3. 早期拉比犹太教中的从无创世论

在与基督教神学家论争的过程中,犹太拉比们接触到从无创世论的表述,这一理论同样能够满足他们强化雅威主权的神学需求。而且,经过教父们的极力发挥,从无创世俨然成为启示一神教区别于异教的标志,如果拉比犹太教不能跟进这一神学动向,将授竞争对手以攻击自身背离启示的口实。于是,我们在《大创世记》(Genesis Rabbah 1:9)中看到关于拉班伽玛列与哲学家对话的叙述:

> 一个哲学家对拉班伽玛列说:你们的神确实是一个伟大的艺术家,但他也有好的材料帮助他。
>
> 伽玛列问:什么材料?
>
> 哲学家说:空虚,混沌,黑暗,水,风和深渊。
>
> 伽玛列说:天谴此人!经上明确说所有这些都是被神创造的:关于空虚混沌,经上说"我施平安,又降灾祸"(赛45:7);关于黑暗,经上说"我造光,又造暗"(同前);关于水,经上说"天上的天和天上的水,你们都要赞美他",为何?"因他一吩咐便都造成"(诗148:4—5);关于风,经上说"创山,造风";关于深渊,经上说"没有深渊,没有大水的泉源,我[①]已生出"(箴8:24)。[②]

这段密德拉什通过连缀出自不同语境的经文,来说明《创世记》首章中出现的所有可能被视为原初质料的对象都是神创造的。这很明显是在接受从无创世立场的前提下对经文作选择性解释的结果。据尼霍夫考证,这段文字的论证策略及开头所使用的隐喻(艺术家与其所使用的材料),事实上是对德尔图良反驳赫谟根尼论证的化用。[③]

《大创世记》体现出早期拉比犹太教中一种吸收和改造基督教教父发展出

① 此处"我"在箴言第 8 章语境中指神的智慧,早期拉比贤哲又将"智慧"等同于"律法"(Torah),见 Genesis Rabbah 1:4(Midrash Rabbah:Genesis,London:Soncino,1961,p. 6)。这在某种意义上使智慧—律法扮演了基督教创世论中圣子—圣言的角色。

② Midrash Rabbah:Genesis,p. 8

③ Maren R. Niehoff, "Creatio ex Nihilo Theology in Genesis Rabbah in Light of Christian Exegesis", The Harvard Theological Review,Vol. 99,No. 1,2006,pp. 37 - 64.

的从无创世论的倾向。但这在犹太教中并未形成普遍接受的教义,仍有很大一部分拉比坚持神从原初质料创造或者接受神从自身流溢出世界的观点。直到中世纪,在萨阿迪高恩和迈蒙尼德等受到伊斯兰神学绝对一神主张影响的犹太思想者的相继努力之下,从无创世才被确立为犹太教的基本信条。

第二节　宇宙生成论问题的转进

一、围绕宇宙生成论问题的哲学—神学论战

1. 古代晚期的新柏拉图主义与基督教内的亚里士多德主义

新柏拉图主义是古代晚期最活跃的异教思想派别,它完成了希腊化哲学与异教神话—崇拜系统的整合,成为崛起中的基督教的强有力竞争对手。普罗提诺综合柏拉图学派的创造论与亚里士多德的世界永恒论,形成一套系统化的从太一永恒流溢出其他存在者的宇宙生成论观点,这种流溢论体系经过后世普罗克洛斯的发展成为后来中世纪哲学宇宙论的主导范式。[①] 由此,哲学家在同一神教神学家的论战中就拥有了两套互为补充的世界无始论证,一套是亚里士多德的自下而上的物理学归纳思路,另一套是新柏拉图主义的自上而下的形而上学演绎思路。

新柏拉图主义哲学分为雅典学派和亚历山大里亚学派。以普罗克洛斯为代表的雅典学派对基督教持强硬的论战姿态,在古代晚期思想界所关心的神性论、灵魂论以及宇宙生成论问题上都提出与基督教神学针锋相对的立场。随着 4 世纪后基督教在罗马帝国占据主流地位,基督徒一时间从受迫害者转为迫害者,作为异教堡垒的雅典学园自然成为攻击的主要对象。拜占庭皇帝查士丁尼于 529 年关闭了雅典学园,标志着独立的哲学研究及教学在希腊本土被禁绝。区别于雅典学派的抗争态度,亚历山大里亚学派领袖阿莫尼乌斯(Ammonius,5 世纪下半叶、赫尔米亚之子、菲罗伯努斯之师,并非 3 世纪普罗提诺之师)采取另一种适应性策略。他与亚历山大里亚的基督教会达成协议,向基督徒开放学园,同时向异教徒和基督徒讲授哲学。教学的内容也随之调整,将与异教密切相关的新柏拉图主义学说从公开宣讲中撤出而代之以在宗

---

① John F. Phillips, "Neoplatonic Exegeses of Plato's Cosmogony (Timaeus 27C – 28C)", *Journal of the History of Philosophy*, Apr 1997, 35.2, pp. 173 – 197.

教上较为"中立"的亚里士多德逻辑学与自然科学。这既有意识淡化了哲学的异教乃至反基督教色彩,同时又使哲学教学对基督徒学徒更具吸引力,因为后者亟需科学的论辩方法和建基于普遍理性的前提以在与教会内部其他教派及犹太教思想者的论战中取得优势。在这一过程中,亚历山大里亚学派的内部逐渐形成一支基督徒亚里士多德学派,其代表人物就是约翰·菲罗伯努斯(John Philoponus)。菲罗伯努斯一方面致力于系统化地学习和注释亚里士多德著作,将其思想吸纳入基督教神学建构,另一方面也敏感地意识到亚里士多德的自然哲学事实上并不那么"中立",其物理学和宇宙论中包含与业已成型的基督教教义相冲突的内容,其中最为明显的就是宇宙永恒论与从无创世论(确切的说是在虚无之后创世)之间的矛盾。于是,菲罗伯努斯撰写了一系列反驳宇宙永恒论的著作,这些驳论与先前教父的反异教哲学家著作的最大不同之处在于,他试图从亚里士多德自己所揭示的哲学公理出发来反驳他的质料、运动与天体永恒论证。这并不仅仅是以子之矛攻子之盾的论辩策略,菲罗伯努斯真诚接受这些公理的正确性,他的最终目的是证明哲学—科学本身并不必然带来与基督教教义相冲突的观念,这也是他保存亚历山大里亚学派传统的一种努力。①

亚历山大里亚的亚里士多德主义传统稍后被叙利亚的基督教学者(包括聂斯托利派和一性论派)所继承,而在伊斯兰征服早期,这批叙利亚学者在希腊哲学尤其是亚里士多德著作的翻译过程中发挥了中坚作用,他们不仅翻译而且撰写阿拉伯文注疏,向穆斯林和犹太学徒传授基督教化的亚里士多德逻辑学和物理学。在他们的范导之下,伊斯兰神学和阿拉伯亚里士多德主义这两支后来蔚为大宗的思想派别开始形成。② 饶有意味的是,后二者在羽翼丰满之时各自发展出一套有意识区别于基督教神学的理论体系和立场。

---

① Muhsin Mahdi, "Alfarabi against Philoponus", *Journal of Near Eastern Studies*, Vol. 26, No. 4 (Oct. , 1967), pp. 233 - 235.

② Sarah Stroumsa, "Philosophy as Wisdom: On the Christians' Role in the Translation of Philosophical Material into Arabic", in *Exchange and Transmission across Cultural Boundaries*, The Israel Academy of Sciences and Humanities, 2013, pp. 276 - 294;—, "Al-Farabi and Maimonides on the Christian Philosophical Tradition: a Re-evaluation", *Islam*, 68(1991), pp. 263 - 286; M. A. Cook, "The Origins of Kalām", *Bulletin of the School of Oriental and African Studies*, Vol. 43, No. 1(1980), pp. 32 - 43.

2. 伊斯兰凯拉姆与阿拉伯亚里士多德主义

据戴维森考证,尽管菲罗伯努斯的《反亚里士多德》一书以及辛普里丘重述并驳斥该书的《论天评注》和《物理学评注》都没有翻译成阿拉伯文,但是其中反驳宇宙永恒论的两套主要论证思路(分别建基于现实的无限数目不可能存在和有限之物不可能包含无限力量)以概述、引用的形式为阿拉伯哲学家与神学家所知,成为他们批评与吸取的对象。[①] 其中,凯拉姆学家们吸取了菲罗伯努斯的论证思路,并将其整合进原子—偶因论的宇宙论体系,从而形成一系列凯拉姆式的世界有始论证(详见第四章)。

而在阿拉伯亚里士多德主义方面,法拉比的态度比较暧昧:他一方面专门著文反驳菲罗伯努斯的世界有始论证,在其亚里士多德著作注疏中也正面发挥亚里士多德的质料、运动、天体永恒论证;另一方面,又宣称亚里士多德并不主张世界永恒,甚至在某些或许是面向一般读者的著作中引用《亚里士多德神学》(*The Theology of Aristotle*)来说明亚里士多德相信创造论。[②] 关于这种"矛盾"陈述,可以有两种解释:其一,法拉比追随亚里士多德在《论题篇》中的立场,认为宇宙生成论问题过于宏大,难以做出定论,但是,从他对盖伦就此问题所持的怀疑论态度的批评(《迷途指津》,II 14,第 270 页)来看,他并不认为这个问题在根本上无从索解,而只是将它置于尚无定论、有待于继续探讨的开放状态;其二,他实际上认为亚里士多德证明了世界永恒,只是出于某种政治哲学的考虑有意识地提出一些模糊视线、掩护其"异端"主张的说法。

迈蒙尼德显然接受第二种解释,将法拉比归入世界永恒论的坚定支持者行列(同上)。事实上法拉比的大部分后学(如阿维森纳、伊本·巴哲、阿维罗伊)都坚决主张世界永恒论,可以说这种立场成为阿拉伯亚里士多德主义学派

[①] Herbert A. Davidson, *Proofs for Eternity*, *Creation and the Existence of God in Medieval Islamic and Jewish Philosophy*, Oxford: Oxford University Press, 1987, pp. 93 - 94.

[②] Muhsin Mahdi, "Alfarabi against Philoponus", *Journal of Near Eastern Studies*, Vol. 26, No. 4 (Oct., 1967), pp. 237 - 253; Marwan Rashed, "Al-Fârâbî's Lost Treatise *On Changing Beings* and the Possibility of a Demonstration of the Eternity of the World," *Arabic Sciences and Philosophy*, vol. 18(2008), pp. 19 - 58; Damien Janos, "Al-Fârâbî, Creation ex nihilo, and the Cosmological Doctrine of *K. al-Jam'* and *Jawâbât*," *Journal of the American Oriental Society* 129. 1(2009), pp. 1 - 17;阿尔法拉比:《柏拉图的哲学》,程志敏译,上海:华东师范大学出版社,2006 年,"两圣相契论"第十一章,第 129—135 页;关于《亚里士多德神学》的来源,见本节下文。

传统的一个内在组成部分。

值得注意的是，从菲罗伯努斯开始，哲学家与神学家围绕世界有始或永恒问题论战的新一回合展开，并一直延续到 12 世纪。辛普里丘、法拉比、叶海亚·本·阿迪（Yahyāb. 'Adi，卒于 974 年）、阿维森纳、安萨里、阿维罗伊这些中古前期思想史上的重量级人物先后加入。这一时期的论战呈现出与早期教父同诺斯替主义者及新柏拉图主义者间的宇宙生成论争论不同的面貌。古代晚期的论战主要是在神性论和拯救—复活论的语境中进行，论辩双方共享的出发点或者出自圣经文本或者出自当时流行的新柏拉图主义神学观点，所使用的论辩方式经常是修辞的甚至诡辩的，不仅早期教父，异教哲学家们也并不十分注意论证形式的科学严格性，因为他们没有把教父们当作哲学探讨的对手。而在新一轮论战中，问题探讨的领域转移到了自然哲学的领域，①双方共同接受自然哲学的基本公理并遵循亚里士多德逻辑学的论证法则。

而且，伊斯兰凯拉姆的世界有始论证思路，不是完全出自菲罗伯努斯，其可利用的理论资源也不限于基督教神学和希腊化哲学。七至八世纪阿拉伯人侵入印度文化圈（中亚和印度部分地区），穆斯林神学家在推广伊斯兰教的过程中与印度思想者尤其是佛教徒发生碰撞。他们所遭遇的宇宙论学说是佛教所阐扬的阿毗达摩极微说——主要是说一切有部的版本，这套体系包含了胜论的句义框架，同时将极微说与佛教固有的缘起观念结合起来。伊斯兰教神学家很可能在与佛教学者对话的过程中了解并吸取了后者的极微说思想资源，从而建构起伊斯兰原子—偶因论形而上学体系。凯拉姆原子论与希腊哲学中的质料—形式说以及德谟克利特和伊壁鸠鲁的原子论存在着根本性的差异，也为宇宙生成论问题的探讨提供了一个新的平台。②

如果我们比较凯拉姆与菲罗伯努斯的世界有始论证，就会发现，凯拉姆学家们主要利用了菲罗伯努斯的无限数目不可能思路，而菲罗伯努斯的另一个论证系列（即天体作为有限之物只包含有限之力）则并不被大多数凯拉姆学家所青睐。戴维森试图说明凯拉姆的实体—偶性论证出自菲罗伯努斯质料—形

----

① 当然，这并不意味着这个问题的探讨不再有神学意义，相反，世界永恒抑或有始的神学延伸意义被更加深切地把握。但是，教义或律法根基方面的考虑不会直接介入到宇宙生成论的探讨程序之中。

② 关于凯拉姆印度—中亚来源的论述，见下文第三章第一节第二部分。

式复合论证中的一个辅助论证,[①]但这种溯源十分牵强。因为凯拉姆偶因论形而上学从根本上否定形式—本性概念,偶性与形式并不具有对应关系。以笔者的判断,第二个论证系列之所以不被凯拉姆学家广泛接受,是由于这个论证建立在事物存在凭借其内在具有之力的前提之上,而这一前提与偶因论的根本原则格格不入。

凯拉姆以原子—偶性论形而上学为依托发展出一套独特的世界有始论证思路。按照这套体系,整个世界都由不可再分的单独实体即原子组构而成,原子—实体不能脱离偶性而独自存在,而偶性都是生成的,不能脱离生成之物的实体本身也必然是生成的。论证至此,部分凯拉姆学家如朱韦尼又引入无限序列不可能论证作为辅助,来排除一个不断相续的偶性系列与同一原子结合从而使后者永恒存在的可能性。[②]

面对凯拉姆的有力挑战,阿拉伯亚里士多德学派也在调整自身的立场。针对菲罗伯努斯提出并被凯拉姆学家们进一步尖锐化的亚里士多德无限概念与其宇宙永恒论的矛盾,法拉比和阿维森纳将不可能的范围限定在现实共存和因果系列的无限,时间序列作为一种潜在的无限(过去者并不与现存者同时并列存在)则是可以存在的。[③] 针对这种解决方案,安萨里提出进一步反驳:"根据你们的前提,有以下存在物并非不可能,它们是现实的个体、在属性上各自分别同时又是永恒的。这种存在物就是人死后分离于身体的灵魂。……这是阿维森纳所持的灵魂论观点,有可能也是亚里士多德的看法。"[④]就是说,如果接受灵魂不灭前提(这是凯拉姆学家和阿拉伯亚里士多德学派共同接受的观点),从无始以来至今的全部灵魂将构成一个现实共存且彼此之间具有因果关系的无限系列,这种无限属于法拉比和阿维森纳所承认的不可能的无限范围,同时是世界无始论的必然结论。面对这一难题,阿维罗伊提出另一种无限概念的区分,即本质的无限和偶性的无限,本质的即构成事物存在的必要条件

---

① Davidson, *Proofs for Eternity, Creation and the Existence of God in Medieval Islamic and Jewish Philosophy*, Oxford: Oxford University Press, 1987, p. 134.

② 见下文第三章第二节第一部分论证 4。

③ Davidson, *Proofs for Eternity, Creation and the Existence of God in Medieval Islamic and Jewish Philosophy*, Oxford: Oxford University Press, 1987, pp. 127 - 129.

④ Al-Ghazālī, *Tahāfut al-Falāsifa/The Incoherence of the Philosophers*, A parallel English-Arabic text, trans. M. E. Marmura, Provo: Brigham Young University Press, 2000, p. 19;关于书名中"*Tahāfut*"一词意义的讨论,见下文第二章标题注释。

的因果系列（如天体对月下世界事物生灭的周期性影响）不能是无限的，而偶性的因果系列（如父子关系）则可以是无限的。[①] 我们注意到，在这个论战的过程中，无限的概念在悄然发生变化，原先被认为是包含内在矛盾的、不可理解的现实无限，逐渐呈现出它可以被理性照明的一面。

可能性概念的澄清或重新赋义，是这场论战的又一成果。亚里士多德的宇宙永恒论建基于这个世界的必然物理规律，而新柏拉图主义的流溢论也致力于揭示宇宙生成的必然派生或演绎程序。这种自然或形而上学秩序的"必然性"，不断的被凯拉姆学家们解构。同时，古代晚期及中世纪科学的发展也持续冲击着古典哲学家们所建构的完美宇宙秩序，一个最典型的例子就是托勒密天文学模型（包括本轮、偏心—不正圆轨道等设置）与亚里士多德天体物理学的冲突。这个世界似乎在显示它超出可理知秩序的偶然性。在这种形势下，阿维森纳做出一个至关重要的选择：他吸取了凯拉姆学偶因论背景下的可能性观念（即在存在与不存在间完全中性的无矛盾设想），改造亚里士多德的固有理论，提出建基于存在与本质区分的新形而上学道路——这条模态形而上学道路预示着凯拉姆与阿拉伯亚里士多德主义合流的可能方向。[②]

宇宙生成论争议的另一条战线延伸到严格意义上的神学领域。上文已经提到，古代晚期的新柏拉图主义者开出一条从永恒不变的神性本身推论世界永恒的思路。普罗提诺和普罗克洛斯表述这种论证的著作在翻译运动中被以亚里士多德著作的名义——如《亚里士多德神学》（*The Theology of Aristotle*，普罗提诺《九章集》4—6 卷节译）和《论原因》（*Liber de Causis*，普罗克洛斯《神学要旨》节译）——介绍到阿拉伯伊斯兰世界，并被整合进阿拉伯亚里士多德主义理论体系。[③] 在这一方面，哲学家们处于攻势，因为一神教神学家普遍接受神连同其一切属性都是永恒不变的这一前提，而这似乎与神在某

[①]　Davidson，1987，pp. 131 – 133.

[②]　Avicenna，*The Metaphysics of The Healing*，A parallel English-Arabic text，translated and annotated by Michael E. Marmura，Brigham Young University Press，2005，pp. 23 – 25，272；阿维罗伊将阿维森纳的"创新"溯源至凯拉姆的相关理论，见 Averroes，*Tahāfut al-Tahāfut*，Cairo：Dār al-Maʻārif，1964，pp. 121 – 122，445；*The Incoherence of the Incoherence*，translated by Simon Van Den Bergh，Cambridge：EJW Gibb Memorial Trust，1954，pp. 31 – 32，163.

[③]　Kenneth Seeskin，*Maimonides on the Origin of the World*，Cambridge：Cambridge University Press，2006，p. 13；*The Book of Causes* [*Liber de Causis*]，trans. Dennis J. Brand，Milwaukee：Marquette University Press，1984，"Translator's Introduction"，pp. 4 – 6

个时间起点上开始创世存在冲突。凯拉姆学家们提出各种方案试图解决这一难题,其中最为经典的一个思路是神永恒预定世界在某一时间点上产生,这一思路被侯兰尼形象地称为"定时炸弹"理论。[①] 它实际上源自奥古斯丁,[②]很可能通过西班牙和北非的基督教学者传入阿拉伯思想界。凯拉姆学家与哲学家之间的论战在 11—12 世纪达到高潮。安萨里在《哲学家的急进》(*Tahāfut al-Falāsifa*)中指出哲学家们非但没有证明世界永恒,他们的预设与论证中还存在着一系列瑕疵乃至矛盾。[③] 这些瑕疵主要出现在阿维森纳体系内部三大板块(亚里士多德经典理论、模态形而上学、新柏拉图主义)的接合处,如安萨里在审视阿维森纳的神性概念时就将读者的注意力引向后者所持的本质与存在合一的必然存在者观念与亚里士多德主义对神的基本理解(作为纯形式的分离理智)之间的冲突。[④] 面对安萨里的"致命性"攻击,阿维罗伊最终做出切割流溢论及存在—本质区分、回归"原旨"亚里士多德理论的抉择。这场论争的具体相关问题以及迈蒙尼德在其中所持立场,将在下文各章中得到处理。

二、 中世纪前期犹太创世论思想

中世纪前期探讨宇宙生成论问题的犹太思想者,基本上可以分为三个群体,即神学家、哲学家和传统宗教学者。

1. 犹太神学家

这一时期犹太教内拉比派(the *Rabbinic*)和卡拉派(the *Karaite*)的犹太神学家都受到伊斯兰凯拉姆学尤其是穆尔太齐赖派的影响——所不同者,拉比派对凯拉姆思想资源基本上是做出相对自由的折衷去取,而卡拉派则系统接受原子—偶因论形而上学框架。[⑤] 在宇宙生成论问题上,他们同样坚持在

---

① George F. Hourani, "The Dialogue between Al-Ghazāli and the Philosophers on the Origin of the World," *The Muslim World*, 48(1958), p. 186.

② 见下文第二章第二节。

③ 对这些论证与驳论的讨论见下文第二章第一、二节。

④ Al-Ghazāli, *Tahāfut al-Falāsifa*, Provo: Brigham Young University Press, 2000,pp. 114 - 115;有意思的是,阿维罗伊对阿维森纳模态形而上学道路的集中批评,恰恰出现在他对安萨里著作这一部分的回应中,见 Averroes, *Tahāfut al-Tahāfut*, Dār al-Maʾārif, 1964, pp. 567,597 - 598; *The Incoherence of the Incoherence*, EJW Gibb Memorial Trust, 1954, pp. 223,236.

⑤ H. Ben-Shammai, "Major Trends in Karaite Philosophy and Polemic in the Tenth and Eleventh Centuries", in *Studies in Judaica*, *Karaitica and Islamica*, Ramat Gan: Bar-Ilan University Press, 1982, pp. 339 - 359;—, "Studies in Karaite Atomism", *JSAI* 6,1985, pp. 243 - 286.

虚无之后创世论,并使用各种凯拉姆论证来支持此种立场。我们在这里主要关注拉比犹太教神学的动向,因为迈蒙尼德属于这一传统。

深受穆尔太齐赖派凯拉姆影响的拉比犹太教神学奠基人萨阿迪高恩(Sa'adia Gaon,卒于 942 年),在其《信念与意见》中提出四种创世论证:①

第一种基于有限性。世界的基本构成部分天体与地球都是有限的,有限的物体不可能包含无限的力,因而没有能力维持自身的永恒存在。

第二种基于构成性。世界上的物体都是由部分组成的,这种由部分组成的物体需要一个动因来生成。值得注意的是,伊斯兰凯拉姆学家们会将构成物体的部分回溯到不可再分的原子,而萨阿迪高恩并没有这样做。

第三种基于偶性。一切物体都具有偶性,实体与偶性的组合同样需要由动因生成。

第四种基于无限不可跨越。如果假定世界永恒,那么过去的时间一定是无限的,我们当下的存在都是源于过去的存在,存在从无始以来达到我们需要跨越无限的时间,而这是不可能的。萨阿迪高恩在给出这个论证之后记录了一种反对意见,即如果距离是无限可分的,跨越无限就是可能的,实际上人的每一段行走都跨越了无限。他提到两种应对思路——即诉诸原子论或跳跃论②——但他没有选择其中任何一种。萨阿迪高恩的解决方案是引入现实的与潜在的无限的区分:距离的无限可分是一种潜在的无限,跨越这段距离并没有现实的跨越无限,但历史上的无限序列是由曾经现实存在的事物构成的。萨阿迪高恩关于这个论证所持的观点显然是对伊斯兰凯拉姆和阿拉伯亚里士多德主义相关立场的一种综合,这也体现出中世纪前期拉比犹太教神学的折中主义色彩。

安达卢西亚犹太思想家犹大·哈列维(Judah Halevi,1080—约 1140 年)的创世论观点也基本上是凯拉姆式的,不过更接近于艾什尔里派。他主张,在世界永恒论和有始论都无法提供证明性论证(*burhān*)的前提下,接受先知传

---

① Saadia Gaon, *The Book of Beliefs and Opinions*, trans. By Samuel Rosenblatt, New Haven: Yale University Press, 1976, pp. 41 - 45.

② 这是纳扎姆的观点,认为物体可以瞬间从一个位置跨越一段距离达到另一个位置,见 al-Ash'arī, *Maqālāt al-Islāmiyyīn*, ed. H. Ritter (Istanbul: Devlet Matbaasi, 1929 - 30), pp. 321 - 322

统作为选择世界有始立场的理由,这反映出稍早的伊斯兰神学家安萨里(al-Ghazāli,卒于 1111 年)的影响。① 但与此同时,哈列维认为,即使有证据让我们必须承认质料永恒和在此世之前存在若干世界,也不会瓦解圣经关于这个世界是在特定时间受造的启示。②

2. 中世纪早期犹太哲学家和经学家

相对于神学家的立场鲜明,中世纪早期犹太哲学家与传统宗教学者在宇宙生成论问题上的态度则比较模糊。早期犹太哲学家的代表是以色列里(Isaac Israeli,约 855—955 年)、加比罗尔(Gabirol,1021—1058 年)和达伍德(Abraham ibn Daud,约 1110—1180 年)。以色列里与加比罗尔对待哲学的态度恰如拉比犹太教神学家之于凯拉姆,以折中主义的方式采用各种哲学资源,在其思想中神智学的宗教体验和哲学(主要是新柏拉图主义)论证交织在一起;达伍德则相对系统地采取了阿拉伯亚里士多德主义哲学框架。但他们在宇宙生成论问题上似乎有意识地持一种相当暧昧的态度,一方面他们都公开表示接受作为宗教主流意见的从无创世论,另一方面他们所坚持的流溢论形而上学又必然导向宇宙永恒的结论。③ 值得一提的是,当迈蒙尼德将此问题上的立场分野彻底澄清之后,持亚里士多德主义立场的犹太哲学家——如提本(Samuel ibn Tibbon,1165—1232 年)、法拉奎拉(Falaquera,约1225—1295 年)、卡斯比(Kaspi,1279—1340 年)等——大都鲜明主张世界永恒论。④

犹太教中传统宗教学者的主业是圣经及塔木德诠释。中世纪前期的传统经学家,或者并未受到哲学或系统神学的影响,如拉什;或者虽然在思想上涉猎较广但同样无法被归入神学家或哲学家的群体,如亚伯拉罕·伊本·以斯

---

① Judah Halevi, *The Kuzari*, trans. Hartwig Hirschfeld, New York: Schocken Books, 1964, pp. 53 - 54; Israel Efros, "Some Aspects of Yehudah Halevi's Mysticism", *Proceedings of the American Academy for Jewish Research*, Vol. 11(1941), pp. 27 - 41.

② Judah Halevi, *The Kuzari*, p. 54.

③ Norbert Samuelson, *Judaism and The Doctrine of Creation*, Cambridge: Cambridge University Press, 1994, pp. 81 - 90; Harry A. Wolfson,"The Meaning of Ex Nihilo in Isaac Israeli", *The Jewish Quarterly Review*, New Series, Vol. 50, No. 1 (Jul. , 1959), pp. 1 - 12.

④ Aviezer Ravitzky, *History and Faith: Studies in Jewish Philosophy*, Amsterdam: J. C. Gieben, 1996, pp. 253 - 255.

拉。他们所关心的问题是尽可能地从语言及历史背景①的角度还原经文的"本义"。拉什通过比较《圣经》中的类似语言用法指出,《创世记》首句"Be-reshit bara' Elohim et ha-shamaim ve-et ha-aretz"在语法上是一种附属组合结构,其正确意义是"当神创造天地之初……",而不是"起初,神创造天地"。拉什认为,圣经创世叙述的本意只是确立神对世界的主权进而为神拣选以色列人、赐予迦南地提供理据,并"没有教导任何[创造的]先后次序"。② 拉什确实在一定程度上回到了圣经作者的原初意旨:古代晚期"读入"的从无创世神学意义被剥除,水、黑暗、未成形之地等混沌—质料恢复了其在宇宙生成之时与造物主共在的原初性。③ 而伊本·以斯拉在这种语文学解释的前提下进一步指出"创造"(bara')的意义不是从无生有,而是"切割""划定边界",紧接着又留下一个意味深长的暗示:"有识之士将会理解我所指的。"④他所谓的"有识之士"显然不是神学家和哲学家——因为他在《创世记注释导论》中已经驳斥了他们的理性主义寓意解经进路——而只能是神秘主义者,后者相信神首先从自身中流溢出原初质料、然后将形式赋予质料。⑤

事实上,《塔木德》与《密德拉什》等拉比文献中保存有大量的古代神话与神秘主义创世论的元素,如神循环创造与毁灭世界、神借助种种神性中介(荣光—舍金那、天使、圣名、智慧—律法、神圣语言、字母—术数)创世以及暗示神具有物质性、世界从神自身流出等。这些观念集中体现于《创世之书》(Sefer Yetzirah)、《神圣体量》(Shiur Qomah)和"圣殿文学"(Hekhalot)等犹太早期神秘主义文献中,这些著作在中世纪犹太族群广为流传,甚至获得某种经典地

---

① 这种历史背景在很大程度上是一种意识形态建构,在这方面拉什虽对各种密德拉什传说有所别择最终还是要依靠它们来建构圣经历史,而以斯拉则更多地使用神秘主义资源(其中有犹太传统所固有的,也有来自同时代伊斯兰思想的)。关于二人的释经方法论,见 Pinchas Doron, *Rashi's Torah Commentary*, Jerusalem: Jason Aronson, 2000, pp. xxi – xli; Abraham Ibn Ezra, *Ibn Ezra's commentary on the Pentateuch: Genesis (Bereshit)*, translated and annotated by Norman Strickman and Arthur Silver, New York: Menorah, 1988, pp. 1 – 19。

② Rashi, *Ha-Torah 'im Perush Rashi*, Mexico: Editorial Jerusalem de Mexico, 2001, pp. 2 – 6.

③ Norbert Samuelson, *Judaism and The Doctrine of Creation*, Cambridge: Cambridge University Press, 1994, pp. 113 – 117,136 – 140. 关于圣经创世论原初意义的探讨,见上文第一章第一节。

④ *Ibn Ezra's Commentary on the Pentateuch: Genesis*, pp. 21 – 24.

⑤ 同上,pp. 1 – 2; p. 24, n. 20。

位。而且,由于神秘主义、隐秘科学等隐微传统在阿拉伯—伊斯兰世界的兴起,更由于12世纪以降危机处境的刺激,犹太教中的神话、巫术及神秘主义因素开始重新集结。这种复神话化(Re-mythologisation)或原卡巴拉主义(Proto-Kabbalah)潮流,构成迈蒙尼德推动理性主义改革的背景,而迈蒙尼德对犹太教的革新又转而对神秘主义运动发生反向的形塑作用。由此,理性主义与卡巴拉主义之间的竞争和往复互动成为中世纪后期犹太教思想发展的一条主线。①

第三节　迈蒙尼德对宇宙生成论问题的理解和表述

一、迈蒙尼德的相关思想资源

1. 圣经创世论方面

在这条线路上,迈蒙尼德主要依据的是圣经《创世记》以及历代拉比贤哲对圣经的诠释,后者包含在《塔木德》以及各种密德拉什文献之中。这些材料中不仅有在虚无之后创世的主张,还有各种不同的创世论观点,如从原初质料创世、不断创世及神从自身创世等。

在《律法再述·论知识》中,迈蒙尼德按拉比传统将律法书的秘密分为两部分,即创世论和神车论:

> 上面所阐述的原理只是其完整体系的一点枝节,这是一些非常深奥的原理,虽然其艰深程度还不及第一、二章的内容。第三、四章所阐述的内容就是所谓的"创世论"(Ma'aseh Bereshit),早辈贤哲们曾敕令不得公开教授这些内容,创世论只能在个人之间私下传授。②

"神车论"(Ma'aseh Merkavah)与"创世论"的区别何在呢? 神车论不能对任何人传授,哪怕是个人之间私下传授;只有在对方是一个具有足够理解力的智者的条件下,才能传授给他要点。而创世论则可以在个人之间私下传授,哪怕传授对象无法凭自身能力理解这些内容,也可以根据其

---

① Menachem Kellner, *Maimonides' Confrontation with Mysticism*, Oxford: The Littman Library of Jewish Civilization, 2006, pp. 3 - 11,18 - 25.

② BT, Chaggigah, 11b

能力尽可能地教授给他。但为什么不能公开教授呢？因为要掌握相关内容的解释，必需广博的知识，这不是所有人都能具备的。

　　……以上四章关于前五条诫命所阐述的内容，就是早辈贤哲们所说的"天园论"（*Pardes*），他们是这样说的："有四位贤哲进入了天园……"①尽管他们都是以色列的伟人与杰出贤哲，但他们并不都具备充分理解这些内容的能力。我主张一个人只有当蓄积充足时才可涉足"天园论"的领域，这里的"蓄积"是指关于允许与禁止的法则及其他诫命的知识。尽管这些知识被贤哲们称为"小学问"——我们的贤哲说"大学问"是指"神车论"、小学问是指拉比们如阿贝耶（Abbaye）和拉瓦（Ravva）②之间的争论。③

　　早期拉比贤哲关于创世论和神车论的禁令实质上是对神秘主义教学的一种限制。迈蒙尼德同样对神秘主义思潮的兴起怀有隐忧，但他并不认为启示经典的隐微意义中含有超理性或非理性的内容。在《密释纳评注》（*Commentary on Mishnah*）和《迷途指津》中他将"创世论""神车论"分别对应于物理学和形而上学（即神学）。④ 也就是说，他对圣经创世论的理解不仅仅是在圣经字义及拉比释经的框架之内，而且还包含亚里士多德主义哲学方面的内容。在这里，创世论—神车论成为哲学学科与律法学术之间互通的入口。至于宇宙生成论问题的具体归属，《密释纳评注》将"自然科学和创世之初的探讨"归于创世论，⑤而在《迷途指津》中他将"创世论"直接等同于物理学。⑥ 但是，从他对神学问题的处理进路——即从世界的物理属性推论神的创造方式——来看，宇宙生成论实质上处于物理学和形而上学的交叉地带，质言之，

---

　　① BT，Chaggigah，14b

　　② BT，Sukkah，28a；阿贝耶（Abbaye）和拉瓦（Ravva）两人是晚辈贤哲的代表人物，其律法争论频见于《塔木德》。

　　③ Maimonides，*Mishneh Torah*：*The Book of Knowledge*，edited and translated by Moses Hyamson，Jerusalem：Feldheim Publishers，1974，"Yesodei ha-Torah"，4：10，11，13.

　　④ 关于迈蒙尼德对形而上学学科定位的理解及其阿拉伯亚里士多德主义理论背景，见附录三。

　　⑤ Menachem Kellner，"Rashi and Maimonides on Torah and the Cosmos"，in *Between Rashi and Maimonides*，New York：The Yeshiva University Press，2010，p. 28

　　⑥ 迈蒙尼德：《迷途指津》，绪论，第6—7页。

它构成连接创世论与神车论的枢纽。[1]

2. 哲学宇宙生成论

迈蒙尼德对前苏格拉底哲学家们的宇宙生成论的了解,应该主要是基于亚里士多德著作中对前辈观点的复述。他对柏拉图创世论的了解,一部分来自亚里士多德的转述,另一部分则来自柏拉图《蒂迈欧篇》的阿拉伯文概要,其中盖伦的《蒂迈欧概要》阿拉伯文译本可能是最主要来源。[2]

可以肯定地说,在所有希腊哲学宇宙生成论中,迈蒙尼德对亚里士多德主义版本的掌握最为全面。亚里士多德相关著作(《论天》《物理学》《论生灭》《形而上学》)的阿拉伯文译本,迈蒙尼德都可以获得,而且在《迷途指津》中有对这些译本的直接引用。[3] 但是,需要指出的是,迈蒙尼德对亚里士多德宇宙生成论的理解不是直面第一导师文本的结果,而更多倚重古代晚期及中世纪注疏,特别是阿弗罗迪西亚的亚历山大的注释和法拉比、阿维森纳等阿拉伯亚里士多德主义学哲学家的著作,其中都包含对世界永恒论的明确表述。法拉比的情况比较复杂,因为他在一些著作中表示支持从无创世论,但迈蒙尼德坚持认为他持世界永恒论,[4]迈蒙尼德之所以做出此种判断可能是因为他接触过法拉比的一些佚作——如《论变化的存在者》(*al-Mawjūdāt al-Mutaghayyira*)和《尼科马可伦理学评注》,[5]二者均未留存至今——也可能是基于对法拉比隐微写作方式的洞察。此外,从《迷途指津》和他的书信推断,迈蒙尼德应该读过托名亚里士多德的新柏拉图主义著作,他一方面将其中一些涉及巫术的著作直接斥为伪书,另一方面却从未表达他对当时广为接受的《亚里士多德神学》和《论原因》的态度。[6] 而在处理宇宙生成论问题时,他则将流溢论视为亚里士多德主义理论的一个有机组成部分。[7]

---

[1] Lawrence Kaplan, "Monotonically Decreasing Esotericism and the Purpose of *The Guide of the Perplexed*", in *Maimonides after* 800 *Years*, Cambridge, MA: Harvard University Press, 2007, pp. 141 - 142, n. 18.

[2] Herbert Davidson, *Maimonides the Rationalist*, Oxford: The Littman Library of Jewish Civilization, 2011, pp. 159 - 161.

[3] Pines, "Translator's Introduction", in *The Guide of the Perplexed*", Chicago: The University of Chicago Press, 1963, pp. lxi - lxiii.

[4] 迈蒙尼德:《迷途指津》II 15,第 270 页。

[5] 同上,I 74,第 209 页;III 18,第 432 - 433 页。

[6] Davidson, *Maimonides the Rationalist*, pp. 55 - 58.

[7] 迈蒙尼德:《迷途指津》,II 21,22,第 291—293 页。

3. 凯拉姆创世论

迈蒙尼德从未具名提及任何凯拉姆学家或著作,但声称自己曾广泛研读凯拉姆著作。从他对凯拉姆前提及世界有始论证的概述以及部分术语的应用来看,他应该对当时在穆瓦希德王朝和阿尤布王朝占据官方神学地位的艾什尔里派(尤其是安萨里)著作比较熟悉。① 此外,他可能通过艾什尔里派或犹太教神学家的转述而对穆尔太齐赖派相关思想有一定程度的了解。②

4. 所谓萨比教的世界永恒论

在《反占星术书信》中,迈蒙尼德自称曾读过所有他可以见到的关于占星术的阿拉伯翻译文献。③《迷途指津》第三部第 29 章列举一系列关于巫术、占星术和古代近东宗教神话的书目,其中迈蒙尼德最为信靠的、也是构成他的萨比教(Sabian)叙事主要来源的是伊本·瓦赫西亚(Ibn Wahshiyya)的《拿巴迪农业》(al-Filāha al-Nabatiyya)。④ 在这些著作中,有世界永恒论的表述,也有迈蒙尼德认为暗含世界永恒前提的各种神话—巫术思维。但是,由于这些材料的古代晚期及中世纪来源,其中所有的神学观点几乎都是以希腊化哲学尤其是新柏拉图主义术语表述的,而且在一神教的影响和审查之下还吸取了启示经典的部分叙事元素。值得一提的是,类似的思想倾向也可以在同时代的犹太拉比文献中找到踪迹,如迈蒙尼德在《迷途指津》中提到的《以利泽拉比篇》的创世叙述就混合了神从自身流溢和从原初质料创造世界两种宇宙生成论观点。⑤

5. 中古犹太哲学—神学宇宙生成论

在处理宇宙生成论问题时,迈蒙尼德没有提及任何具体的犹太作者或著作。但可以推定,基于他完整的经学—神学教育,他不可能没有接触过萨阿迪高恩的神学著作《信念与意见》(其中包含对创世论的凯拉姆式探讨)。他也很

---

① Pines, "Translator's Introduction", in *The Guide of the Perplexed*", Chicago: The University of Chicago Press, 1963, cxxvi – cxxxi; Sarah Stroumsa, *Maimonides in His World*, Princeton: Princeton University Press, 2009, pp. 25 – 26; Alexander Treiger, *Inspired Knowledge in Islamic Thought*, Abingdon: Routledge, 2012, pp. 112 – 115.

② Sarah Stroumsa, "The Muʿtazila in al-Andalus: The Footprints of a Phantom", *Intellectual History of the Islamicate World 2(2014)*, pp. 80 – 100.

③ Letter on Astrology, in *Maimonides' Empire of Light*, trans. by Ralph Lerner, Chicago: The University of Chicago Press, 2000, p. 180.

④ 迈蒙尼德:《迷途指津》,III 29,第 472,474 页。

⑤ 同上,II 26,第 304 页。

有可能读过安达卢西亚前辈犹大·哈列维①和亚伯拉罕·伊本·以斯拉②的著作,同时对拉比派的竞争对手卡拉派承袭自穆尔太齐赖派的世界有始论证应该也有所了解。他从未在任何场合提到达伍德,在书信中以轻视、批评的口吻提到过犹太哲学家以色列里(Israeli)和萨迪格(ha-Sadiq)。③ 这也反映出他对犹太思想前辈的总体评价较低,认为他们没有达到同时代阿拉伯—伊斯兰知识界的一般水平。

在这些错综复杂的源流之中,迈蒙尼德自我定位非常微妙。他经常毫不掩饰地流露出对阿拉伯亚里士多德主义哲学的欣赏,而且自觉地持守后者的学派家法,这使他区别于在他之前的绝大多数犹太哲学家。同时,他又坚称自己是摩西律法——或更宽泛地说,启示律法——的追随者,在一些根本神学问题尤其是宇宙生成论问题上与哲学家明确划清界限。

二、 迈蒙尼德对宇宙生成论问题的表述

迈蒙尼德在《迷途指津》第二部第13章中描述了宇宙生成论问题上的三种立场:启示律法信徒所坚持的在虚无之后创世说,柏拉图学派的从原初质料创世说,与亚里士多德学派的世界永恒论。

迈蒙尼德这样来描述第一种立场:

> 整个世界,除上帝以外的所有存在者,是上帝在纯粹、绝对的非存在之后(ba'd al-'adam al-mahd al-mutlaq)创造的。此前只有上帝独自存在,没有任何别的东西——既无天使(malak),也无天体及天体中存在的一切。后来,上帝用其意志和意愿把所有现存的东西创造出来,[这些存在者]不是从任何事物中(lā min shai')创造出的。④

迈蒙尼德认为摩西律法在宇宙生成论问题上的立场是神在虚无之后创

---

① 哈列维《库萨里》里中的某些创世论思想似乎在《迷途指津》中也有所反映,见 Howard Kreisel, "Judah Halevi's Influence on Maimonides", *Maimonidean Studies* 2,1991, pp. 95 - 121.

② Dov. Schwartz, *Studies on Astral Magic in Medieval Jewish Thought*, Leiden: Brill, 2005, pp. 37 - 40.

③ Pines, "Translator's Introduction", in *The Guide of the Perplexed*", Chicago: The University of Chicago Press, 1963, cxxxii - cxxxiii.

④ 迈蒙尼德:《迷途指津》,第 260 页;MJ, p. 196; HA, p. 305.

世,即世界是有始的,而且在世界生成之前没有任何事物与神共在。这同时意味着神不是从先在的原初质料中创造,而是从无创世。迈蒙尼德在宇宙生成论问题的探讨中交替使用在虚无之后创世和从无创世两种提法,在他看来二者是相互蕴含的。关于迈蒙尼德所使用的后一种表达"不是从任何事物中"(*lā min shai'*),沃夫森认为这可能出自与萨阿迪高恩相同的考虑。萨阿迪明确区分了"从无物中"(*min lā shai'*)和"不是从任何事物中",认为"从无物中"的"无物"有可能被解释为一种特殊的事物(即无定型的质料),而"不是从任何事物中"则没有歧义,就是指神从绝无一物存在的状态开始创造世界。[①] 我们会在下文第四章第二节中对此问题作进一步解释。

迈蒙尼德所说的第二种立场是神从永恒质料创世说:

> 他们[②]承认有某种质料(*mādda mā*)是与上帝一样无始(*qadīm*)存在的东西,上帝不会脱离质料而存在,质料也不会脱离上帝而存在。他们不主张质料在存在等级上与上帝一样高,因为上帝是它存在的原因,上帝之于质料的关系就像陶工之于泥土、铁匠之于铁一样;上帝在质料中创造他所意欲的东西。所以上帝一时从它之中创造天体,一时又从它之中造出别的东西。持这一观点的人也承认天是可生可灭的,但不承认天是从无物中(*min lā shai'*)生成,又消灭归于无物(*ilā lā shai'*)的。在他们看来,天的生灭就像动物个体从存在的质料中生成、又消灭归于存在的质料。……柏拉图主张此论。亚里士多德在《物理学》中也提到过柏拉图认为天是可生可灭的。柏拉图在其《蒂迈欧》中明确阐述过这种学说。[③]

迈蒙尼德所给出的第二种宇宙生成论立场是柏拉图主义的,但是他所叙述的版本却与柏拉图本人的思想存在着明显的差异。首先,柏拉图虽然主张造物主与质料永恒共在,但并不认为神是质料的原因;其次,柏拉图在《蒂迈欧》中所表述的宇宙生成论观点实际上是世界有始而无终,迈蒙尼德却把它表

---

① H. A. Wolfson, "The Meaning of Ex Nihilo in the Church Fathers, Arabic and Hebrew Philosophy and St. Thomas", in *Studies in the History of Philosophy and Religion*, Vol. 1, Cambridge, MA: Harvard University Press, 1973, pp. 213–214.

② 指柏拉图主义者。

③ 迈蒙尼德:《迷途指津》,第 262—263 页;MJ, pp. 197–198; HA, p. 307.

述为世界有始有终;最后,柏拉图所描述的造物者是按照完美范型创造世界,但迈蒙尼德却表述为神按其自由意志创世。[①] 这些出入令人十分费解,论者或许会将迈蒙尼德的"失实"叙述归因于他所能获得的《蒂迈欧》阿拉伯文概述和亚里士多德物理学著作阿拉伯文译本。然而,迈蒙尼德最有可能接触到的《蒂迈欧》版本是盖伦《蒂迈欧概述》的阿拉伯文译本,这个概述对《蒂迈欧》宇宙生成论的还原是十分准确的,而亚里士多德著作阿拉伯文译本(包括《物理学》和迈蒙尼德在《迷途指津》其他章节曾引用的《论天》)在对柏拉图学说的复述上与现在通行的希腊文本也并无出入。[②] 笔者倾向于接受的解释是,迈蒙尼德将柏拉图在《蒂迈欧》中的创世叙述理解为一个神话或寓言,[③]他在重述柏拉图学说时并不遵循字面意义,而是根据自己的理解和哲学家们公认的前提(如生成者必消灭)对其进行了解释—还原。

迈蒙尼德所陈述的第三种意见相对于前两种而言最少歧义:

> 第三种意见。这是亚里士多德本人及其信徒和评论家的意见。他和他的弟子们共同主张的学说上面已经谈过了,即认为凡有质料的东西不可能从虚无中产生出来。亚里士多德的观点不止于此。他认为天是不生不灭的。在这个问题上,他的见解大致如下:宇宙整体从未停止过存在,将来亦永不会停止存在。……亚里士多德还进一步认为,上界和下界的秩序是决不会被打乱和消亡的。任何更新和变化都不会违反自然规律,不会发生越出自然轨道的事情。[④]

亚里士多德在承认柏拉图质料永恒论的基础上进一步主张宇宙的宏观结

---

① 迈蒙尼德关于柏拉图主义者认为神是质料存在之原因的陈述,或许源于菲罗伯努斯对普罗克洛斯世界永恒论证(第十四)的复述,见 Philoponus, *Against Proclus*: *On the Eternity of the World 12 - 18*, trans. James Wilberding, London: Bloombury, 2006, p. 54. 关于按照理型世界创世,迈蒙尼德在《迷途指津》II 6(第 245 页)中也曾提到柏拉图主张神"注视着理智世界,结果,众存在从他流出"。

② Davidson, *Maimonides the Rationalist*, Oxford: The Littman Library of Jewish Civilization, 2011, pp. 159 - 160.

③ 参见迈蒙尼德致《迷途指津》希伯来语译者提本书信中对柏拉图写作方式的描述:"亚里士多德的老师柏拉图的言论是隐喻性的"(Alexander Marx, "Texts by and about Maimonides", *The Jewish Quarterly Review*, 25. 4, 1935: 380)。

④ 迈蒙尼德:《迷途指津》,第 263 页。

构(诸天体)和基本规律也是永恒的,后二者出自神的理智本性,因此是不可改变的。

在陈述完这三种立场之后,迈蒙尼德又提到以伊壁鸠鲁为代表的一些自然哲学家的意见,即世界是自发、偶然产生的,也就是说,宇宙是生成的但是不存在一个超越性的赋予形式—秩序的原因,是元素的固有物理倾向及其自发的相互作用最终带来了宇宙的现有结构。

此外,还有一种宇宙生成论立场,迈蒙尼德并未在此处提到,但是在下文中有所处理,这就是萨比教徒的宇宙永恒论。后者认为世界是永恒的、其秩序是不可改变的,因为一切存在与秩序的原因——神——内在于世界之中,就是天体及其精神。[①]

至此,从迈蒙尼德所叙述的所有相关意见来看,他是把宇宙生成论这一辩证论题区分为三个问题:1. 宇宙是生成的还是永恒的;2. 宇宙是否有一个超越性(分离于宇宙而独立存在)的原因;3. 如果有,这个形式因与质料的关系是怎样的。

根据对这三个问题的不同解答及其可能的逻辑组合,有五种不同的立场:

A. 宇宙是有始的,没有超越性的原因(伊壁鸠鲁);

B. 宇宙是有始的,有一个超越性的原因,这个原因先于质料存在并产生质料(启示律法信徒);

C. 宇宙是有始的,有一个超越性的原因,这个原因与质料永恒共在、在某个特定时间开始作用于质料(柏拉图);

D. 宇宙是永恒的,有一个超越性的形式因,这个形式因与质料永恒共在且永恒作用于质料(亚里士多德);

E. 宇宙是永恒的,没有超越性的原因(萨比教)。[②]

迈蒙尼德认为问题 2 已经解决,哲学家们业已证明世界有一个超越性的原因,因此,意见 A 与 E 可以被排除在理论探讨的范围之外。

意见 B 是彻底的有始论,认为世界及其质料都是有始的;意见 D 是彻底的永恒论,认为世界及其质料都是永恒的;意见 C 介于意见 B 与意见 D 之间,它与 B 的差别在于是否认为质料是永恒的,与 D 的差别在于是否认为世界是

---

① 迈蒙尼德:《迷途指津》,III 29,第 469 页。
② 以上观点的区别与关联见附录一(表1)。

有始的。

迈蒙尼德判断,在对宇宙生成论问题作辩证探讨的过程中可以搁置意见C。理由是它主张世界的质料永恒,这个主张被包含在意见D之中,他在审查意见D时也会审查这一主张。同样,迈蒙尼德没有明言的是,C立场的另一个构件是世界有始,后者被包含在B之中,在考察意见B的过程中也会被考察。因此,从逻辑上讲,迈蒙尼德只需要探讨两种彻底的、相互对立的意见,当他完成这一探讨的时候,作为中间立场的C的真实性(不真实性)或可取性(不可取性)就自然呈现了。此外,迈蒙尼德之所以说C与D没有实质性差别,可能还有另一重考虑,即他认为柏拉图主义者主张质料永恒且神是质料的原因,这意味着神以一种必然的方式——他预设永恒与必然相互推出——产生质料,这与亚里士多德的神必然产生世界的立场遵循同一种逻辑理路,拒斥后者的理由同样可以用于拒斥前者。

以上是对迈蒙尼德的叙述作逻辑分析的结果。从迈蒙尼德的直接陈述来看,意见B是律法书的字面意义,C和D都主张质料永恒,这是它们与律法书意见的共同差异。根据释经原则,只有被证明的陈述才能击破律法书的字面意义;所以,迈蒙尼德只要在审查意见D的过程中说明质料永恒并未被证明,就足以同时排除意见C与D了。然而,迈蒙尼德实际上所做的远不止这些:他在说明亚里士多德支持世界永恒的物理学论据(包括质料永恒)并非证明之后,又进一步在世界有始和世界永恒这两种逻辑可能性之间做出权衡。这意味着,他实际上并不满足于仅仅用释经原则来排除不同于律法书字面意思的意见,即使搁置启示权威,他仍有足够的辩证论据来支持其宇宙生成论立场。

第二章　论"哲学家的急进"：迈蒙尼德对哲学家的宇宙永恒论证的还原与批评①

迈蒙尼德对宇宙生成论问题的辩证探讨，分三步进行：首先评述哲学家的世界永恒论证，然后是凯拉姆的世界有始论证，最后陈述他自己的立场和意见。我们在这一章先来探讨他对哲学家们——亚里士多德与阿拉伯亚里士多德学派——的宇宙永恒论证的处理。

迈蒙尼德在《迷途指津》第二篇第 14 章列举了哲学家们论证宇宙永恒的八种方法。这些论证可以被分为三类：第一类是前四种论证，来自亚里士多德及其后学，从论证思路上看都是从世界之本性出发来支持世界永恒论；第二类是后三种论证，出自受新柏拉图主义影响的阿拉伯亚里士多德学派，其论证思路是从神之本性出发推出世界永恒；第三类是第八种论证，为亚里士多德和后世哲学家们所共同采用，即援引过去世界上各个民族的神话传统来说明宇宙永恒是一种举世公认的原理。下面准备先处理前两类纯粹的哲学论证，由于第三类论证涉及希腊化哲学与异教传统的关系问题，我将它放在哲学论证

---

① "哲学家的急进"这个表述是安萨里反驳哲学家观点的著作 *Tahāfut al-Falāsifa* 的标题，迈蒙尼德将其化用在《迷途指津》II 25 之中："哲学家们对我们所做的所有急进［宣称］(*kullu mā tahāfatat bihi lanā al-Falāsifa*)"(MJ，p. 230；HA，p. 352；汉译，第 303 页，作"哲学家们的所有那些反对我们的论证")。在这里，迈蒙尼德使用 *tahāfut* 这个词来描述哲学家们在过度的理智自信中作出的判断，即哲学家们宣称他们证明了世界永恒而事实上关于这个命题并没有证明性论证，他们宣称在虚无之后创世是悖理的但实际上这个命题是可能的。据 Sarah Stroumsa 考证(*Maimonides in His World*，Princeton：Princeton University Press，2009，pp. 44 - 45)，*tahāfut* 一词不仅意指行为言论上的鲁莽、急进，还具有"傲慢自大"(*hubris*)的心理—伦理意义，而皮纳斯将其译为"草率"(*overhasty*)、Marmura 将其译为"不一致"(*incoherence*)，都未能表达出这层意义。

之后作为一个独立的单元来分析,同时在第四章探讨迈蒙尼德宇宙生成论思想的宗教意义时还会再回到这个问题。

第一节　迈蒙尼德对哲学家从世界之本性出发的宇宙永恒论证的述评

迈蒙尼德在《迷途指津》第二部第 14 章列举了哲学家从世界之本性出发的四种世界永恒论证(其中前三种是亚里士多德本人所持有,第四种系亚里士多德后学根据其物理学前提引申而出),然后在第 17 章对这一类型的论证做出批评。

一、　迈蒙尼德对哲学家从世界之本性出发的宇宙永恒论证的还原

1. 第一种方法:运动与时间永恒

迈蒙尼德指出,亚里士多德认为运动是不生不灭的,因为:

> 如果运动是在时间中产生的——考虑到每一个从时间中产生的东西之前总有一个运动,因为它从潜能到现实、从非存在到被产生都在于运动——那么,有一个引起后来的运动的运动存在着。这样一来,第一个运动就必定是永恒的,否则就会导致一个无限追溯。①

迈蒙尼德所还原的上述运动永恒论证,是对亚里士多德《物理学》第八卷的相关论证的节略。② 这个论证的关键步骤是建立"运动生成之先必有运动"这一前提。迈蒙尼德在此处并未对此给出充分的解释,因为他在前文中已经表示不准备重复哲学家们在其各自著作中已做出详尽论证的内容。

在这个论证的完整版本中,亚里士多德是从他先前(《物理学》第三卷)给出的运动定义出发的:"潜在存在作为潜在存在的现实就是运动……运动就是能被运动的东西作为能被运动者的现实"。③ 从此定义来看,运动的存在一定要以一个能被运动的事物的存在为前提。亚里士多德提出,即使不接受他的

---

① 迈蒙尼德:《迷途指津》II 14,汉译,第 264—265 页;MJ, p. 199; HA, p. 309。
② 《亚里士多德全集》第二卷,第 211—213 页。
③ 《亚里士多德全集》第二卷,第 58,61 页。

运动定义,论者也不得不承认运动需要一个主体来承担。他由此开始证成运动之先必有运动,首先假定运动是有始的即有一个最初的运动,这个运动需要一个运动者。这个运动者在存在上只有两种可能：或者是生成的(a),或者是永恒存在的(b)。

在(a)情形下,这个运动者在做最初运动之前,必须自身先进入存在,这个运动者生成的过程本身就是一个运动,①而且是一个**先于**最初运动的运动,由此早先假定的最初运动不是最初运动。这个矛盾说明运动有始的假定是错误的。

在(b)情形下,运动者是永恒存在的,它在做最初运动前处于静止状态。以此为出发点,亚里士多德给出了两个论证：

(b1) 运动者本身是可能运动的,但在这个假定情形中它却在运动之前的无限时间内保持静止,在亚里士多德看来这是悖理的,因为一个可能的事物在无限的时间中必会实现其可能,这个可能运动的事物必然在向前无限的时间中曾实现其运动的可能。由此,在最初运动之前已有运动,运动有始的假定被归谬。

(b2) 运动者从静止状态进入运动状态,必然有一个原因导致这一变化。这个原因或者是生成的或者是永恒存在的：如果是生成的,它的生成本身是一个先于最初运动的运动；如果是永恒的,那么它先前没有导致运动者运动后来却发挥了这一作用,这说明一定是它自身或者它与运动者的相对关系发生了变化,这个变化是导致运动者运动的直接原因,同样也是一个先于最初运动的运动。由此有一个最初运动的假设不成立。

如果我们对比这个论证的上述原始版本与迈蒙尼德的复述,就会发现,后者不仅对前者进行节略,而且在论证形式上也做了调整。亚里士多德的论证全部采取归谬法,通过从运动有始假设出发引申出矛盾②的方式来反证运动永恒。而迈蒙尼德的复述版本则在推出运动生成之前已有运动的矛盾之后,又添加了一个正面的论证,即从亚里士多德所证成的运动之前必有运动这一前提出发,根据无限回溯不可能而推出第一运动必是永恒的。迈蒙尼德在此

---

① 见亚里士多德的运动分类,《物理学》卷三章 1,《亚里士多德全集》第二卷,第 58 页;《迷途指津》II 绪论前提四,第 221 页。

② 即最初运动之前仍有运动。亚里士多德在此处关于最初运动者的分析都可以推扩到一般的运动者,他实际上论证了一个更普遍的命题"运动之前必有运动"。

处所说的"第一运动",并不是亚里士多德上述论证中的最初运动,而是一个没有时间起点的运动系列,它的实际所指就是天体的圆周运动。①

在这个论证之后,迈蒙尼德还提到亚里士多德关于时间与运动相互关联、不可分离的观点:

> 与这一原则相联系,他还进一步肯定时间也是不生不灭的。这是因为时间是运动的结果,或者说时间与运动相关联;同时,没有时间以外的运动,也没有可以离开运动而设想的时间。②

亚里士多德认为,时间是就先与后而言的运动的数目(《物理学》卷四,章11)。③ 由于时间与运动的内在关联,从运动无始可以推论时间无始,同样,反过来从时间无始也可以建立运动无始。因此,迈蒙尼德此处对亚里士多德时间永恒论的复述中隐含着另一个运动无始论证。他在《迷途指津》第二篇第13 章及 30 章(pp. 261,320 - 321)中都指出接受时间无始存在的前提必将导向世界永恒的结论。在《物理学》第八卷中,亚里士多德在完成上述运动无始论证后紧接着就给出了从时间永恒建立运动永恒的论证。④

在亚里士多德看来,没有时间就无所谓先后。如果假设时间是有起始(终结)的,在这个起始之先(终结之后)的情形总是可设想、可言说的,但是在时间生成之前(终结之后)并没有时间也就没有先后可言,由此导致矛盾,说明时间不可能有始点(终点)。此后,亚里士多德又提出另一个时间永恒的论证:现在是一切时间的基点,而现在总是与过去、未来相连,或者说在与过去、未来的关联中才得以存在,由此时间不可能有起点和终点,因为任何一个时间点(现在)都是向两边延伸的。由于时间是永恒的,而时间作为运动的一个属性又不

---

① 亚里士多德在下文另一语境中(《物理学》,《亚里士多德全集》第二卷,第 254 页)称圆周运动(相对于直线运动)为最初的运动,而阿维森纳在《治疗论·形而上学》(Avicenna, *The Metaphysics of The Healing/Shifā': Ilāhiyāt*, A parallel English-Arabic text, translated and annotated by Michael E. Marmura, Provo: Brigham Young University Press, 2005, p. 307)中论证运动永恒完毕后亦指出天体运动是最初的运动,但二者都未直接将圆周运动整合进运动永恒的论证之中。

② 迈蒙尼德:《迷途指津》,第 265 页。

③ 《亚里士多德全集》第二卷,第 117 页。

④ 《亚里士多德全集》第二卷,第 213 页。

可能脱离运动而存在,故而运动也是永恒的。

概括来说,亚里士多德第一种世界永恒论证的思路是:通过对运动者与时间的分析建立运动永恒,从运动永恒可以必然推论出运动的承载者即世界是永恒的。这里还有一点需要补充说明,在迈蒙尼德的复述中,亚里士多德所要建立的论点是运动与时间的不生不灭,但在迈蒙尼德所直接给出的论证中事实上只证成了二者的不生,而没有涉及不灭。在这里,迈蒙尼德并不是遗漏了不灭的部分而只是省略了这个步骤,因为在亚里士多德的物理学框架中,不生本身就意味着不灭,反之亦然,这一原则将出现在《迷途指津》下文对亚里士多德第三种论证方法的述评之中。

2. 第二种方法:质料在先

在迈蒙尼德所叙述的第二种方法中,亚里士多德通过论证诸元素所由生成的第一质料是不生不灭的来建立世界永恒①。具体论证思路如下:假设第一质料是生成的,在亚里士多德物理学中生成就是形式与质料的结合,在这里,就意味着有一种比第一质料更原始的载体与某种形式结合而生成第一质料;而第一质料是剥离了一切形式的纯粹质料、它本身没有形式,由此导致矛盾,从而推出第一质料不是生成的。世界至少在质料上是永恒的(如果考虑到亚里士多德质料不能脱离形式而分离存在的原则,那这就是一个完整的世界永恒论证了)。

亚里士多德本人对质料不生不灭的论证见于《物理学》第一卷②。他的论证是从质料作为生成与消灭的载体的归宿这个角度出发的。首先,设定质料是生成的,那就需要一个质料所由生成的最初载体,而质料的定义就是最初载体,最初载体之先又出现最初载体,因此质料生成的假定前提被归谬;假设质料消灭,所谓消灭就是事物回复到缺乏形式的载体,而质料本身就是缺乏形式的载体,由此质料作为一个事物在消灭之前已经处于消灭状态,这是自相矛盾的,因此质料不会消灭。

在这个论证中,迈蒙尼德的复述与亚里士多德原始版本的共同出发点是质料作为生成变化的最初载体这一规定。而差别在于,亚里士多德的论证仅仅立足于这一个原初规定,而迈蒙尼德的版本还引入了质料与形式的关系原

---

① 《物理学》卷一,章7,9,《亚里士多德全集》第二卷,第 23,28 页;《论生成和消灭》,《亚里士多德全集》第二卷,第 440 页。

② 《亚里士多德全集》第二卷,第 28 页。

理。事实上,迈蒙尼德的复述更接近于阿维罗伊对亚里士多德相关文本的注疏中所表述的观点。①

3. 第三种方法:天体运动

迈蒙尼德所叙述的亚里士多德的第三种方法是从天体运动的永恒性建立世界永恒的结论。具体论证思路如下:天体做圆周运动,在圆周运动中是没有对立面的,对立面只存在于直线运动中;事物消灭的原因在于本身固有的对立面,圆周运动没有对立面说明做圆周运动的天体本身没有对立面,故而天体是不会消灭的。而凡不会消灭的事物也同样不是生成的,为此迈蒙尼德专门列举了亚里士多德在这个问题上的完整主张:

> 凡可以被产生者(生成者,ka'in)必定可以消亡。
>
> 凡可以消亡者必定是被产生的。
>
> 凡不是被产生的就不会消亡。
>
> 凡不消亡的也不是被产生的。②

这个原理事实上在迈蒙尼德所复述的前两种方法中已经被应用,只是在这里才被正式提出。按照这个观点,从天体的不灭可推出天体的无始,而天体构成世界的宏观结构,天体的永恒也就意味着世界的永恒。

亚里士多德本人的天体永恒论证见于《论天》③。在彼处,亚里士多德为天体不生不灭举出的理由是生成与消灭存在于相反者之中,一切生成之物都是在某种载体中从相反的东西生成的,而消灭则是在该载体中回到相反者。而天体是做圆周运动的,圆周运动之中没有相反者,根据亚里士多德物理学④,只有相反的东西才作相反的运动,故而天体本身没有相反者,因此既不生成也不消灭。亚里士多德在这个论证之后,通过对比直线运动与圆周运动

---

① Herbert A. Davidson, *Proofs for Eternity, Creation and the Existence of God in Medieval Islamic and Jewish Philosophy*, Oxford: Oxford University Press, 1987, p. 14. 迈蒙尼德与阿维罗伊是同时代人,但他在写作《迷途指津》时已远离安达卢西亚,而且他直到晚年才接触到阿维罗伊的亚里士多德注疏,所以此处受到阿维罗伊影响的可能性不大,这种观点更可能是属于二人共同承接的安达卢西亚哲学传统。

② 《迷途指津》,MJ, p. 200;AH, p. 310;汉译,p. 265。

③ 《论天》,《亚里士多德全集》第二卷,第271页。

④ 《亚里士多德全集》第二卷,第243—244页。

来确立后者之中没有相反关系：直线运动总是从一个点到另一个点的定向运动，其中起点、终点和二者之间的方向性都是确定的，它的相反者就是从原先的终点出发到起点的反向运动；而圆周运动是周而复始的，无所谓起点或终点，它连续地离开、通过、奔赴圆周路线上的每一个点，在此过程中既不趋近也不离开中心，因此没有相反者。

值得注意的是，亚里士多德通过这个论证同时证成了天体的不生和不灭，而不是像迈蒙尼德的复述版本那样诉诸不生与不灭的关系原理从不灭逆推不生。不生与不灭的关系原理，在亚里士多德的《论天》中出现于下文的另一个语境①，即对"非生成的""生成了的""可消灭的""不可消灭"这几个概念的含义及其相互关系的探讨。亚里士多德建立上述关系原理的方式如下：生成的东西和可消灭的东西都同时具有存在和不存在的可能，而时间在向前和向后的两个维度上都是无限的（见上文方法（1）），在无限的时间内一个事物具有的可能性必会实现，由此，生成的事物在它生成之后的无限时间内必会实现其不存在的可能、从而成为可消灭的，而可消灭的事物在向前的无限时间中也必然实现过其不存在的可能，即经历过一个从无到有的生成过程。

4. 第四种方法：可能性载体

第四种方法，是迈蒙尼德在亚里士多德宇宙永恒论证中给予篇幅最多、叙述结构最为复杂的一种。迈蒙尼德首先引用亚里士多德关于事物生成、变化的可能性先于其生成、变化的论断：

> 亚里士多德确信，对于任何在时间中产生的东西而言，它被产生（产生、生成，*hudūth*）的可能性一定在时间上先于它的产生本身。同样，任何可以变化的东西，其变化的可能性一定在时间上先于变化本身。②

亚里士多德本人对此原理的表述见于《论生成与消灭》第一卷："在一种意义上，事物生成于单纯的非存在，但在另一种意义上，却总是生成于存在，因为必定有某种潜能上是，但现实上不是的先在的东西。"③此处所谓"事物生成于非存在"中的"非存在"，是指该事物形式的缺失；但形式的缺失不意味着绝对

---

① 《亚里士多德全集》第二卷，第301—311页。
② 《迷途指津》，MJ，p.200；HA，p.310；汉译，第265—266页。
③ 《亚里士多德全集》第二卷，第405—406页。

的虚无,在这种状态下仍有可能承载该形式而尚未具有它的载体存在。质言之,一事物要进入存在必须先有存在的可能性,这个存在的可能性本身寄寓于一个存在的东西上,对亚里士多德而言,这个东西就是质料。

迈蒙尼德在叙述这个原理之后,插入一个应用实例:"基于这一前提,能必然推出圆周运动的永恒性,就是说,它既无终结,也无开端。"(《迷途指津》,MJ,p.200;HA,p.310;汉译,第266页)这其实是对上一个论证(天体永恒论证)的补充。亚里士多德认为圆周运动既无相反者也无增减,也就意味着它没有不是的潜能,而生成、变化如前所述必须有潜能—可能先行存在,因此可以推出圆周运动本身没有生成、变化。

亚里士多德本人是将可能性在先原则作为一条一般的物理学规律提出的,并未直接将它用于论证宇宙永恒。迈蒙尼德也指出,是亚里士多德的后继者们利用它作为前提而开发出一种世界永恒论证:

> 他们说:在世界存在之前,它在时间中的产生或者是可能的,或者是必然的,或者是不可能的。假若是必然的,世界就没有非存在的状态。如果是不可能的,它就永远不会存在。假如是可能的,……必定存在一个东西作为这种可能性的基质,它是那种可能的东西赖以存在的基础。①

这个论证的完整形式见于阿维森纳的《治疗论·形而上学》②,从可能性、必然性、不可能性三种模态出发分析世界的存在本性更是阿维森纳的一贯标志性做法。因此,迈蒙尼德在这里所说的"亚里士多德的后继者(们)",应该就是指阿维森纳及其追随者。

迈蒙尼德认为这是支持宇宙永恒的一个强有力的论证,同时又给出一位"较为晚近的凯拉姆学家中的智者"对可能性在先原则提出的异议:"可能性存在于动因中,而不存在于它的作用对象中。"(《迷途指津》,MJ,p.200;HA,p.310;汉译,第266页)这一异议在阿维森纳的论证中亦出现并得到处理,但阿维森纳并未说明它的出处。将世界之可能性归于创造世界的动因的观点,

---

① 《迷途指津》,第266页。

② Avicenna, Avicenna, *The Metaphysics of The Healing/Shifā': Ilāhiyāt*, A parallel English-Arabic text, translated and annotated by Michael E. Marmura, Provo: Brigham Young University Press, 2005, pp. 136 – 137,139 – 140.

其最初源头——据阿维罗伊《形而上学长篇评注》中转引法拉比《论变化的存在者》——当为约翰·菲洛伯努斯①。但菲洛伯努斯并非晚近的凯拉姆学家，对这一点迈蒙尼德非常清楚，因为他本人在《迷途指津》Ⅰ 71 的神学—哲学史叙事中就将凯拉姆的源头追溯至菲洛伯努斯所代表的基督教神学。因此，此处提及的凯拉姆学家中的智者更可能是指安萨里，他在《哲学家的急进》（论题一，论证 4）一书中反驳阿维森纳建基于可能性原则的世界永恒论证时提出，事物的可能性只是一种理智观念、并不对应于外界对象，因此也不需要外界载体支撑；同时又指出受造物（以灵魂为例）之可能性是神之永恒知识与能力的对象，也就是说，神作为思想与创造世界的主体是事物之可能性的真正承载者。②

如果这个驳论成立，亚里士多德—阿维森纳从可能性在先原则推出质料恒在的论证将被推翻。然而，迈蒙尼德判断凯拉姆学家的论点并不成立。他指出，对于生成的事物而言，有两种可能性：一种是它生成的可能性，这个可能性先于它而存在；另一种是生成它的主体使它生成的可能性，这种可能性先于主体生成他物的活动。迈蒙尼德认为凯拉姆学家探讨的其实是后一种可能性，并没有真正解决前一种可能性带来的问题。

至此，问题辩证的立足点已经逐渐从世界自身本性过渡到创造者与受造物的关系之上，后者乃是后一种论证类型（从神之本性出发论证世界永恒）的主题，于是迈蒙尼德在此处做出一个简短的总结，以作为层次划分的标志："这些是亚里士多德遵循的最重要的方法，他在从世界本身开始论证世界的永恒性时，主要采取的就是这些方法。"（《迷途指津》，MJ，p. 200；HA，p. 311；汉译，第 266 页）

在进入下一个环节之前，我们也借此机会对迈蒙尼德的亚里士多德论证复述的一些特点做一概括。迈蒙尼德在Ⅱ 14 章开头就说明自己并不准备处处征引哲学家的话语（也有论证的意思），而只是揭示其意旨。他对亚里士多德论证的复述确实贯彻了这一原则：他的复述相对于亚里士多德原文而言不

---

① Herbert Davidson, *Maimonides the Rationalist*, Oxford: The Littman Library of Jewish Civilization, 2011, p. 162.

② al-Ghazālī, *Tahāfut al-Falāsifa*, Provo: Brigham Young University Press, 2000, pp. 41 - 45；该版本的编辑者与译者 M. E. Marmura 将 *Tahāfut* 译为 incoherence（"矛盾""不一致"），事实上并不准确，关于此术语意义见本章标题注释，西方学界较近讨论见 Alexander Treiger, *Inspired Knowledge in Islamic Thought*, Abingdon: Routledge, 2012, pp. 108 - 115。

仅是一种概述,也是一种改写。二者在论证形式和次序上都多少有所出入,而且一个更明显的差异是迈蒙尼德版本的每一种论证都会引用比原始版本中更多的前提,比如,在论证(1)中引入了无限回溯不可能原则,论证(2)引入了形式与质料关系原理,论证(3)引入了不生与不灭关系原理,而论证(4)本身就是一个后人在亚里士多德物理学原理基础上的引申应用,它在可能性在先原则之外还引入了可能性、必然性、不可能性模态的划分以及施动与被动两种可能性划分的原理。所有这些前提都是在亚里士多德的原始论证中没有出现的,但是,又都有亚里士多德物理学及形而上学的出处,也就是说,它们是亚里士多德在另一个文本或当下文本的非当下语境中提到的与此处主题相关——或者说能够建立相关性——的内容。而论证(2)与论证(4)所显示出的迈蒙尼德复述同以阿维森纳和阿维罗伊为代表的阿拉伯注释家的渊源关系,透露了一个更深层的信息。正如他们的古代晚期前辈,阿拉伯注释家们在解释亚里士多德文本时并不满足于对个别字句与问题的章句式的支离疏解,而是力图将亚里士多德在不同文本、不同领域所陈述的观点整合成一个内在一致的真理言说体系。也就是说,迈蒙尼德所面对的亚里士多德,并不仅是文本自身所呈现的那个被具体的问题探讨所牵引的斯塔吉拉哲人,而是透过阿拉伯注释家们的建构性棱镜呈现的一个系统化的亚里士多德。

这种建构性特征不仅呈现在每一个分离的论证之中,而且还体现在这些论证的彼此关联与总体安排上。后者可以说是迈蒙尼德本人对阿拉伯亚里士多德注释传统的一种继承和延续。单独来看,这四种论证各有自己的证明目标,第(1)种建立的是运动永恒,第(2)、(4)种建立的是质料永恒,第(3)种是天体永恒。在迈蒙尼德的叙述安排中,第(3)种论证即天体永恒论证占据着核心的地位:第(1)种论证最终达到的永恒的第一运动实际上就是指天体运动,在第(4)种论证中专门提到从可能性在先原理可推出圆周运动永恒,也是对天体永恒论证的补充。此外,在建立质料永恒的过程中,论证(2)有意识的提点出质料与形式的内在关联,论证(4)则在事物的生成可能性中(除寓于质料的可能性之外)又加入了在动因之中的可能性,后者正是事物形式的来源,也就是说,亚里士多德的永恒质料是与形式及形式的终极来源(神)始终共在、不可分离的。这样,迈蒙尼德所叙述的四种论证相互关联,共同反映出一个整体性的亚里士多德宇宙生成论框架,而且集中凸显了这一理论区别于其他立场(如从无创世论和柏拉图的从永恒质料创世论)的独有特征:天体不生不灭和世界秩序永恒。

最后，还需要说明一点。尽管迈蒙尼德在对亚里士多德文本的理解上取径于阿拉伯注释家，而且非常自觉地承受了该学派的基本家法，但是，迈蒙尼德心目中的亚里士多德形象与阿拉伯注释家们所建构者仍有实质性的差异①，可以说，阿拉伯亚里士多德主义是迈蒙尼德理解这位哲学导师的起点，却并非终点。

二、 迈蒙尼德对从世界本性出发的宇宙永恒论证的批评

迈蒙尼德对于亚里士多德世界永恒论证（也包括阿维森纳根据亚里士多德物理学原理引申出的第 4 种论证）的批评，不是针对其具体的论据及论证步骤，而是指向它们的认识论根据。为了建立这个认识论基础上的驳论，迈蒙尼德首先诉诸亚里士多德学派的哲学家们所公认的一个物理事实：

> 对于任何从非存在中产生出来的事物而言——即使该事物的质料原来就存在，它在产生的过程中改换了形式——那一事物经历了时间中的产生而实现了它的最终的稳定状态之后的本性，区别于它在产生的进程中和开始从潜能往现实转化时的本性。同时这个实现了的事物本性也不同于它在运动并从潜能转化成现实以前的本性。②

在这里，迈蒙尼德将生成的事物的存在状态区分为三种：生成之前的状态，生成过程中的状态，和生成之后的稳定状态。在每一种状态中事物都具有区别于其他状态的特殊的本性（结构与规律），就像受精之前的卵子不同于受精卵，母腹中的胎儿不同于出生后达到完成状态的生命体。在这一事实基础上，迈蒙尼德提出一个认识论原则：

> 因此，我们不能从一个已经产生的、已经达到最终状态的、在完成的状态中取得稳定性的事物的本性类推到此事物开始朝产生运动时的状态。同样，我们甚至不能从这个事物开始朝产生运动时的状态类推到它尚未这样运动时的状态。如果你从一个已实现事物的本性类推到它过去

---

① 见导言第三节。
② 《迷途指津》II 17，MJ，p. 205；HA，p. 317；汉译，第 272 页。

潜在状态时的本性，那你就犯了一个严重的错误。你就会把必然存在的东西看成是不可能的，或者反过来，把不可能的看作是必然的。①

为说明这种跨界类推可能导致的错误，迈蒙尼德举出了一个极具哲学史意义的例子②。设想一个男孩在出生后几个月母亲去世，被父亲带到一个孤岛，长大成人并达到理智成熟，其间他从未见过任何雌性动物。当他向父亲询问人是如何产生出来的时候，父亲如实回答是由女性孕育、生产。他又追问人在母腹之中是否用口鼻吃喝、喘气并排泄，当得到否定答案时，他立刻判断父亲的回答是谎言，因为人不可能在另一个人的腹中不吃不喝不排泄达几个月之久还能存活。这个孩子的推论都是建基于他所观察到的人及其他生物在完成状态下的本性，而他所推论出的不可能的情形恰恰是真实的情况。

迈蒙尼德认为，亚里士多德建基于世界现有本性的宇宙永恒论证，与荒岛孤儿的推理属于同一种类型。亚里士多德及其后继者在这个问题上所采取的论证形式基本上都是反证法：或者首先假定世界或世界的某种要素是有始的，然后将从此世事实中观察与归纳所得的物理学规律应用于这个初始状态，得出与设定前提相矛盾的结论，从而证明世界有始不可能；或者直接用某个适用于世界之中的事物的物理学规律排除世界有始的可能性。根据迈蒙尼德所论证的上述认识论原则，这种从事物的稳定完成状态推论它的未完成状态的推理是有瑕疵的，并不能保证结论的必真，所以，哲学家们据此所做出的"世界有始"不可能的论断是不成立的。

具体到每一个论证，迈蒙尼德认为亚里士多德的所有论据——质料不生不灭、运动不生不灭、圆周运动没有开端、天体不具有相反者以及可能性在先原则——在世界产生之后的稳定状态中都是正确的，但它们并不一定适用于世界产生之际及产生之前的状态。在宇宙生成论的领域，人们完全可以合理

---

① 《迷途指津》，第 272 页。
② 这个例子很有可能是对他的安达卢西亚前辈哲学家伊本·图斐利孤岛寓言故事（《哈义·本·叶格赞的故事》，王复、陆孝修译，北京：商务印书馆，1999，第 32—87 页）的化用；而他在《迷途指津》中所使用的论证神之存在的两端推理亦见于图斐利对这个故事的叙述中（第 79—83 页），更印证了这个推测。对两位思想者而言，荒岛孤儿的设想就像是一个关于在隔绝状态中人单凭其自然理性能在知识领域走多远的思想实验，但两人通过此实验意图验证的结果却正相反对：图斐利试图说明个人发挥自然能力就能实现最大限度的理智完善，而迈蒙尼德则借此揭示了个人的自然理性单独作用可能导致的认识误区。

地坚持质料是从无中被造的、运动是与自然事物一同生成的、具有圆周运动的天体也是生成的、从无中产生的东西没有产生之前的潜在状态。也就是说，在适用范围区分的条件下，亚里士多德物理学的基本前提和摩西启示的基本信念是可以并行不悖的，并不存在其中一者必然证伪另一者的问题。

在迈蒙尼德之前，受约翰·菲罗伯努斯影响的凯拉姆学家们已经形成一个类似的反驳亚里士多德世界永恒论的思路。[①] 他们认为，哲学家的论证是从"当下的与可见的"领域的事实推论"并非当下与可见"领域的状况，这种推论在知识上并不可靠。这个反驳的实质是揭示归纳推理的局限性，迈蒙尼德的认识论批评可能与此种思路有源流关系。但迈蒙尼德的批评具有更实质性的限定：他对事物生成前后状态的描述都是在亚里士多德物理学的框架之内，将讨论的出发点放在具有质料的事物之上，对生成的界定也是采用亚里士多德从潜能到现实的经典定义。同时，迈蒙尼德在本章下文一再区别亚里士多德理解的"生成"（从潜能到现实）和"我们"（摩西与亚伯拉罕子孙）理解的"创造"（从无到有）——在他看来，这是两个不同的概念，亚里士多德对"生成"的否证事实上并未真正危及"创造"。

在设想的论辩语境中，迈蒙尼德亦考虑到哲学家们"以子之矛攻子之盾"的可能反驳："倘若这个现成的世界不能向我们提供证明，那你怎么知道它是被产生的？怎么知道另有一个产生它的存在？"（《迷途指津》，第275页）迈蒙尼德的回应是：我们并不是一定要证明世界是生成的。他在现阶段要做的只是针对哲学家们世界有始不可能的论证来建立世界有始是可能的。要达到这个目的，他只需说明哲学家们的论证是不成立的[②]。在完成这一步之后，他会回过头来建立世界有始论的优越性。此处，值得注意的是，迈蒙尼德并没有正面回应这个假想的攻击。如果迈蒙尼德试图建立的仅仅是世界有始的可能性，那他确实可以不理会这一反驳；但迈蒙尼德承认自己最终要回到论证世界有始之合理性的立场上，那么，他不可避免地还是要从现有存在的本性出发推论世界起源的状况，而这不是已经被他否定了吗？

要解决这个问题，我们需要回头细读迈蒙尼德先前的论述："如果你从一

---

① Davidson, *Proofs for Eternity, Creation and the Existence of God in Medieval Islamic and Jewish Philosophy*, Oxford: Oxford University Press, 1987, p. 30.

② 而且，迈蒙尼德强调自己说明哲学家的论证不成立的方式并未否定现有"存在的本性"（《迷途指津》，第274页），这是迈蒙尼德有意识将自己的立场与凯拉姆区分开来的一个标志。

个已实现事物的本性类推到它过去潜在状态时的本性，那你就犯了一个严重的错误：你就会把必然存在的东西看成是不可能的，或者反过来，把不可能的看作是必然的。"(《迷途指津》，第 272 页)迈蒙尼德在此处将跨界类推导致错误明确限定在把必然存在的东西看成是不可能的和把不可能的看作是必然的，这个错误的原因是认为事物已实现状态的本性等同于它未实现状态的本性，并根据这个本性对事物未实现状态的情况做出它是必然的或不可能的证明性论断。迈蒙尼德在下文中所举的例子(荒岛孤儿判定怀胎数月不可能)以及本章所讨论的主题(哲学家判定世界有始不可能、世界必然永恒)，所涉及的都是这种对于必然性或不可能性做出判断的命题。他的认识论批评所针对的也是这种貌似证明性的推论。但是，事物的未完成状态与完成状态之间有本性上的区别，并不意味着二者之间毫无关联，事实上，迈蒙尼德也并没有彻底封闭由事物的完成状态推论其未完成状态的道路，他所否定的只是断然的、证明性论证的可能性。从世界的现实状况出发对其起源状况做可能性(*possibility*)的与概然性(*probability*)的推论，仍是可行的——实际上也是唯一可行的——的道路，迈蒙尼德在后文中对世界有始之合理性的论证正是取径于此。

至此，迈蒙尼德通过他的认识论批评瓦解了以亚里士多德为代表的哲学家们从世界的现有本性出发证明世界有始不可能的尝试，哲学家们只剩下一条途径来证明世界永恒，即从神之本性出发的道路，这是我们下一节的探讨主题。

第二节　迈蒙尼德对后世哲学家从神之本性出发的论证的述评

迈蒙尼德在列举四种从世界之本性出发的宇宙永恒论证后，又列出三种从神之本性建立世界永恒的论证。迈蒙尼德认为，这三种论证都是后世哲学家从亚里士多德哲学中引申而出的。但基于现代以来的哲学史考证，这些论证事实上都出自新柏拉图主义哲学家普罗克洛斯，后者著作《神学要旨》(*Elements of Theology*)的部分内容在中世纪阿拉伯世界以《论原因》(*Liber de Causis*)之名伪托于亚里士多德[1]，他关于世界永恒的一系列论证保留在阿

---

[1] Kenneth Seeskin，*Maimonides on the Origin of the World*，Cambridge：Cambridge University Press，2006，p. 13.

拉伯翻译文献中，①其观点经过法拉比和阿维森纳的努力而被整合进阿拉伯亚里士多德主义学说体系之中。与其同时代人阿维罗伊不同的是，迈蒙尼德并不认为他所传承的阿拉伯亚里士多德学派中的新柏拉图主义思想因素是纯然异己的成分，而更多地将这些论证视为从亚里士多德理论自然生发的结果。从另一角度看，这一论断亦不全错，因为普罗克洛斯所代表的新柏拉图主义哲学之中确实有对亚里士多德物理学与形而上学内容的吸取和发挥，这一点我们在下文的具体分析中也会提到。

一、 迈蒙尼德对哲学家从神之本性建立世界永恒之论证的还原

1. 第五种方法　从潜能—现实论证世界有始不可能

迈蒙尼德所列举的第五种方法不仅在写作次序上顺接上一部分中的第四种论证（可能性在先），在理论内容上也有一定的关联。第四种论证之末谈到了动因之中的可能性，而第五种论证正是从此立论：

> 如果上帝是从非存在中产生出世界的，那么在他创世之前，他一定是一个潜在的动因；他在创世以后才变成了一个现实的动因。因此，上帝经过了一个从潜能到现实的转化过程。由此看来，上帝本身具有某种可能性，因而必定有某种东西促使他从潜能转化为现实。这也是一大难题。②

迈蒙尼德并没有具体说明这个结论会导致何种困难，但这并不难推知。它与亚里士多德形而上学的两条基本原则相冲突：其一，神是纯现实、不包含潜能的存在者；其二，神是第一推动者及不动的使动者③。在亚里士多德看来，推翻这二者中的任何一个都会导致无限逆推。但是，在迈蒙尼德的复述语境中，此结论（有一个原因促使神从潜能转化为现实）所直接冲击的，是神作为存在的终极原因的地位，后者是普罗克洛斯对亚里士多德第一推动者论证的

---

① Davidson, *Proofs for Eternity, Creation and the Existence of God in Medieval Islamic and Jewish Philosophy*, Oxford: Oxford University Press, 1987, p. 51.

② 《迷途指津》，II 14，第 266 页。

③ 《物理学》，《亚里士多德全集》第二卷，第 261 页；《形而上学》，《亚里士多德全集》第七卷，第 280—281 页。

发挥(将运动的原因拓展到存在的原因),①这种将神视为存在第一因的观点后来也成为阿拉伯亚里士多德主义的一个核心原理。

值得注意的是,此处所提及的论证思路的源头正是普罗克洛斯。他提出,如果世界是神在某个时间点创造的,在创世之前神就是一个潜在的创造者,他从潜在状态到现实状态的转化,需要一个外在因素来激发;这个因素在引发神的创造活动之前也是一个潜在的激发者,它又需要另一个因素的激发,由此陷入无限逆推②。这个论证通过菲洛伯努斯的引述而在后世凯拉姆和阿拉伯亚里士多德学派两条脉络中流传,鉴于迈蒙尼德对两派文献的广泛阅读,他可能是借由沙赫拉斯坦尼记述异端言论的《教派与学派》(*al-Milal wa-l-Nihal*)③或法拉比反驳凯拉姆观点的著作《论变化的存在者》(《迷途指津》,I 74,MJ,p.156;HA,p.221;汉译,第 209 页)而了解到这一论证思路的。

2. 第六种方法 从神不可能有变化论证世界永恒

迈蒙尼德所列举的第六种方法,事实上与前一种方法有着内在的关联。从上文提及的亚里士多德的运动定义来看,运动—变化本身就是一种从潜能到现实的转化,变化与潜能—现实乃是一体之两面,而且二者都具有某种被动性、需要原因来导致。这种论证的思路大致如下:哲学家们提出,一个动因时而起作用、时而不起作用,是因为有某种因素刺激或阻碍它起作用;如果世界是有始的,神作为世界的原因在这个起始点之前并未发挥作用,而在此之后发生了作用,则一定是有某种因素导致了这个变化。但在神创世之先没有其他事物存在,因此不可能有障碍阻止实施他的意志所决定的活动,也没有刺激力促使他产生新的意愿。所以,神作为世界的原因不可能经历从不作用到作用的过程,神一定是永恒地起作用的,作为这个作用之结果的世界也就必然是永恒的。

---

① Proclus, *Commentary on Plato's Timaeus*, Vol. 2, trans. David T. Runia and Michael Share, Cambridge: Cambridge University Press, 2008, pp. 266 - 267; Seeskin, *Maimonides on the Origin of the World*, 2006, p. 10.

② Davidson, *Proofs for Eternity, Creation and the Existence of God in Medieval Islamic and Jewish Philosophy*, Oxford: Oxford University Press, 1987, pp. 54 - 55, 58; Proclus, Commentary on Plato's Timaeus, Vol. 2, pp. 141 - 142,但彼处归谬的结论略有不同:神本身在时间中故而无法创造时间。

③ Davidson, *Proofs for Eternity, Creation and the Existence of God in Medieval Islamic and Jewish Philosophy*, p. 59.

这个论证的原始版本出自普罗克洛斯："如果一个动因是不动的，它就是不会变化的……就不会经历从不作用到作用的变化……因此，如果一个事物是另一事物的不动的原因，它(后者)就是永恒的……如果世界的原因是不动的，世界就必是永恒的。"①他还从另一形式做出类似论证：一个永恒、不变的存在者必然是或者在所有时间中起作用或者从不起作用；它如果永远起作用且总以同一种方式起作用，它所产生的结果也必定是永远如此。②

阿维森纳在《治疗书·形而上学》第九卷从神作为世界之原因的属性出发证明世界永恒的章节中吸取了普罗克洛斯的核心观点："必然存在者自身在他的所有方面都是必然存在的，他不可能具有先前所未有的、新发生的状态。而且，显而易见，原因自身必然带来结果。因此，如果原因是恒久的，结果必是恒久的。"③在下文中，他以一种反问的形式指出在虚无之后创世的不可能性："在无中如何可能分别出(神)不作用的时刻与开始作用的时刻？何以将一个时刻与另一时刻区分？"也就是说，在假设的创世之先的虚无状态中，不可能有一种因素促使神从不作用转为起作用。紧接着，他又以一种修辞性的形式表述了这个质疑："如果(神)意欲创造行为本身，他为什么不早一些创造？是因为他此时才发现创造是当做之事？或者此时才是当做之时？或者他此时才有能力行此事？"④

安萨里在《哲学家的急进》一书第一个论证中复述了阿维森纳的这个世界永恒论证："[哲学家们说：]世界为什么没有在它被创造的那个时刻之前的时刻被造呢？这不可能是因为神没有能力创造，也不会是由于创造是不可能的……较近理的假想回应是他在这之前没有意愿世界的存在，但是，一个必然的推论是：他在不意愿之后开始意愿世界的存在——在这里意愿是新生的，而在神之中不可能有任何新生的东西……既然任何之前与之后的时刻都同样可能被选择，是什么把一个特定的时刻与先后的其他时刻区别开来[成为创造

---

① Davidson, *Proofs for Eternity, Creation and the Existence of God in Medieval Islamic and Jewish Philosophy*, 1987, p. 58;简化形式亦见于 Proclus, *Commentary on Plato's Timaeus*, Vol. 2, p. 141.

② Seeskin, *Maimonides on the Origin of the World*, Cambridge: Cambridge University Press, 2006, p. 79.

③ Avicenna, *The Metaphysics of The Healing*, Provo: Brigham Young University Press, 2005, p. 300.

④ Ibid., p. 304.

的时刻]?"①安萨里和阿维森纳本人的著作,都可能是迈蒙尼德了解这一论证的直接来源。

值得注意的是,阿维森纳质疑世界有始的修辞表述以改写的形式出现在迈蒙尼德下文对从神之本性论证世界永恒的三种方法的总结之中:

> 为了证明反对意见之不可信,这些哲学家还说:上帝怎么会在无限的过去无所事事、不产生、不创造任何东西呢? 上帝怎么会在创世之前的无限长的阶段中不产生任何东西,而直到昨天才开始创造世界呢? ……这也是那些相信世界永恒的哲学家们用以证明相反意见不成立的一种方法。②

这种质疑的雏形形式始见于巴门尼德哲学残篇:

> 我也不能让你这样说或想:它(存在者)从不存在者里产生;因为存在者不存在是不可言说、不可思议的。而且,如果它来自不存在,它有什么必要不早一点或迟一点产生呢? 所以它要末永远存在,要末根本不存在。③

亚里士多德在《论天》第一卷中也提出了类似的质疑:"为什么先前永远存在的东西在这个时间点上而不是在其他时候被消灭了? 为什么无限的不存在的东西后来又生成了?"④

巴门尼德与亚里士多德的质疑都以时间永恒为前提,认为在无限的、彼此同质的时间中,没有一个因素能够决定某个时刻是适宜于先前一直不存在的事物进入存在的。而且,二者的驳论都没有涉及存在者存在的原因(即神或造物主)。古代晚期的异教哲学家,从两位古代哲学家的这一思路受到启发,把

---

① Al-Ghazālī, *Tahāfut al-Falāsifa*, Provo: Brigham Young University Press, 2000, pp. 13 - 14,21.

② 《迷途指津》,第 267 页。

③ 北京大学哲学系:《西方哲学原著选读·古希腊罗马哲学》,北京:商务印书馆,1981 年,第32 页。

④ 《亚里士多德全集》第二卷,第 309 页。

论证焦点从被生成的事物转向使事物生成的主体，形成一个反驳犹太—基督教创世叙事的诘问，后者被奥古斯丁记录如下：

> 有些人满怀充塞着成见，向我们诘问：天主在创造天地之前做些什么？如果闲着无所事事，何不常无所为，犹如他以后停止工作一样？如果天主为创造从未创造过的东西，有新的行动、新的意愿，那么怎能说是真正的永恒？①

这个诘问原型，在古代晚期和中世纪哲学中广为流传，不仅见于上文提到的普罗克洛斯②和阿维森纳的著作，也见于图斐利的《哈义·本·叶格赞》："事物的产生就需要发生者。设或如此，为什么这个事件的发生者，在现在产生了世界，而不是在这之前呢？有什么突然事件？看来似乎不可能，因为当时除了这个动力因外，世界是荡然无物的。是不是自身产生的变化呢？如果是的，又是什么触发了这种变化？"③图斐利和阿维森纳的著作都是迈蒙尼德能够直接接触到的来源。

但是，由此发生一个问题：迈蒙尼德为什么不把这个源远流长、被众多哲学家所引证的思路列为一个独立的论证方法而仅仅把它作为一个附言提及呢？原因可能在于两点：

其一、这个诘问的论证核心与上面提到的第六种方法并无实质差别，都是立足于在神之中不可能有变化、若有变化必有原因导致的原理。迈蒙尼德可能认为这是同一个论证的不同表述形式，因而没有将其单独列为一类。但是，如果仅出于这一理由，那迈蒙尼德应当将它附在第六种论证之末加以说明，而不应像现在这样将它放在所有从神之本性出发的论证之后。由此，我们需要引入第二个理由。

其二、问题在于它的"修辞"特征。这并不是指它采取反问的表达形式，而是说它诉诸一般常识的时间观念而谈论创世之前的无限时间。早在古代晚期，奥古斯丁就指出创世之前空无一物、并无时间，因此作为这个质疑之前提

---

① 奥古斯丁：《忏悔录》，周士良译，北京：商务印书馆，1963 年，卷十一，章十，第 239 页。

② Proclus, *Commentary on Plato's Timaeus*, Vol. 2, Commentary on Plato's Timaeus, Vol. 2, p. 141.

③ 伊本·图斐利：《哈义·本·叶格赞》，王复、陆孝修译，北京：商务印书馆，1999，第 81 页。

的时间观念是有问题的①。安萨里在反驳哲学家基于时间无始的世界永恒论证时也提出,所谓创造之前的时间只是一种主观虚构②。迈蒙尼德根据亚里士多德的时间概念做出推理,时间是物体之偶性(运动)的偶性(尺度),在创世之前没有任何物体作为载体,也就不可能有时间,从这个角度,他重申了安萨里的判断:

> 有人说,上帝在创世以前就存在着,而这里的存在着是有时间性的。还有人认为,上帝在创世以前存在于无限的持续中。所有这些看法都不过是关于时间的假定或想象,而不是真正的时间。③

也就是说,这个论证将时间延伸至创世之先、又将神这一永恒存在者置于时间中谈论的做法,是一种严重的范畴错误。因此,迈蒙尼德认为它不成其为一种严格的科学论证,充其量只是一个修辞论证,在论证方法与效力上与前面三种论证并不属于一类。故而将它放在附言中提及,以避免造成不必要的误解与混淆。

3. 第七种方法　从神的完满与智慧推出世界永恒

这种论证方法的思路如下:世界是神的活动的产物,神的活动是完满的,因而世界是完满的,也就是完全符合活动者的设计意图的;神的活动体现了神的智慧,也就是说,神的智慧决定世界的存在;神的智慧与神的本质是一体的,因为神是永恒的、他的智慧也是永恒的;所以,被神的永恒智慧所决定的世界必是永恒的。

迈蒙尼德认为这个论证的出发点是亚里士多德关于自然是智慧的、它不做无目的之事的论断。这个论断是亚里士多德一再重申的,最值得注意的一个表述出现于上文提及的论证圆周运动永恒的场合:"神和自然所做的事情没有一样是枉费的。"④这里,神与自然同时作为主词出现,二者的关系——同位、并立、神附属于自然抑或自然附属于神——颇耐人寻味,但是在中世纪神

---

① 奥古斯丁:《忏悔录》,卷十一,章十二、十三,第255—257页;卷十一,章三十,第257页。

② Al-Ghazāli, *Tahāfut al-Falāsifa*, Provo: Brigham Young University Press, 2000, pp. 31-33.

③ 《迷途指津》II 13,第260—261页。

④ 《论天》,《亚里士多德全集》第二卷,第275页。

学—哲学的语境中,这个问题的答案是单一明确的:自然是神的产物,自然的所谓智慧不是它所固有的一种主体能力,而是它的存在所折射出的创造者的智慧。

迈蒙尼德在稍后提到,是后来的哲学家们根据亚里士多德的上述提示衍生出了这一论证。在哲学史上,这种从神的完善性出发论证世界永恒的思路,始于斯多亚主义,但是对阿拉伯伊斯兰世界有直接影响的还是普罗克洛斯的改进版本,后者在其《论世界永恒》的阿拉伯文译本和菲洛伯努斯的驳论中保存。普罗克洛斯提出,如果一个动因不起作用,或是因为它没有能力或是因为它不愿意起作用;具体到世界生成或永恒的问题,神使世界存在的意愿是永恒的,因为他希望世界分有他的存在与完善,在这个意义上他是"永恒仁慈的";而且,他不可能缺乏贯彻其意愿的能力,因此,作为其永恒的仁慈意愿之对象的世界必是永恒的[①]。

上文提及的阿维森纳对世界有始论的质疑中也包含有这一论证的因素。他从反面说明神的意志、知识和能力都是永恒的,故而作为其意欲、认知及施为对象的世界也是永恒的。阿维森纳在同一文本的下文中给出了自己建基于神的仁慈与能力的世界永恒论证:设定神在某个时刻开始创造,那只有两种可能,他或者有能力在这之前就赋予事物存在,或者必须在这一刻才能使事物进入存在;前者与神的仁慈相抵触,后者否定了神的能力,因此世界有始是不可能的[②]。

我们注意到,两人的论证中都出现了神的意志或仁慈这个因素,而在迈蒙尼德的复述版本中没有出现意志的因素而只是从神的完善与智慧出发。这是因为,迈蒙尼德意识到哲学家们所说的意志、仁慈和神的所有其他属性一样,都是与神的本质同一的,而神的本质就是纯粹的理智;所以,对哲学家而言,神的意志最终是被他的理智或智慧决定的。

二、 迈蒙尼德对从神之本性出发的世界永恒论证的批评

迈蒙尼德在《迷途指津》II 18 章中对这三种从神之本性出发推论世界永

---

① Davidson, *Proofs for Eternity, Creation and the Existence of God in Medieval Islamic and Jewish Philosophy*, Oxford: Oxford University Press, 1987, pp. 61 - 62.

② Avicenna, *The Metaphysics of The Healing*, Provo: Brigham Young University Press, p. 306.

恒的论证——作出回应。

1. 对潜能—现实论证的批评

针对这一论证,迈蒙尼德指出,它的结论只适用于由质料和形式构成的物体。潜能、可能性存在于质料之中,物体是通过形式的赋予从潜能状态转化为现实状态的。物体从不进行某种活动①到进行某种活动,反映的就是这一从潜能到现实的变化过程。而这一变化一定是需要某种其他的事物促使才能发生。但这一规律只适用于拥有质料的物体,没有质料的分离实体由于内部不存在潜能的载体,因而其本质中不包含有转化为他者的可能性,它们的自身本质总是现实的。所以,也就不可能有从潜能到现实的变化。

接下来,迈蒙尼德试图说明这种没有质料的分离实体是有可能一时活动、一时不活动的。他将能动理智(也就是最接近于我们月下世界的分离实体)作为支持此点的例子。他援引法拉比在《论理智》中对能动理智的解释:"显而易见,能动理智并不一直活动,事实上它是在一定的时间内活动,而在另外的时间内不活动的。"②在阿拉伯亚里士多德主义的灵魂论框架中,能动理智是促使人的理智从潜能到实现转化的动因,而在实际的认识过程之中,人有时能够实现对某对象的认识,有时又不能,这说明能动理智有时发挥作用(活动),有时不发挥作用(不活动)。能动理智的作用方式,为迈蒙尼德提供了一个没有潜能的分离实体有时活动有时不活动的实例,从而说明哲学家们的论证前提(有时活动有时不活动的事物必然经历从潜能到现实的过程)不成立。

在此基础上,迈蒙尼德又做出一个更一般的区分:

> 物体和非物体之间是没有关系的,它们不论在活动时还是不活动时,都毫无相似之处。事实上,具有质料的形式和分离存在者的活动,只是在同名异义的意义上才都被称为"活动"(fiʿl)。③

---

① "活动"原文为"fiʿl",同时具有"起作用"和"现实"的意义,见《迷途指津》,MJ,p. 208;HA,p. 321;汉译,第 276 页。

② Pines, "Translator's Introduction", in *The Guide of the Perplexed*", Chicago: The University of Chicago Press, 1963, p. 299, n. 1;赵敦华、傅乐安编:《中世纪哲学》,北京:商务印书馆,2013 年,第 867 页。

③ 《迷途指津》,II 18, MJ, p. 208;HA, p. 321;汉译,第 276—277 页。

在他看来,哲学家们的论证建基于一种不合法的外推,即从具有质料的事物的活动状况推论所有事物的活动状况,而事实上,分离实体与质料—形式复合物之间具有本质的区别,活动之于这两种实体的意义也截然不同。对于质料—形式复合物而言,活动代表着相应形式的现实,不活动则意味着形式的缺乏即潜能状态;对分离实体而言,形式永远处于现实中,即使该实体时而进行时而不进行某种活动,其形式在两种状态下都得到实现。换句话说,活动是发自该实体的、同时与实体的形式没有必然关联的一种偶性作用。

迈蒙尼德还设想了哲学家们对他的批评的可能反驳：

> 也许有人认为,我们的这种说法包含不正确的因素,因为能动的理智一时活动,另时不活动,并不是由于一个存在于其本质中的原因,而是由于质料各部分的配置,这也就是说,如果一切质料配置得当,其活动就是永恒的。[①]

这段话的意思是,能动理智之所以在促成人的认识方面一时起作用一时不起作用,不是由于它本身的原因,而是由于作为流溢接受对象的人所具有的禀赋和准备的差异。一个禀赋健全、教育充分并恰当发挥其理智能力的人能够在能动理智的流溢作用下达到对事物的正确认识;反之,对于一个不具备这些条件的人,能动理智的流溢将不起作用。这说明,能动理智不活动(不起作用)是因为外在阻力的影响,而如果没有阻力(即所有人的质料配置都适于接受流溢),它就将一直活动(起作用)。在这种条件下,如果认为神与能动理智的作用方式是一样的,那么,神在创世之前不活动,就一定是因为有阻力阻碍其活动;而神创世之前并无他物存在,不可能有阻力,因而神的创造活动一定是永恒的。

针对这个反驳,迈蒙尼德指出,他运用能动理智作为例子,并不是试图以能动理智的作用方式来类比性的推论神的作用方式——这恰恰是他所批评的哲学家们的思维范式(从物体类推分离实体、从分离性理智类推神,但事实上这些事物彼此之间有本质差别、并不能建立类比)——而只是举出一个反证,来推翻哲学家论证的普遍前提(一时活动另时不活动意味着有从潜能到现实

---

① 《迷途指津》,第277页。

的转化),说明这个前提只适用于有质料的事物,分离实体则完全可以活动有间歇而不经历从潜能到现实的变化。迈蒙尼德在前面的章节已经证明,神是非形体的,因而也是一种分离实体,哲学家此处论证的前提对他不适用。

迈蒙尼德对潜能—现实论证的上述批评,其核心在于将神与经历潜能—现实变化的一般事物做本质区分,从而使一般规律在神身上失效。这一思路的原型见于 11 世纪的伊斯兰神学家伊本·赫兹姆的《教派决断之书》(Ibn Hazm, *al-Fasl fī al-Milal*)。① 赫兹姆提出,变化的本质是载体中属性的变更,神不是属性的载体,因而不经历变化,其活动或不活动都出于其永恒不变的本体。两相比对,就会发现,尽管二者的论证思路非常接近,赫兹姆所使用的是一种经过有意识化约的、质朴化的凯拉姆式形而上学语言,而迈蒙尼德则坚持用亚里士多德主义的哲学概念来表述自己对哲学家论证的批评,尽可能在哲学框架内找到做出关键区分的依据,以开出一条通向世界有始论的可能道路。

2. 对从神不可能有变化推论世界永恒的批评

迈蒙尼德对这一论证的批评是从对有意志动因活动的原因的分析入手,因为哲学家们也承认——至少表面上承认——神是有意志的。这种动因的活动都有意志因素的参与,但意志在其中所起的作用却不尽相同,迈蒙尼德区分了两种情况:该活动追求外在于意志本身的目的,和该活动完全出于意志而无任何别的目的。

在前一种情况中,动因活动的目的并非源自其意志,迈蒙尼德举了一个人意愿建房的例子(《迷途指津》,第 277—278 页)。建房的意愿并不仅仅出于人的意志本身,而是出于保存身体的需要,当这种身体需要存在时(如天气冷热),人的意志就会意愿建房,当这种需要不存在时人的意志就没有这种意愿。当人意愿建房时,建房的活动又受限于各种物质条件(材料、工具等等),后者是人的意愿本身无法左右的。从这个例子可以看出,所谓外在于意志本身的目的,是指那种并不起源于意志但却通过意志产生活动意愿的目的,同时这种目的的实现需要借助意志之外的因素。

在后一种情况中,活动的目的完全出于意志的自由选择。当意志之外的

① Davidson, *Proofs for Eternity*, *Creation and the Existence of God in Medieval Islamic and Jewish Philosophy*, Oxford: Oxford University Press, 1987, p. 76.

干扰或影响因素被排除时,意志单凭其自身就能决定实施或不实施某种活动。也就是说,意志的选择本身就是活动或不活动的终极原因,不需要再做进一步归因。

迈蒙尼德认为哲学家们的论证前提(动因一时活动一时不活动一定是由于某种因素刺激或阻碍了它的意志)只适用于前一种情况(即活动是出于外在于意志的目的),不适用于后一种情况(活动的目的完全在于意志的选择)。随后,迈蒙尼德又设想了哲学家的进一步反驳:即使承认在后一种情况下意志不需要外在决定者,那主体一时意愿一时不意愿,也仍意味着意志本身的变化,后者仍需要原因导致。迈蒙尼德的回应是诉诸意志的本质:"意志的真实性和本质就在于意愿和不意愿。"(《迷途指津》,II 18,MJ,p. 210;HA,p. 323;汉译,p. 278)

也就是说,意志的本质就在于选择。在排除外在因素干扰的情况下,意志无论选择实施某活动或不实施某活动,都是其本质的实现,并不意味着意志本质的变化,因而不需要原因导致。迈蒙尼德把这种情形类比于上一节提到的此时活动彼时不活动不意味着主体有从潜能到现实的变化,进而指出,"意志"一词用于具有质料的主体和分离实体时也是同名异义的用法。对具有质料的意志主体来说,他的意志经常受到身体—质料方面需求的影响和驱动;他的意志是两重性的,既有精神主体(理智灵魂)的有意识选择,也有身体需求透过意愿动机的表达,二者都被称为意志。而对没有身体的分离实体来说,意志就是精神主体的自由选择,由于分离实体的意志、理智和能力三者是同一的,故而这种选择同时是合乎理性、在其能力范围之内的,其实现不受外在因素的限制。至此,迈蒙尼德说明了只有具有质料的动因其意志才受到外在因素的影响而起变化,至于分离实体,其意志独立决定活动或不活动,不需要做意志之外的归因。所以,哲学家的这一论证不成立。

迈蒙尼德驳论的关键在于确立在不同时间的不同选择不会带来神之意志本身的变化。这种思路最早见于奥古斯丁的《忏悔录》[①]与《上帝之城》[②]。奥古斯丁承认神的意志是永恒的,在他那里没有"新的"意愿,但这并不意味着他

---

① 奥古斯丁:《忏悔录》,周士良译,北京:商务印书馆,1963 年,卷十二,章 15,第 268—269 页。

② 奥古斯丁:《上帝之城》,王晓朝译,北京:人民出版社,2006 年,卷 11 章 4,第 446—449 页;卷 12 章 15,18,第 514,519—522 页。

的永恒意愿所决定的对象（世界及其中的事物）自身是永恒的，神的意志在永恒中确立了事物在时间中发生的计划，上帝在创世时并未改变这一永恒计划。这一观点在安萨里的《哲学家的急进》中也有集中的表述："你们（指哲学家们）凭什么否定以下的反对意见：世界是借由一个永恒的意志而生成的，这个意志决定了它在某个时刻进入存在，虚无持续到世界开始存在的那个时刻。在此之前的存在不是［神］所意愿的，因而没有发生。永恒的意志意愿它在它生成的那一刻生成，所以它就这样生成了。这个信念有什么不可能或悖理之处吗？"①

奥古斯丁和安萨里都是通过设想一个永恒计划在时间中展开来说明神创世或不创世的选择并不带来其意志自身的变化（也被称为"定时炸弹"理论）。这折射出了二者的某种预定论或前定论思想，因为被神的意志所决定的直接内容，即这个计划，实际上是永恒的、不容更动的，在这里，计划即意愿内容的改变仍被理解为意志的变化。

迈蒙尼德在驳论中提到："这样的意志现在希望这样，明天又希望别的，这并不构成本质上的改变。"（《迷途指津》，p. 278）肯尼·希斯金据此判断迈蒙尼德在这里诉诸的是奥古斯丁—安萨里的永恒计划设想。② 但是，从此处的上下文来看，"这样的意志"是指分离存在者的意志，从上面提到的迈蒙尼德的批评整体来看，他并没有把神的意志从分离存在者的意志中单独区分出来。而且，迈蒙尼德完全没有提及神圣计划的问题。在紧接着的下文中，他还专门说明，一时意愿一时不意愿并不意味着意志本质的改变，"就有如此时活动彼时不活动并不意味着改变一样"。就像从不活动到活动的状态转变并不影响分离实体的现实本性，从不意愿到意愿的选择改变也并不意味着意志的本质发生变化。迈蒙尼德的驳论与奥古斯丁—安萨里设想之间有一个根本性的差异：后者的永恒意志事实上只做出了一个不变的选择（永恒计划），而前者的意志在保持本质不变的情况下是能做出不同的选择的。

由此可见，迈蒙尼德虽然与奥古斯丁、安萨里有共同的论证目标（在不同时间不同的意志选择不会带来神之意志本身的变化），但在达到此目标的途径选择上有所差异。

---

① Al-Ghazāli, *Tahāfut al-Falāsifa*, Provo：Brigham Young University Press，2000，p. 15.

② Kenneth Seeskin, *Maimonides on the Origin of the World*, Cambridge：Cambridge University Press，2006，p. 83.

很显然，迈蒙尼德熟悉安萨里《哲学家的急进》中对世界永恒论的反驳，事实上还从中吸取了部分内容，运用到他自己的驳论之中，如意志本质的界定以及意志作为活动选择的终极原因的设定①。但是，他最终选择避开奥古斯丁—安萨里的经典路线②而以不同的方式来论证"不同意愿选择并不带来意志自身变化"的论题，缘由很可能在于他意识到这一路线背后的预定论观点。预定论与他——还有绝大部分犹太思想者——所坚持的自由意志论立场相冲突，后者被视为全部律法尤其是对犹太民族的拯救至关重要的忏悔诚命的根基③。而且，这一思路建基于对人与神的意志行为的一种类比，在思维方式上和迈蒙尼德所批评的哲学家们的做法并无二致。

3. 对从神的完满—智慧出发的世界永恒论证的批评

迈蒙尼德在批评这一论证之前先对它做了概括：a. 凡由神的智慧决定产生的东西，定会在做决定的刹那间产生；b. 神的智慧和他的本质一样是永恒的；因此，由上帝的智慧所决定的东西即世界是永恒的。在稍后迈蒙尼德指出神的智慧、意志与其本体都是同一的，所以此处所说的智慧的决定，同时也就是意志的决定。联系到上文的分析，我们可以看到，前提 a 恰恰是奥古斯丁—安萨里设想所针对的，但在这里迈蒙尼德同样没有选择利用这条反驳思路。迈蒙尼德本人的批评是从认识论角度做出的，他举了一系列关于天体的例子：

> 我们不理解为什么上帝的智慧产生出不多不少恰好九个天体；为什么他使恒星的数目不多也不少，恰好是它们的实际数目；为什么他使恒星既不再大，亦不再小，恰好是它们的实际大小。④

---

① Al-Ghazālī, *Tahāfut al-Falāsifa*, Provo：Brigham Young University Press，2000，pp. 22-24；Pines，"Translator's Introduction"，in *The Guide of the Perplexed"*，Chicago：The University of Chicago Press，1963，1963，pp. cxxvii-cxxviii.

② 安萨里、迈蒙尼德并不知道奥古斯丁其人，安萨里对奥古斯丁论证的了解应该是通过菲洛伯努斯或菲洛伯努斯所影响的伊斯兰神学家的著作，而迈蒙尼德则通过安萨里的著作了解到这一论证。

③ Maimonides, *Mishneh Torah*：*The Book of Knowledge*, edited and translated by Moses Hyamson, Jerusalem：Feldheim Publishers, 1974, "Teshuvah", 5, 6；*Ethical Writings of Maimonides*, Eight Chapters, translated by R. L. Weiss and C. E. Butterworth, New York：New York University Press, 1975, pp. 83-95.

④ 《迷途指津》，第 278 页。

迈蒙尼德试图以这种方式说明,神的智慧决定存在物性质的方式不是人的理智所能究诘的,它不一定按照哲学家所理解的不可分离原则(原因与结果共时且有直接或间接的接触)或相似原则(原因将自身所具有的某种性质传递给结果,从而原因与结果之间具有某种相似性)来产生事物。神的永恒智慧完全可以凭一种人所不知的方式来安排世界的生成:"与此(指天体状况)相同,我们也不知道为什么上帝的智慧会在较近一个时刻把宇宙从非存在中创造出来"。(《迷途指津》,第279页)

这里又一次体现出迈蒙尼德对安萨里反驳世界永恒论证的化用。安萨里指出,哲学家们在坚持神以必然性—相似性的方式产生世界的同时,亦承认:

> (神作为)单一本体知道诸多共相,但这并不必然意味着(神自身的)复多性,也不意味着知识是附加于本体之上的,也不意味着知识由于知识对象的复多性而成为复多的。[①]

这就是说,神的知识与神的本体是同一的,所以神的知识是单一的,但这个单一的知识却能够认识复多的对象(即作为神之造物的共相与事物)而仍保持自身的单一性。由此,哲学家前面所主张的必然决定原则并不成立,就像神的知识单一并不意味着作为知识对象的造物的单一,神的意志—智慧永恒也并不必然带来世界的永恒。在《哲学家的急进》下文中,安萨里也举出天体构造与运动中的难以提供充足理由解释的偶然性现象,作为诘难哲学家必然决定论的例证[②]。

但是,必须指出的是,这个驳论的出发点即神无本体之外的属性的观点,对二人的意义是不同的。对安萨里来说,这个观点不是他本人也不是他所从属的凯拉姆艾什尔里派所持的意见,他只是用哲学家们承认的前提引申出与他们自己观点相矛盾的结论。但是,对迈蒙尼德而言,这个观点是他一贯坚持的神学立场。正是由于神的智慧与他的本体是本质同一的而神的本体超出人的认识范围,神的智慧本身也是人类理智无法理解的。因此,哲学家们那种从原因(神的智慧)的性质推出结果(被智慧所决定的世界)的性质的论证方式是

---

① Al-Ghazālī, *Tahāfut al-Falāsifa*, Provo: Brigham Young University Press, 2000, pp. 17 – 18.

② Ibid. , pp. 25 – 27.

不能成立的。

三、 迈蒙尼德对前七种世界永恒论证的总结性述评

迈蒙尼德在《迷途指津》II 19 开篇给出了他对上述七种关于世界永恒的理论性论证的总结：

> 亚里士多德和其他主张世界永恒的哲学家清楚地告诉人们：世界是由于某种必然性从造物主产生出来的。上帝是原因，这个世界是结果，而且必然如此。正如人们不能追问唯一的、无形体的上帝为什么存在、怎样存在的一样，人们也不能问世界整体是为何存在、怎样存在的。因为不论从原因还是结果看，这一切都是必然存在的，它们不可能不存在，同时，它们存在的方式不会改变。从这种意见必然得知任何必然的东西在本质上一定是永恒的，必然的东西在本质方面是不会改变的。依据这种意见，一个事物，就其本质而言，是不可能改变的。因此，这个世界并不是上帝目的性设计、选择和意愿的结果。这是因为，假定如此，世界在被上帝设计以前就一定是不存在的。①

这里需要做出几点解释：

第一，迈蒙尼德所谓的不能追问神与世界为何存在、如何存在的理由需分两面理解。就神而言，他是一切其他事物存在和运动的第一因，他的存在不可能有在他自身之外的原因，追问他为何存在是没有意义的；而神如何存在的问题涉及神的本质，这是出离人类理智认知范围的。就世界而言，由于上文已经给定神与世界的必然因果关系，神基于其本性必然产生世界，也就是说，世界存在的原因就是神的本性，而后者是不可知的。至于世界整体如何存在的问题，涉及对作为世界宏观结构的天体的本质的认识，这在迈蒙尼德看来也是人的理智所达不到的。

第二，迈蒙尼德归结出哲学家们的所有论证的共同特征是通过建立世界存在的必然性来论证它的永恒性。迈蒙尼德在下文的处理中也基本上将世界永恒与世界必然等同。这种必然与永恒内在关联的预设出自亚里士多德《论

---

① 《迷途指津》II 19，MJ，p. 211；HA，pp. 324 - 325；汉译，第 279—280 页。

生成和消灭》:"因为必然的东西同时也是总是的东西,既然必然的东西不会不存在。因此,如果一物是必然的,它就是永恒的,而如果它是永恒的,也就是必然的。"①

此处以及迈蒙尼德的引述都只说明了从必然如何推出永恒,反向的论证则被省略。后者包含在上文提及的对不生—不灭关系的分析之中,即假定永恒存在者中包含不存在的可能,这种可能在无限时间之中必获实现,因而导致矛盾,所以永恒存在者一定是必然存在者。

亚里士多德本人的世界永恒—必然论中并未出现世界必然从神—创造者产生的表述。但是,从迈蒙尼德的复述版本来看,亚里士多德的四种论证最终都归结到天体运动永恒和质料永恒。而天体的永恒运动需要具有无限力量的第一推动者,本质上是潜在者的质料如果不被赋予形式就不可能进入现实的存在(《迷途指津》II 1,关于神之存在的第一、四种论证),这些论证中其实已经包含了作为世界创造者的神这一因素。正是基于此,迈蒙尼德宣称从神出发证明世界永恒的思路也是从亚里士多德哲学中派生出的。在迈蒙尼德的理解中,所有七种世界永恒论证构成一个整体,前四种论证与后三种论证只是从不同的角度呈现同一种理论立场(即世界必然从神产生),前者从世界不得不然的自身存在性质出发但同时暗含对神的必要作用的提示,后者从神作为原因的本质出发但也并未否定世界自身所具有的永恒的潜在根基。所以,戴维森所谓的这些论证实质上呈现出彼此各异的神性预设与世界图景的论断②并不成立,这些论证在各自的原始版本中容或真如戴维森所说,然而在迈蒙尼德的构造性重述中却被整合成一个相互补充、内在一致的理论系统。

第三,迈蒙尼德通过对每一种论证的审视和批评,揭示出哲学家们并没有成功地证明世界是必然地从神产生的,由此说明反对意见(即从无创世)是可能的。在上面这段引文的末尾,迈蒙尼德把神从无创世论还原为神按目的性设计创造论,同哲学家们置于世界永恒论背后的必然决定论针锋相对。值得注意的是,迈蒙尼德对哲学家们世界永恒论证的批评只是说明这些论证不成其为证明,即它们所依据的前提都是对于可观察的世界现状与有形动因的知识,后者不一定适用于世界之初和上界领域(唯一的例外是第五个论证,它的

---

① 《亚里士多德全集》,第二卷,第 466 页。

② Davidson, "Maimonides' Secret Position on Creation", in *Studies in Medieval Jewish History and Literature*, Cambridge, MA: Harvard University Press, 1979, pp. 27 - 45.

前提不能适用于分离实体）。但迈蒙尼德并不质疑这些知识本身的正确性，从它们出发去类比性地推测不可观察的对象的做法尽管不是证明，却仍不失为一种合法的辩证论证。而且，迈蒙尼德并不试图去证伪世界永恒这一命题本身，实际上，他认为在世界永恒/有始的争议中没有证明性的结论——就像哲学家们无法证明世界有始不可能，有始论者也不能证伪世界永恒（《迷途指津》I 71，II 绪论　前提二十六，II 15）。他对哲学家们世界永恒论证的还原—审视所达到的结果，正如他自己一再宣示的（II 16、17、18），是确认世界有始与世界永恒——作为对宇宙生成论问题的两种相反的回答——同样具有可能性。辩证探讨的下一步程序就是比较支持两种观点的论证的利弊得失，从中选择或建构一种最具合理性（或最少疑难）的意见。这也正是迈蒙尼德在《迷途指津》下文中处理的问题，我们把对这个问题的分析放在澄清迈蒙尼德最终立场的第四章中。

第三节　迈蒙尼德对世界永恒论之宗教背景及意义的探索

一、迈蒙尼德对第八种世界永恒论证的论述

迈蒙尼德除了审视哲学家们提出的支持世界永恒的理论论证之外，还补充了一种建基于"公议"的论证：

> 第八种方法。这些哲学家们还利用过去所有民族公认的原理提出了论证。一般说来，举世公认的信念必然反映一个自然的事实，而不是一个杜撰。亚里士多德说过：所有的人都肯定天体的永久性。当人们意识到天体是不生不灭的时候，他们就肯定了天体是上帝的住所，是精神存在者即天使的住所，他们把天体贡献给上帝，目的是说明其永恒性。亚里士多德还就这个问题提出了另一些类似的观点，借以支持自己的意见。在他（亚里士多德）看来，他的哲学思考之正确可以从举世公认的信念中得到支持。①

---

① 《迷途指津》II 14，MJ，p. 201；HA，p. 312；汉译，第 267—268 页。

迈蒙尼德所引述的亚里士多德的言论出于《论天》第一卷。亚里士多德在给出天体永恒论证之后指出：

> 看来这种理论为经验现象所验证，而经验现象又为理论所证明。一切人都有关于神灵的概念，而且，所有相信神灵存在的人，不论是野蛮人、还是希腊人，都认为要把最高的地点给予神灵，其所以如此，显然是因为他们以为不朽的东西要与不朽的东西相伴，其他都是不可能的。如果有某种神圣的东西存在着，而且是肯定存在着，那么，我们现在关于物体的最初实体所说的一切就是说得极好的。①

在这里，亚里士多德诉诸所有民族包括"希腊人"和"野蛮人"所共有的宗教信念，即众神（迈蒙尼德复述为"神"和"众天使"）居住于天上，神是永恒的，因而神的居所应当也是不生不灭。这种宗教信念体现于古希腊及其他民族的神话。亚里士多德认为神话与哲学同源，都起于人对某些根本性问题（如天体的运转与万物的生成）的好奇②。神话中包含了先民的经验观察和思考所得，因此，被所有民族的神话所共同认可的信念中必然包含有对某种自然事实的真实知见。

而迈蒙尼德所谓的亚里士多德在另外的地方提到的观点，可能是指《论天》第二卷开头对上述观点的复述："我们的先辈们把天体和上面的地区分派给神灵，认为只有那才是不朽的。"③以及《形而上学》第十二卷中的相关内容：

> 一个传说从古老的祖先以神话的形式传给后代，说这些天体都是神，神圣事物包围着整个自然。这些神话后来又不断增添，以便说服大众并用于立法和方便，人们说这些神都是人形的，或者与某些其他活动（罗斯英译本译作"动物"[animals]）相同，还添加了其他的一些说法，或者与以上所说相近。如若我们把最初的部分分离出来单独地看，把最初的实体看成神，这样的说法是很有意思的。这使人想起，每种技术和科学都曾多次达到可能的高度，然后又消灭了。他们的这意见一直残留至今。父辈

---

① 《亚里士多德全集》第二卷，第272页。
② 《形而上学》卷一，《亚里士多德全集》第七卷，第31页。
③ 《亚里士多德全集》第二卷，第313页。

祖先们留下来的意见我们所能明了的只有这么多。①

这个神话比上一神话更进一步，直接将天体本身视为不朽的神灵。有意思的是，亚里士多德在主张这个神话中包含有原始的科学认知的同时，也承认古代神话在传承的过程中可能发生篡改与误释，从而使其真理性内容被遮蔽。迈蒙尼德恰恰是抓住了这一点对哲学家的第八种论证思路做出批评：

> 亚里士多德曾经说过：过去人们一致认为，天使和上帝都是住在天上的——从表面意义上看，《圣经》中也有类似的说法。这并不能像他希望的那样指明（dalālat）天体的永恒性。这样的说法仅仅指明，天体使我们相信分离性理智的存在，它们是精神存在或天使；天体还使我们相信神的存在，他是天体的推动者和统治者。我们将表明，在我们看来，天体的存在是指明创造主存在的最充分的证据。此外，如哲学家们所说，天体也指明天体推动者的存在，指明一个既不是物体也不是物体中的力的上帝的存在。②

迈蒙尼德并未否定亚里士多德这一论证的基本预设：先民对天体曾有科学认识，这种认识以神话的形式存留于各民族的宗教传统之中。他甚至肯定圣经中也有类似说法。但是，他坚持这一神话或宗教传说的意义不能从"表面"上来理解。他认为，这种说法的内在意义——同时也是其真实意义——不是天体如神一样永恒，而是天体可以作为指明神及分离性理智存在的最充分证据。③ 也就是说，亚里士多德在解释这一神话的过程中犯了与他所批评的"人们"（包括诗人和大众）同样的错误，即把传述文本的表面意义当成真实意

---

① 《亚里士多德全集》第七卷，第 283 页。阿维罗伊所使用的《形而上学》阿拉伯文译本（迈蒙尼德看到的很可能也是这一个译本）将此处的"神话"译为"aḥādīth"，后者在阿拉伯语中意为"传说""传统"，阿维罗伊在其长篇注疏中认为此处神话出自古代迦勒底人（Averroe, *Tafsir Ma Ba'd At-Tabi'at*, ed. M. Bouyges, Beyrouth：Imprimerie Catholique, 1938, pp. 1687 - 1688；英译见 *Ibn Rushd's Metaphysics*, translated by Charles Genequand, Leiden：Brill, 1986, pp. 188 - 189），后者亦被迈蒙尼德视为萨比教徒，说见后文。

② 《迷途指津》，II 18, MJ, pp. 210 - 211；HA, p. 324；汉译，第 279 页。

③ 据上段引文，哲学家们在没有接受（或者说在没有正确理解）这一提示的情况下，通过观察与推理也达到了从天体推出神之存在的原理。然而，从迈蒙尼德的行文来看，哲学家们达到的版本和圣经提示的神之存在论证版本并不完全一致。

义来接受,并据此做出演绎。

在《迷途指津》下文中还有一处论及亚里士多德第八种论证的关键段落:

> 本书的读者不应指责我运用了修辞性的话语来表述我对世界有始论的肯定。这是因为,亚里士多德这位哲学泰斗在其主要著作中也使用了修辞性话语来佐证他关于世界永恒的观点。正所谓"难道我们尽善尽美的律法书还比不上他们那些无稽之谈吗?"如果他可以借用萨比教的荒诞言论(hadhayān al-sābah)来支持他的观点,难道我们就不能引用摩西和亚伯拉罕的话语以及从这些话语必然推论出的所有东西来佐证我们的意见吗?①

此处所谓"修辞性的话语",实际上是指一种区别于证明论证和辩证论证的论证形式。迈蒙尼德在其早期著作《论逻辑》②中区分了这三种合法的论证:证明论证是前提必然为真的论证,辩证论证是以所有人的共同意见为前提的论证,而修辞论证是前提来自某种特殊群体的传统的论证,三者的论证效力是递减的。在世界有始/永恒争论的语境中,亚里士多德的后学们认为亚里士多德提供了支持世界永恒的证明论证,但迈蒙尼德根据亚里士多德文本指出事实并非如此;亚里士多德本人认为他所给出的第八种论证是一个辩证论证,也就是说,它是建基于所有民族的公议的。然而,根据本节上文的分析,在迈蒙尼德看来,亚里士多德在这个论证中所依据的并不是所有民族的共同意见,而只是他所从属的族群的一种宗教传统,而这种传统是对真正属于先民的共同意见的一种歪曲解释。值得注意的是,迈蒙尼德称亚里士多德所依据的宗教传统为萨比教(al-sābah)。就像亚里士多德将所有人区分为希腊人和野蛮人,同一种思维范式被迈蒙尼德反用:他将所有宗教区分为亚伯拉罕—摩西传统和萨比教传统。萨比教传统,为迈蒙尼德理解和评判以亚里士多德为代表的哲学家们的世界永恒论提供了一种宗教背景。在下一部分中,我们将探讨迈蒙尼德所说的萨比教究竟是什么以及它与世界永恒论的关联。

---

① 《迷途指津》,II 23,MJ, p. 225;HA, p. 344;汉译,第296页。

② *Maimonides' Treatise on Logic*,edited and translated by Israel Efros, New York: The American Academy for Jewish Studies,1938,pp. 48 – 49.

二、萨比教及迈蒙尼德的萨比教叙述

1. 什么是萨比教

萨比教(*millah al-sābah*)这个名词的字面意思就是萨比教徒的教派或教义。而"萨比教徒"(*sābi' ūn*)的称呼，则首先出现于古兰经："信道者、犹太教徒、基督教徒、拜星教徒，凡信真主和末日，并且行善的，将来在主那里必得享受自己的报酬，他们将来没有恐惧，也不忧愁。"(2：62)[1]

这里的"拜星教徒"在原文中是"*sābi' īn*"，即我们所提到的"萨比教徒"(*sābi' ūn*)一词的宾格和属格写法。"萨比教徒"在古兰经中还见于 5：69 与 22：17 两处经文，在所有三处经文的语境中，它都是与"犹太教徒"和"基督教徒"并列，被给予同等待遇。先知穆罕默德似乎是将萨比教徒视为犹太教徒和基督教徒之外的、某种"前伊斯兰"一神教的信奉者。但是，古兰经中并未具体说明这个名词的所指，伊斯兰早期经注学中对萨比人的身份认定问题也是众说纷纭，有人将其归为犹太教与基督教中的某些诺斯替主义异端宗派，有人则将其溯源至某种前伊斯兰的原始一神教[2]。

其中，比较特殊的是哈兰的异教徒。从 9 世纪起，哈兰居民有意识地袭取了古兰经中提及的"萨比教徒"这个称号，以争取"受保护民"(*ahl al-Dhimma*)的合法地位，因为在古兰经中"萨比教徒"是与犹太人、基督徒同列的可以被穆斯林政权宽容的一神教信奉者[3]。为此，他们还模仿启示一神教建制，将原先所信奉的无形的至上神等同于真主，声称赫尔墨斯是他们的先知。而且，由于哈兰人在翻译运动及希腊化学术(包括哲学、科学与"神秘科学")传入阿拉伯世界的过程中所扮演的积极角色——迈蒙尼德在《迷途指津》II 24 中论及天文学问题时援引的萨比特·伊本·库拉(Thabit ibn Qurra)就是哈兰萨比教学者的代表——他们的宗教也进入阿拉伯知识界的视野，被学者们(如 al-Kindī)视为萨比教的样板[4]。

---

[1] 《中文译解古兰经》，中阿对照本，马坚译，麦地那：法赫德国王古兰经印刷局，回历 1407 年。

[2] Jaakko Hämeen-Anttila, *The Last Pagans of Iraq：Ibn Waḥshiyya and his Nabatean Agriculture*, Leiden：Brill, 2006, pp. 46 – 52.

[3] *The Fihrist of al-Nadīm*, edited and translated by B. Dodge, New York：Columbia University Press, 1970, pp. 751 – 752.

[4] David Pingree, "The Sabians of Harran and the Classical Tradition", *International Journal of the Classical Tradition*/Summer 2002, pp. 18 – 20.

　　从 10 世纪起,"萨比教徒"一词,逐渐从指向某个宗教群体的专有名词转变为意指那些具有某种较为发达形态的——以吸收希腊化文明与启示一神教资源的程度为评价标准——非亚伯拉罕宗教传统的异教徒的一般名词。基于此,在哈兰人之外的一些具有一神论倾向或痕迹的古代异教族群及其后裔,也被归入"萨比教徒"的范畴。而伊本·瓦赫西亚(Ibn Wahshiyya)的《拿巴迪农业》(al-Filāha al-Nabatiyya)一书——主要记录美索不达米亚北部的宗教信仰与习俗——则成为中世纪阿拉伯与犹太作者(如伊本·纳迪姆、犹大·哈列维和迈蒙尼德)了解萨比教的基本资料来源。[①]

　　2. 迈蒙尼德所理解的萨比教

　　迈蒙尼德在一般的意义上使用"萨比教"一词。他认为萨比教所对应的就是圣经所针对的古代近东宗教以及塔木德中所说的偶像崇拜者及异邦(宗教)习俗(《迷途指津》III 29,第 467—468 页;III 37,第 492—495 页)。在他所建构的宗教史叙事中,萨比教是原始一神信仰(始自亚当)的退化形式,起于以挪士时代的智者们关于天体当受崇拜的轻率判断,此后不断发展,最终导致世人普遍视天体及其偶像为神而遗忘独一、无形之神。这种风俗在世上一直延续,直至亚伯拉罕诞生,他凭理智认识到独一真神的存在,开始在迦勒底的吾珥传道,后又迁往哈兰,最终在迦南建立一神教社团,这个社团演化为犹太族群。后来犹太人在下埃及的过程中又习染了当地萨比风俗,于是神令摩西降世,赐予犹太人启示律法,从此启示一神教的建制得以完整确立。[②] 值得一提的是,迈蒙尼德认为,在摩西律法中很多今天看似没有理由的禁令和诫命,都是针对当时流行的萨比教习俗而设置的。

　　此后,亚伯拉罕传统在与萨比教的斗争中逐渐取得优势,到了当代(中世纪)萨比教除在极北的土耳其人与南方的印度人中残余外已基本绝迹(《迷途指津》III 29,第 468 页)。但是,在迈蒙尼德看来,萨比教的阴影并未随其实体的式微而消散,其思想影响仍持续存在,尤其是考虑到萨比教徒在亚伯拉罕传

---

　　① 关于"萨比教徒"一词的意义演化,见 Kevin van Bladel, *The Arabic Hermes*: *From Pagan Sage to Prophet of Science*, Oxford: Oxford University Press, 2009, pp. 66 – 70; Sarah Stroumsa, *Maimonides in His World*, Princeton: Princeton University Press, 2009, p. 139; Pines, "Translator's Introduction", in *The Guide of the Perplexed*", Chicago: The University of Chicago Press, 1963, cxxiv.

　　② Maimonides, *Mishneh Torah*: *The Book of Knowledge*, Jerusalem: Feldheim Publishers, 1974, "Avodah Zarah", 1: 1.

统广泛传播之后主动吸取了圣经的部分叙事元素、将其整合进自己的神话之中以取信于普通民众(III29,第 473—474 页),这就使萨比教文献与启示文献的界限不再分明,前者极易混入后者之中。迈蒙尼德指出,萨比教的一些观点、习俗甚至建制仍存留于当世(III29,第 474 页)。更有甚者,这些萨比教的"残余"在犹太教内尚有回响,他在批评按圣经字面描述来理解神之属性(有形,受外界影响,等等)的人们时,将他们与萨比教徒相类比:

> 这样的人无疑比偶像崇拜者更应受到责难,因为偶像崇拜者是把偶像当作中介物。……当你相信上帝的物质性学说,或相信它拥有一种物体的状态时,你就成了……上帝的"仇敌"、"敌人"、"敌手",比偶像崇拜者有过之而无不及。然而,如果你认为,一个相信上帝的物质性的人情有可原,因为他在这种学说的熏陶下长大成人,或者因为他无知、缺少洞察力,那么,你就和偶像崇拜者怀有相近的信仰,因为他只是由于无知和出身才拜偶像的,"他们继承了先辈的习惯"(巴比伦塔木德:俗品,13a)。然而,如果你说经文的表面意思让人陷入怀疑,那你也须明白,偶像崇拜者也一样是由于虚假的想象和错误的表象而不得不崇拜偶像的。①

在这里,迈蒙尼德认为这种对神之属性的实在论解释与萨比教徒将偶像当作神人之间的中介来崇拜的做法出自同样的心理机制,即放弃理性的探究与判断,而试图通过感官、想象或对习俗的盲从来达到对神的认识。此外,他坚决反对当时犹太教内流行的对神之圣名作符咒化应用的趋势,并将其溯源至萨比教徒的做法。②

由此可见,迈蒙尼德实质上是将当代犹太教内的这些倾向视为萨比教的回潮而高度戒惧后者对"纯正"的一神信仰的侵蚀。所以,迈蒙尼德重构萨比教历史与教义的动机,远不止于为摩西立法提供历史解释背景,而更多地是着眼于当代的思想动向,而萨比教对启示一神教的潜在影响也绝不仅限于仪式与神话,这一点在下文中将得到进一步揭示。

---

① 《迷途指津》,I 36,MJ,p. 57;HA,pp. 86 - 87;汉译,第 81—82 页。
② 同上,III 29,第 473—474 页;I 61—63,第 139—144 页。

3. 萨比教的实质

迈蒙尼德对萨比教的描述最基本依据是伊本·瓦赫西亚的《拿巴迪农业》（被他称为"关于这方面最重要的书"），同时他还参考了当时流行的一些关于符咒与萨比教风俗的著作：

> 在这些书中，有一本叫做《阿尔乌斯突马库斯》(al-Ustumākhus①)的书——据说是亚里士多德所著，但他不可能是该书的作者；有一些关于辟邪物的书，如《论鼓》(Kitāb Tumtum)、《巫术与符咒》(Kitāb al-Sarb)及论述天体的等级和每一等级上出现的星座的书；有一本有关辟邪物的书据说是亚里士多德所著，另有一本据说是赫尔墨斯(Hermes)所著；有一本书是萨比教徒伊斯哈格(Ishāq al-Sābī)为给萨比教徒的信仰辩护而作的，其中详细记载了萨比教徒的宗教、节日、献祭、祈祷及与之相关的所有事情。②

根据现代研究，《拿巴迪农业》所反映的是古代晚期至伊斯兰早期美索不达米亚乡间居民的宗教信仰，这种信仰整合了当地的异教崇拜仪式、希腊化哲学—科学以及圣经的人物形象和叙事框架等诸多要素③。迈蒙尼德在这里所说的关于符咒的伪亚里士多德著作，实际上是阿拉伯化的赫尔墨斯文献，后者的原型是希腊化晚期哲学与宗教合流的产物；而从"萨比教徒伊斯哈格"这一姓名来看，他应该属于哈兰的萨比人这个群体（即使他不是与之同名的白益王朝著名书记官）；关于天体等级及星座的著作，应是一部占星术著作，也很可能是来源于哈兰④。这些萨比文献完整存留至今的只有《拿巴迪农业》和《乌斯突马库斯》，前者已有批评版本问世，后者则以手稿形式保存、尚未编辑出版，因此下面对萨比教的讨论主要以《拿巴迪农业》为本。

从迈蒙尼德所依据的这些资料来判断，他（以及他的同时代人）所理解的

---

① 此书名还有另一可能拼法"al-Istimākhis"。

② 《迷途指津》III 29，MJ，pp. 378，380；HA，pp. 585，588；第 472、474 页。

③ Jaakko Hämeen-Anttila, *The Last Pagans of Iraq: Ibn Wahshiyya and his Nabatean Agriculture*, Leiden: Brill, 2006, pp. 10 - 33.

④ David Pingree, "The Sabians of Harran and the Classical Tradition", *International Journal of the Classical Tradition/Summer* 2002, p. 31.

萨比教实质上并不是亚伯拉罕和摩西所面对的古代近东宗教，而是起源于古代晚期的异教一神教（*Pagan Monotheism*）。异教一神教，是罗马帝国时期哲学化的一神论神学与传统的异教神话—仪式相结合的产物。① 异教一神教的倡导者们——关切宗教的哲学家（如普罗克洛斯）和具有哲学素养的祭司（如通神者朱利安）——试图通过这种途径在犹太—基督教的冲击下保存和提纯希腊化文明遗产。他们运用希腊化哲学（尤其是新柏拉图主义）的术语表述某种一神信念，并建立一种神圣等级体系，在其中，异教传统中的诸神都成为生成世界的独一神的显现形式或信使—代理人。相应地，传统神话被视为形象化描述至上原理生成世界过程（如新柏拉图主义的流溢）的寓言；同时，古代宗教的各种神话叙事与巫术—仪式为真理寻求者们提供了达到亲证超越者的迷狂状态的手段。在古代晚期，这种传统异教与希腊化哲学的综合形式，成为兴起中的基督教的主要对手之一，普罗克洛斯对皇帝背教者朱利安的影响就是双方竞争的高潮一幕。尽管异教一神教最终在这场斗争中失败，他们的思想遗产却保留在基督教早期教父与异教徒的论战文献以及各种秘传文本（如赫尔墨斯文献，迦勒底神谕等）之中。而这一潜流在伊斯兰早期较为宽松的政治—宗教氛围中被重新激活。以哈兰的"萨比教徒"为代表的异教徒在穆斯林当局面前将自身传统信仰合理化的努力，以及穆斯林学者对古代异教智慧的热切兴趣，合力促使阿拉伯语知识界开始（9 世纪）致力于翻译与编辑异教宗教文本。在此过程中，异教一神教进一步适应性吸取亚伯拉罕传统的若干要素，主要体现为将圣经—古兰经的人物与叙事框架整合进异教神话——如《拿巴迪农业》中对亚当、亚伯拉罕等人物的叙述——以及对异教的神灵、贤哲作先知化改造，如阿拉伯赫尔墨斯文献中对"三重伟大之赫尔墨斯"的形象的处理。②

迈蒙尼德所援引的"萨比文献"，基本上都出于这批翻译—编辑文本；而且，他在谈到萨比教的当代遗存时所提到的"理智偶像的庙宇"（《迷途指津》III

---

① Polymnia Athanassiadi, and Michael Frede (ed.), *Pagan Monotheism in Late Antiquity*, Oxford：Oxford University Press, 1999, pp. 1 - 20；Stephen Mitchell, and Peter van Nuffelen (ed.), *One God：Pagan Monotheism in the Roman Empire*, Cambridge：Cambridge University Press, 2010, pp. 1 - 15.

② Kevin van Bladel, *The Arabic Hermes：From Pagan Sage to Prophet of Science*, Oxford：Oxford University Press, 2009, pp. 122 - 32.

29,第 474 页),也与阿拉伯学者马苏第(al-Masʿūdī)10 世纪时在哈兰的所见相合。[①] 因此,迈蒙尼德萨比教叙事的实际所指,乃是阿拉伯化的异教一神教。这些萨比文献——尤其是《拿巴迪农业》和与哈兰相关的"神秘科学"文本——所反映的虽然不是原本的古代近东宗教,但是其中确实包含有传承自古代的神话与宗教习俗方面的材料,而且,其旨在平衡单一造物主、神性秩序和混沌原始力量三方的精神意向也与古代近东帝国及其希腊化后继者的宗教意识形态一脉相承,所不同者,只是萨比教话语经过了希腊化哲学和一神教(在这里主要是伊斯兰教)的双重洗礼。所以,迈蒙尼德对萨比教的批判,可以看作是犹太教与近东宗教——双方都各自经历了形态更新——的又一轮较量。

尽管迈蒙尼德并不知道所谓萨比教的古代晚期起源,他还是意识到这股宗教潮流潜在的一神预设:

> 行偶像崇拜的人之所以那样做并非真的认为除偶像以外再无别的神。事实上,过去没有人设想,将来也不会有人认为他所敬奉的偶像形式,真的……创造了天地并统治着它们。它之所以受到敬拜是因为它是我们和上帝之间的一个中介物的形象。……这里指的是他们认作第一因的东西。对此,我们已在那部巨著中明确阐述过了。……尽管那些'不信'的人也信仰神的存在,但是其偶像崇拜却使他们招致毁灭,因为他们触犯了上帝独有的特权,即受敬拜、受尊崇的特权。……偶像崇拜者认为,这种受敬拜的特权属于除上帝以外的东西,这就使得上帝存在的信仰从大众中销声匿迹了。大众只知道崇拜的行为,而不懂得它的意义和他们所崇拜的存在的真正实在性。因此,[萨比教徒的]偶像崇拜招致他们的毁灭。[②]

此处所谓"巨著"是指《律法再述》,在其第一部《论知识》第四单元《关于星辰及偶像崇拜》第一章中有对萨比教或偶像崇拜之历史根源与演化的叙述。迈蒙尼德认为偶像崇拜的历史起源在于以挪士时代的智者们(包括以挪士本人)做出错误判断,以为神以天体为中介统治世界,因此天体应当被崇拜,尊崇

---

① 马苏第:《黄金草原》,耿升译,西宁:青海人民出版社,1998 年,第 758 页。
② 《迷途指津》I 36,第 80—81 页。

天体就像尊崇国王御前的臣使，最终表达对国王也就是神的尊崇。于是开始为天体修庙献祭，后世又有伪先知兴起，奉星辰之名说预言，还构造星辰的形象、宣称是在先知异象中所见，由此民众开始造像崇拜，祈福避祸。年深日久，独一真神逐渐被人们遗忘：

> 普通大众和妇孺只认识那些他们从小就习于对其叩拜、起誓的木石神像和石砌庙宇。他们中的智者以为除了那些他们照其形象制作神像的星辰和天体外，再无别神。而神那永恒的磐石，则不再被世人认识，除了极少数人，如以诺、玛土撒拉、挪亚、闪和希伯。这种风俗在世上一直延续，直到世界之支柱我们的先祖亚伯拉罕降生。①

《论知识》中的这段历史叙事为上面《迷途指津》引文提供了重要的背景性信息，即萨比教徒最初也是崇拜独一真神的，他们的最根本错误是将天体（在下文中还提及天使也就是分离性理智）设置为神与人之间的中介，并把受崇拜的权利给予天体。但同时需要指出的是，二者之间存在着视角的差异：《论知识》给出的是一个独一真神逐渐被遗忘的历时演变的过程，《迷途指津》所呈现的则是一种萨比社群中的共时的结构性分层，即通过中介崇奉第一因的知识精英和以偶像为神本身的大众之间的差别。值得注意的是，迈蒙尼德本人并未解释这种差异，而他在大多数场合论及萨比教徒时都聚焦于其偶像崇拜的实践及相关的神话，我们在下文中将对这一现象给出解释。

三、 萨比教与世界永恒论的关系

1. 萨比教的分层及其知识根据

上一节已经触及迈蒙尼德对萨比教社群的结构性分层，考虑到这个问题本身的复杂性以及它与本节所关注的主题（宇宙生成论尤其是世界永恒论）的相关性，我们需要对此做更深入的探讨。在早期著作（如《密释纳评注》）中，他对萨比社群适用一种相对简单的两分法：

---

① Maimonides, *Mishneh Torah*：*The Book of Knowledge*，Jerusalem：Feldheim Publishers，1974，"Avodah Zarah"，1：1-2.

其中一类人精于偶像崇拜的实践,如计算运星天象出现的时间,通过仪式降灵,还有其他一些由这类人想象出的玷污理智的荒谬愚蠢行径。

另一类人就是那些按习俗崇拜人造偶像的人,他们不知道这些偶像是如何或为何而造的,只知道他们的贤哲(编造)的那些故事,这类人是偶像崇拜者中的大多数。[1]

后来在《律法再述》和《迷途指津》中,迈蒙尼德也将"智者"[2]、"进行哲思者"(III 29,第 468 页)从萨比教的普通民众中区分出来。但这些萨比教徒中的智者与哲思者们所认识的最高对象也只是天体或天体的形式—灵魂,并未如上文所引述的那样、透过这些中介达到对第一因的认识。因此,在萨比教社群中还存在着一个比这些占星术士和通灵者更为精英的群体。迈蒙尼德在《迷途指津》中也提到亚伯拉罕和摩西时代与绝大部分偶像崇拜者相区分的"极少数人":

要知道在那个时代萨比教徒的观念流传相当广泛;除了**极少数人**,其他所有人都是偶像崇拜者,就是说,他们相信灵魂,相信这些灵魂可以降临人间,因此他们做符咒。那个时代所有的权威人士,要么声称是凭借推理和证明使他推知有一个统治整个宇宙的事物存在,比如亚伯拉罕;要么声称是恒星、天使或类似的灵魂降临于他,但没有一个人能进行预言,说那是上帝对他所说的话或赋予他的一项天职,在摩西以前从没这样声明。……所以当上帝向我们的导师摩西显现、命令他向民众宣讲、告诉他们他是上帝的先知时,摩西回答说,人们可能首先要求他证明宇宙中上帝的存在,只有这样做了之后,他才能向他们宣布是上帝派他来的。因为除了**极少数人**外,所有人对上帝的存在都一无所知。[3]

从这段引文可以看出,在萨比教盛行的时代,有极少数人通过理性的论

---

① *Commentary on Mishnah*,Hullin 1:1,英译见 Dov Schwartz, *Studies on Astral Magic in Medieval Jewish Thought*,Leiden:Brill,2005,pp. 32 – 33。

② Maimonides, *Mishneh Torah*: *The Book of Knowledge*, Jerusalem: Feldheim Publishers, 1974,"Avodah Zarah",1:1.

③ 《迷途指津》,I 63,第 144 页。

证——按《律法再述》的叙述①是通过观察天体的运动、从中推出推动者的存在——而认识独一真神的存在，而且他们并不声称自己的洞见是得自上帝、天使或星辰的启示，亚伯拉罕就属于这一少数群体。而值得注意的是，萨比教社群中存在这样一个坚持一神信念的少数精英群体的叙述，也同样见于迈蒙尼德所依据的主要"萨比"文献《拿巴迪农业》。该书将拿巴迪人的古代贤哲彦布沙德（Yanbūshād）视为这个一神论群体的代表：

> 他（彦布沙德）信仰一个统摄一切、凌驾一切的第一权能，这个信念是根据先知阿努哈·苏吉达（Anūhā al-Nabī al-Sūkīdā）和古人以马优赛勒（'imāyūsal al-Qadīm）的观点，彦布沙德与他们意见一致。而我们则相信［亚当之子塞特的］宗派的教义，相信两大光体（日月）的作用，同时其他星辰也具有某些作用。②

此处"亚当之子塞特的宗派"，在《拿巴迪农业》书中是指拿巴迪人普遍奉行的崇拜天体、相信每一天体主宰下界的某一领域或方面的教义。而彦布沙德不仅相信有一个主宰一切（包括天体）的神，而且持有某种创世论：

> 尽管可以提出很多论证来反驳"由元素构成的事物必是生成的（hudūth）"这一论断，我在此书中一再尊崇的严布沙德却主张世界是有开始的，它是由组构而非创造（ikhtirā'）的方式形成的。敬神者亚伯拉罕也持此种观点。这是因为彦布沙德倾向于一神论，即认为神只有一个。在他之后，持有这种观点的有引领者亚伯拉罕，还有一些卡斯达尼人（Kasdānūn）和拿巴迪各部落中的其他一些人，如阿努哈和我们曾提到的另一些人。但他们的数量非常少。③

从此处叙述来看，彦布沙德的宇宙生成论观点似乎接近于柏拉图《蒂迈

---

① Maimonides, *Mishneh Torah*: *The Book of Knowledge*, Jerusalem: Feldheim Publishers, 1974, "Avodah Zarah", 1: 3.

② Ibn Wahshiyya, *Al-Filāha al-Nabatiyya*, ed. Toufic Fahd, Damascus: Institut Francais De Damas, 1993 - 1998, p. 562.

③ Ibid., p. 1136.

欧》中的神从永恒质料创世论。但是需要注意的是,在古代和中世纪哲学语境中,"生成"和"起始"这两个概念并不一定具有时间意味:"生成"在学园派和新柏拉图主义的理解中主要是指由外在原因引起,并不能从中必然推出有时间上的开端①,而"起始"按迈蒙尼德的解释可以在主导或本原的意义上来理解,不一定有时间上在先的意义(《迷途指津》II 30,第 320—321 页)。此处彦布沙德的意旨主要是从世界由部分复合而成这个事实推论有一个组构者存在,这个论证并不要求引入时间性的因素。而且,彦布沙德在他处也有暗示世界永恒的观点表述:

> 然而,我要说彦布沙德并不真的相信有刺的树、植物以及枸杞在古代没有如此存在,它们之所以长刺是由于火星对木星的敌意或诸如此类的原因,再或者一些植物长在沙漠中是因为木星憎恶这些地方。他这么说只是因为他选择遵循众先知的信念。……彦布沙德言论的(真实)意义是,这些植物从无始以来、一直到现在从未停止如此存在。我们还从他的言论中推论出,他相信众天体是工具和中介,就像斧、凿之于工匠。因此,它们(这些植物)只有两种原因,第一原因和第二原因。第一原因是众天体与两大光体的共同运动,第二原因是诸元素在众天体运动的作用下的相互混合。这里的原因不是某些主体的好恶,也不能说这些植物冒犯或取悦了谁。②

彦布沙德认为这些植物作为物种的存在是无始的,而它们如此存在的原因是天体的运动,由此必然推出天体的存在亦是永恒的。而他在专门论及众天体时也指出由于天体是球状的、做环形运动,其基质不同于四元素,所以其持存是永恒的(sarmadī)、其运动是持久的(dā'im)。③

同样引人注意的一点是,在这里他还指出天体并无好恶情感,他们的活动都受到神的支配,他们服务于神,正如斧凿服务于工匠。工匠的隐喻让人很自

---

① Avicenna, *The Metaphysics of The Healing*, Provo: Brigham Young University Press, 2005, p. 272.

② Ibn Wahshiyya, *Al-Filāha al-Nabatiyya*, Damascus: Institut Francais De Damas, 1993 - 1998, p. 390.

③ Ibid., pp. 757 - 758.

然地联想到《蒂迈欧》中的巨匠，但后者中的天体即有形诸神作为中介被创世之神赋予了更大的主体能动性。彦布沙德在下文中进一步发挥了天体受制于神所设定的因果规律因而其对下界的作用无选择、无偏私的观点。①

综合上述，彦布沙德的神学—宇宙论立场与迈蒙尼德在《迷途指津》中所还原的亚里士多德的相关观点（世界源出于独一神、世界永恒且被必然因果法则支配、天体因其质料和圆周运动而永恒）基本一致。亚里士多德及其古代注释家们（如阿弗罗迪西亚的亚历山大），可以非常适恰地被归入迈蒙尼德和《拿巴迪农业》作者所说的萨比社群中凭理智认识独一神的"极少数人"群体。

这种将希腊化哲学家放在萨比教背景中来理解的做法，并非迈蒙尼德的独创。我们注意到，阿维罗伊在注释《形而上学》②、伊本·巴哲在注释《物理学》（《迷途指津》III 29，第 469 页）时都援引古代异教族群——这些族群在当时的文化语境中都被划入萨比教徒的范畴——的宗教观点作为参照来理解亚里士多德文本，而马苏第在记述哈兰的萨比教建筑时亦大量征引柏拉图、亚里士多德等希腊哲学家的观点来解释萨比教的教理③。由此可见，认为萨比教为希腊哲学提供宗教背景，乃是中世纪阿拉伯思想界普遍接受的一个预设。

然而，在迈蒙尼德的萨比叙述中存在一个与其他萨比记述不同的特别设定，即将亚伯拉罕的立场从萨比社群中的少数知识精英中突显乃至分离出来。从上面的《拿巴迪农业》引文来看，亚伯拉罕被视为这个少数群体中的代表之一，与彦布沙德及其他一神论者相比并无特异之处。而迈蒙尼德则声称亚伯拉罕是最初起来用论辩的方法驳斥萨比教理的人，并且是真正的一神教社群的创建者。一个很自然的问题是，在迈蒙尼德的理解中，是什么使得亚伯拉罕选择公然与萨比教社群决裂、而其他持一神论的知识精英们尽管也同萨比教主流间存在张力却仍选择留在传统社群之内？

一个最直接的回答是个人特质，也就是说，亚伯拉罕具有异乎常人的勇气，这种勇气与他对他所认识到的独一神的热爱和高度委身密切相关；而其他萨比教内的一神论者则出于审慎，选择明哲保身，与传统教理做出某种妥协。

---

① Ibn Wahshiyya, *Al-Filāha al-Nabatiyya*, Damascus: Institut Francais De Damas, 1993 - 1998, pp. 755,758.

② Averroe, *Tafsir Ma Ba'd At-Tabi'at*, Beyrouth: Imprimerie Catholique, 1938, pp. 1687 - 1688.

③ 马苏第：《黄金草原》，耿升译，西宁：青海人民出版社，1998 年，第 759—761 页。

这种解释似乎也能得到迈蒙尼德关于先知资质的论述的支持。但问题并不如此简单。迈蒙尼德在《律法再述》[①]和《迷途指津》(III 51，第 572 页)中反复重申一个原理，就是人对神的爱取决于他对神的知识，人对神的知识愈多、对神的爱也就愈多。所以，亚伯拉罕对神的超出同辈的热心，最终是源于他对神的超出同辈的知识。而从迈蒙尼德的宗教史叙事看，亚伯拉罕在知识上与一般"对神有知识者"的差别就在于宇宙生成论立场：彦布沙德、亚里士多德等异教知识精英们都持某种形式的世界永恒论，而亚伯拉罕则主张神在虚无之后创世论(II13，第 260、262、264 页；III 29，第 469 页)。

在《迷途指津》中，迈蒙尼德一再强调从无创世是律法的基本原则，其地位仅次于信仰一神(II13，第 261—262 页；II 27，第 305 页)。与此相应的，在他的萨比教记述中，也多次重申相信世界永恒是萨比教的根本信念(III29，第 469 页；III 45，第 528 页)。因此，宇宙生成论上的分歧成为划分亚伯兰罕宗教和萨比教的一个关键性标准。在迈蒙尼德看来，正是由于对世界永恒(主要是天体永恒)的认同，异教贤哲们虽然蔑视偶像崇拜与各种巫术实践，但仍能够接纳萨比教指向天体的崇拜与神话体系，甚至从中抉取支持自身理论的因素[②]；而亚伯拉罕对萨比教信仰体系的彻底弃绝，则源于他对世界永恒论的神学衍生意义的敏锐洞察。关于这一点，我们将在下文中做具体探讨。

　2. 世界永恒论与天体崇拜的内在关联

依迈蒙尼德的描述，萨比教与亚伯拉罕宗教的最直接分歧在于天体是否值得崇拜。而天体值得崇拜的一个基本前提是它们具有神性，在迈蒙尼德预设存在一种原始一神信念的条件下，问题就是它们是否分有神性。这个问题与世界永恒论直接相关："他们讲述的有关亚当的一切，目的只是证明自己的宇宙永恒说，并想从中推出日月星辰即是诸神的结论。"(《迷途指津》III 29，第 469 页)

迈蒙尼德认为，在萨比教徒看来从宇宙永恒可以推出日月星辰是神或至少是分有神性的。这是因为，宇宙永恒就意味着作为宇宙宏观结构的天体是永恒的，而按照亚里士多德的界定，永恒就意味着必然。接下来可以从两面来看，如果天体是依其自身而必然存在的，那它们就是自因，也就是神本身；如果

---

　① Maimonides, *Mishneh Torah*: *The Book of Knowledge*, Jerusalem: Feldheim Publishers, 1974, "Yesodei Ha-Torah" 4: 12, "Teshuvah", 10: 6.

　② 《迷途指津》II 14, pp. 267 - 268 页，II23, p. 296; Ibn Wahshiyya, *Al-Filāha al-Nabatiyya*, Damascus: Institut Francais De Damas, 1993 - 1998, pp. 216,1306 - 1307,389 - 390。

天体是依他者——也就是独一神——而必然存在的,那么它们是按照一种因果必然性从神的本性派生出的,根据哲学家们所坚持的原因与结果相似的原则①,天体必然分有神性。

从上述视角,我们发现,迈蒙尼德极力反驳世界永恒论这一举动,除了维护启示律法的知识根基这一直接动机外,还有针对偶像崇拜的另一重意图。而且这也为迈蒙尼德空前激进的否定神学立场提供了一种解释背景,即他对神与造物之间任何形式的相似性的否定,彻底消除了天体分有神性的可能,从而断绝了通往偶像崇拜的道路。

对迈蒙尼德而言,偶像崇拜绝非一个历史遗迹,而是随时可能复活的潜在威胁,因为它植根于人性的弱点,即对感性与想象的偏好。从当今宗教史研究的视角来看,迈蒙尼德的这一观察仍然是极富穿透力的。萨比教的实际原型——即异教一神教——的一个核心意旨就是在神与人之间建立可感或可知的中介桥梁。异教一神教神学在其发轫之初即体现出这样一种意向,如奥古斯丁在《上帝之城》中所记录的当时的"柏拉图主义者"们的立场:

> 我之所以选择他们(作为讨论自然神学的对手),那是因为他们关于一位创造天地的神的思想比较正确⋯⋯后来选择追随柏拉图的最优秀的哲学家不愿意被称作逍遥学派或学院派,而是宁可被称作柏拉图主义者。他们中最著名的有希腊人普罗提诺、扬布里柯和波菲利;但是非洲人阿普留斯,他既会讲希腊语又会讲拉丁语,也赢得了柏拉图主义者的名声。然而,他们这些人与这个学派的其他人,还有柏拉图本人,都认为应当用神圣的祭仪来荣耀许多神灵。⋯⋯
>
> 我感到极为惊讶,这样一位有学问的人(指阿普留斯)宣称一切有形体的感性事物都应该看得比无形体的理智的事物低劣,但他在讨论幸福生活的时候居然会谈到身体的接触(指以可见可触的精灵为神人之间的中介)。难道他忘了普罗提诺的精神?"我们必须飞向我们亲爱的故乡。那里有我们的天父,那里有我们所有人。船在什么地方,我们该如何飞翔?我们必须变得像神一样"⋯⋯但是下界的事物是可朽的、不纯的,不

---

① 见《论原因》(9—10世纪阿拉伯译者伪托于亚里士多德,实际作者是普罗克洛斯):"凡属于结果的亦属于原因,尽管是以一种更为崇高、完善、高贵的方式。"(*The Book of Causes* [*Liber de Causis*], trans. Dennis J. Brand, Milwaukee: Marquette University Press, 1984, p. 25.)

能接近上界的不朽与纯洁,因此为了治疗这种与上帝分离的状况,确实需要有一位中保。①

从新柏拉图主义代表的异教一神教神学与早期基督教神学的上述对话,我们可以看出,双方共享作为一切存在者之本原的一神信念,同时也都承认沟通上下两界的神性中介的必要,所不同的只是对这种中介究竟是什么(谁)以及相应的以何种方式实现此种中介作用的问题上的判断。这种共识源于一神论信念同宗教崇拜的本质之间的某种张力。在任何宗教中,崇拜的对象必须是一个人们能够与之交流并从其获得福祉的实体,这就要求崇拜对象是人所能表象的。然而,在一种系统化的一神论神学中,神作为绝对单一者,是无形的、不可言说的、不可界定的,将神与多样流变的存在者相关联,最终意味着将后者的不完善性归于神。面对这种困境,古代晚期的哲学家们将天体——其本身既是永恒的从而分有神性,又是可见可理解的——确立为上下两界的中介,以跨越神人之间的鸿沟。由此,人们可以敬拜这些次级神,向他们祈祷,而后者会回应人的诉求并代表至上终极之神处理人间事务。

在这个问题上,亚伯拉罕宗教传统中的主流进路——如基督教中的道成肉身与三一论、伊斯兰教中的神圣属性论以及犹太教中流行的对圣名的崇拜和诸种操作——与异教一神教对神圣中介的设置事实上出于同一宗旨,即为神提供一种可表象的形式,使人获得一条通向超越性的终极实在的道路。

面对这种潮流,迈蒙尼德采取了一种特立独行的立场。他强调神人之间的中介性存在物(分离性理智与天体)的有限性或有始性(《迷途指津》,II 5,第243页;II 6,第247页;II19,第286—287页;III45,第528—529页)。从他的否定神学逻辑出发,如果承认这些中介物分有神的本性,那不可避免的结论将是神的本性中包含有这些存在者所具有的不完善性。而且,引入可表象的神性中介,意味着对人之想象—感官偏好的妥协(《迷途指津》,I 63,第144页;II 12,第259—260页)。在迈蒙尼德看来,这种妥协最终将导致大众对不可表象的独一真神的遗忘,人们将发展出各种巫术—通神法门去影响那些想象中的有限神灵以最大限度地实现自己的世俗欲望(《迷途指津》,I 63,第144页;III

---

① 奥古斯丁:《上帝之城》,王晓朝译,北京:人民出版社,2006年,VIII 12,第324页;IX 17,第376页。

37,第 493—494、500 页）。

基于此,我们可以更深入地理解迈蒙尼德对同时代宗教状况的评断:

> 如果当今时代对上帝存在的信仰在各宗教社群中没有得到如此普遍的接受,与那个时代(即萨比教盛行时代)相比,我们的时代将会黑暗的多,尽管这黑暗不是同一类型。①

这里所说的"各宗教社群"是指当时的三大启示一神教社群(基督徒、穆斯林和犹太教徒)。迈蒙尼德认为,当代的各教派神学家们将各种不完善性(有形性、肯定属性、与受造物的相互关联以及受感性)直接归于神本身,而萨比教中的一神论者还只是将这些属性归于神圣中介。就此而言,当代神学家的过犯更甚于萨比教徒。因为他们对神的表象与神的真实本性相悖,他们的信仰最终没有指向神而是指向了不存在的对象(《迷途指津》,I 36,第 81—82 页;I 60,第 136—137 页)。尽管如此,当代启示宗教的神学主流还是将排他性(天体与分离性理智都在排除之列)的一神观念作为一种信条始终坚持,从而阻挡了民众退回偶像崇拜的趋势,使当代尚未重蹈萨比教盛行时代的覆辙。因此,迈蒙尼德说当代与萨比教时代的黑暗不是一种类型的黑暗。但这并不意味着当代神学家的错误较之古人的错误更少危险。

3. 萨比教版本的世界永恒论

根据迈蒙尼德的还原,萨比教的基本信念在于:"所有的萨比教徒都持有宇宙永恒的见解,*因为*,在他们看来,天②即是上帝。"(III 29,MJ,p. 375;DH,p. 581;汉译,第 469 页)

在普通萨比教民众看来,诸天体本身就是众神,最外层天球就是至高无上的神灵;对学者而言,神是天球的精神,而天球及众星是神的身体。但无论如何,天体以及宇宙秩序作为神性的体现,都是永恒、必然的,奇迹的可能性从逻辑上被排除:

> 而在那个时代(摩西立法的时代),正如我们在《迷途指津》中所解释

---

① 《迷途指津》III 29,MJ,p. 379;HA,p. 587;汉译,第 473 页。

② 指最外层天球。

的,[几乎]全部人类都属于萨比教徒,他们相信世界无始、将全能之神视为天球的精神、否定神[通过先知]给予人类启示。根据他们的信念,他们不得不否定奇迹,并把它们归于巫术和狡计。①

在坚持世界秩序永恒不变从而否定奇迹这一点上,萨比教徒与亚里士多德一致,但二者对世界秩序的理解不尽相同。萨比教的叙述之中充满各种与哲学家所坚持的自然科学原理相悖的奇异之事:

> 如能长出枝叶的黄金树、石头树以及能灭火的树叶;据亚当讲,树尽管只有一人高,但其下可藏十万人;并且他随身携带的两片树叶每片可遮盖两人。诸如此类的奇异故事在萨比教徒那里还有不少,令人惊讶的是,他们这些坚信宇宙永恒的人竟也相信这些在掌握自然科学的人看来是不可能的事情。②

萨比教徒结合二者的关键在于他们的"特殊属性"概念:

> 凡是并非基于自然本性的考虑而是借助偶像崇拜者所宣称的"特殊属性"(khawās)发生的事都为律法所禁止。……我们的先贤把他们的风俗称为'异教徒的做法',并归入巫术一类,因为这些风俗并不是来自基于自然本性的推理,而是一种巫术操作,后者必然诉诸星象的影响(mustanida li-'umūr nujūmiyya darūra,或可译作:后者诉诸星象的必然影响)。③

所谓的"特殊属性",是一种无法被亚里士多德物理学的自然本性(质料—形式原理)解释的现象,萨比教徒认为它们并非出于偶然,而是与星象(即天体的性质、运行和相互关系)存在着因果关联。因此,必然—永恒的世界秩序就是由显性的和隐性的两部分构成,前者是被理性认知的自然规律,后者是被天

---

① Maimonides, "Treatise on Resurrection", trans. H. G. Fredkin, in *Maimonides' Empire of Light*, 2000, p.173.

② 《迷途指津》,III 29, MJ, p.376;HA, p.582;汉译,p.469。

③ 同上,III 37, MJ, p.398;HA, p.616;汉译,第495页。

体的精神与物质力量所支配的神秘属性,占星术士和通灵者(theurgists)借由来自天体灵魂的流溢而获知这些属性及其运作规律。从这种视野出发,奇迹不是神对于世界秩序的中止或改变,而是神或掌握"特殊属性"的贤哲顺应和操作世界秩序中的隐性规律的产物。迈蒙尼德认为,这种版本的世界永恒论与天体崇拜是相互支持的。

这种观点为我们提供了一把解读迈蒙尼德在自然与奇迹关系问题上立场调整的钥匙。在《论伦理八章》中,迈蒙尼德完全接受拉比贤哲认为奇迹在创世之时已包含于事物的本性之中的观点,[①]而在《迷途指津》中他却指出:

> 这些变化并不是永久的,它们并没有成为一种自然属性。相反,正如先哲们所说,世界依旧。这是我个人的见解,这也是我们应该深信不疑的。但是,在《大创世记》和《传道书的密德拉什》中你会发现先哲们关于奇迹的非常奇特的说法,在他们眼里,……上帝在创造具有现存这些自然性质的宇宙时,就已经将奇迹寓于这些性质之中了。[②]

尽管迈蒙尼德在这里并没有推翻早期贤哲们的看法,但很明显,这已不是他个人认同的正确观点[③]。之所以发生这种观点变化,原因就在于他意识到贤哲们将奇迹内置于自然的做法有可能导向萨比教的双重秩序论。在他移居埃及的早期,那里尚处于伊斯玛仪派的统治之下。该派神学家对奇迹进行寓意解释的做法,遭到迈蒙尼德的尖锐批评:

> 这种理论(世界永恒论)倒是有害于律法书的原理,否认奇迹的存在,把从律法书而来的希望与恐惧化为乌有;唯一的挽救性办法就是对之作比喻性的解释,就像伊斯兰教中的内义论者(ahl al-bāṭin)一样,而这样做则容易陷入想入非非(hadhayān)。[④]

---

① Maimonides, *Ethical Writings of Maimonides*, "Eight Chapters", translated by R. L. Weiss and C. E. Butterworth, New York: New York University Press, 1975, p. 87.

② 《迷途指津》,II 29,第 317 页。

③ 他所认同的观点是,只有一套自然秩序,奇迹有选择的中止自然、代表自然秩序之外事态的现实可能性,显示出自然秩序是神的自由意志选择的结果。

④ II 25, MJ, p. 229; HA, pp. 350 – 351;汉译,第 302 页。

在伊斯玛仪派的释经传统中,往往将先知和伊玛目所行的奇迹解释为掌握某种隐秘自然秩序的结果,[①]这与萨比教的自然—奇迹观非常接近。迈蒙尼德用"hadhayān"这个术语——他通常用其描述萨比教话语——来指称伊斯玛仪派的寓意解释,是在暗示后者的奇迹观实质上是萨比教双重秩序论在一神教中的回响。与此类似,他也将犹太教中某些学者寻求圣经隐喻、律法诫命每一细节的理由的做法批评为"hadhayān"(《迷途指津》,导言,第15页,"错觉";III 26,第463页,"毫无意义"),在彼处他所想到的很可能是犹大·哈列维和伊本·以斯拉等人运用占星术、通神术概念解释圣经和律法缘由的思路。[②]在迈蒙尼德看来,这些做法最终将导向萨比教的世界永恒论。

四、 迈蒙尼德对萨比教世界永恒论的认识论批评

迈蒙尼德持续使用"妄语"(hadhayān)一词来指称萨比教话语及其在启示宗教中的反响。这个词在阿拉伯语中的基本意义是"无意义的言辞""谵语"。在阿拉伯亚里士多德主义哲学的语境中,它常与"khurāfāt"连用,意指某种柏拉图意义上的神话,它们或许曾经具有某种哲学的寓意,但这层意义已经逐渐被遗忘和扭曲,大众仅仅执着于其字面的叙事。[③]这个名词虽然含有明显的贬义,却十分恰切地道出了萨比教话语的实质。异教—神教话语及其阿拉伯化形式,本质上是一种"复神话化"(re-mythologisation)[④]过程的产物。它是近东与希腊神话在经历圣经与哲学双重去魅化冲击之后的复兴,保留了这些神话的原始母题、世界洞见与生存关切,而在叙事层面上吸取了圣经的若干元素与母题,同时运用新柏拉图主义术语为神话的意义增添了哲学寓意解释的纵深维度。有意思的是,萨比教神话往往化用圣经的叙事元素,使其表达

---

① Sarah Stroumsa, *Maimonides in His World*, Princeton: Princeton University Press, 2009, p. 149

② Dov Schwartz, *Studies on Astral Magic in Medieval Jewish Thought*, Leiden: Brill, 2005, pp. 1 - 24, 37 - 40.

③ Sarah Stroumsa, *Maimonides in His World*, Princeton: Princeton University Press, 2009, pp. 139 - 140; Josef Stern, *Problems and Parables of the Law: Maimonides and Nahmanides on Reasons for the Commandments*, Albany: State University of New York Press, 1998, pp. 124 - 125.

④ 借用 Guy G. Stroumsa 在 *Hidden Wisdom*(Leiden: Brill, 1996, p. 54)中用以描述诺斯替主义神话特征的概念。

与圣经本身意图截然相反的意义(II 29,第 469、473 页),这正是早先圣经作者处理古代近东神话母题的同一种手法,只是施用的对象随着一神教与多神教实力对比的变化而发生逆转。

在古代晚期和中世纪的知识语境下,异教一神论者在为古代神话—仪式寻求合理化辩护的过程中逐渐建构起所谓的"神秘科学"(*occult sciences*),后者独特的"科学"方法论在《拿巴迪农业》中获得经典的表述:

> 关于天体对植物有利和有害影响的知识,我们只能通过推论(*qiyās*)获知,推论的根基(*asluhu*)是神对我们的启示。我们从启示这一根基进行推论,通过发挥想象力(*takhyīl*)而达到某些内容。然后我们将从想象中获得的东西投入实验(*tajriba*)。如果在实验的过程中我们见证到想象所得与事实相符,那么它就被不可见的推论和现实可感的实验证实为真了。因此,涉及我们关于众星影响的知识,其根基是启示,随后我们获得关于它的某种知识。我们通过实验检验这一知识,结果正如我们所推论的。所以,众星确实对动物、植物以及这个由四元素构成的世界上的其他事物具有如此这般的影响。①

从这段文本中,我们看到启示观念、占星术实践与亚里士多德物理学框架的一种奇妙混合。迈蒙尼德追随法拉比的先例,②认为每一种宗教传统都建基于一种特定形式的哲学知识。萨比教徒的神秘科学建构,恰恰为迈蒙尼德提供了攻击的标靶。

在对萨比教教义及神话的描述中,迈蒙尼德有意识地将亚伯拉罕宗教与萨比教的区分处理成理智与想象—感觉之间的经典对立:亚伯拉罕的一神信念完全出于理性,而萨比教的认识论根源则在于给予想象(甚至感觉)以凌驾于理性之上的地位(《迷途指津》,I 2,第 26 页;II 12,第 259—260 页;III 29,第 468—469 页;III 37,第 495—496 页)。

格尔曼认为"*hadhayān*"一词在《迷途指津》中的意义是范畴错误,而萨

---

① I Ibn Wahshiyya, *Al-Filāha al-Nabatiyya*, p. 300.

② Al-Farabi, *On the Perfect State:Abu Naṣr al-Fārābī's Mabādi' Arā' Ahl al-Madīna al-Fāḍila*, edited and translated by Richard Walzer, Oxford:Oxford University Press, 1985, pp. 276 - 285.

拉·斯钟萨则指出这个词更多地出现于迈蒙尼德的萨比叙事中,一般是指伪科学以及与之相关的哲学理论。[①] 这两种意见实质上可以相互兼容。在《迷途指津》第一篇中(I 60,第 136 页)迈蒙尼德曾详尽探讨关于无意义的话语的问题,从他所举的例子来看,其中有范畴误用("味道属于量"),也有定义中的矛盾("只有一条腿、有翅膀、会说话的大象")。与此相应地,在对萨比教神学思想的批判中,他着重指出在占星术与符咒操作中对"流溢"($overflow/fayd$)概念的误用(《迷途指津》,II 12,第 259—260 页;III 29,第 470 页;III 45,第 528 页),即将神与分离性理智等分离实体赋予月下事物形式的作用和天体影响下界的物理力混淆。在萨比教宇宙论中,流溢概念是建立天体世界与地上事物间一一对应的因果联系的关键。而迈蒙尼德指出,天体作为有形实体其实并没有发出真正意义上的流溢(理智间的纯粹精神作用)的能力,它们对月下世界的影响力是一种以力和光为载体的物理作用,不可能直接影响事物的形式—灵魂。萨比教徒将分离实体的纯形式作用和有形实体间的物理作用这两种同名异义的流溢概念混为一谈,是一种违背质料与形式区分原则的范畴错误。此外,萨比教徒在天体与地上事物之间建立具体关联的方式是通过某种特殊"形象"[②]或特殊性质,这种形象—性质为特定天体与某一种地上事物所共有,偶像之所以能够充当上界与下界间中介就在于它集中体现了这种形象—性质。在迈蒙尼德看来,这种联系纯粹是建基于想象,毫无现实依据。作为真正的流溢之源的分离实体本身并无形象或物理性质;即使是有形的天体,由于其质料与月下事物完全不同,也不具有占星术士所想象的与地上事物相对应的形象、划分和物理性质。[③]

迈蒙尼德驳斥萨比教宇宙论的根据,实质上在于占星术—通神术内容与亚里士多德科学—哲学框架之间的冲突。如上文所示,迈蒙尼德所面对的萨比文本,是异教一神论者运用希腊化哲学概念对异教神话、仪式作合理化说明

① J. I. Gellman, "Maimonides' Ravings", *Review of Metaphysics* 45,1991, p. 312; Sarah Stroumsa, *Maimonides in His World*, Princeton: Princeton University Press, 2009, p. 139.

② Maimonides, *Mishneh Torah: The Book of Knowledge*, Jerusalem: Feldheim Publishers, 1974, "Avodah Zarah", 1: 2.

③ Maimonides, *Mishneh Torah: The Book of Knowledge*, Jerusalem: Feldheim Publishers, 1974, "Yesodei ha-Torah", 3: : 6 - 7;另见 Tzvi Langermann "Maimonides' Repudiation of Astrology", in *Maimonides and the Sciences*, Dordrecht: Kluwer Aacademic Publishers, 2000, p. 136.

的努力的产物。但是，亚里士多德哲学中的物理因果性原则与神话—仪式思维所植根的类比感应原则之间存在着难以调和的矛盾。这种深层的不一致性，在异教—神教的各种版本中都或多或少有所呈露。迈蒙尼德正是敏锐地捕捉到了这一点，并将其作为驳斥萨比教的最主要根据。

但是，需要指出的是，理性/想象的对立范式所针对的仅仅是萨比教的主流形式（哲学与神话—仪式的混合）。而萨比教思想还存在着另一种更为精微的形式，即亚里士多德、彦布沙德所代表的异教哲学。后者为萨比教的基础信念即世界永恒提供了一种合乎科学规范的论证，其知识合法性无法被"妄语"（hadhayān）的标准排除。对于这一"精英"版本的异教理论，迈蒙尼德主要是运用辩证探讨的方法予以反驳（见本章前两节）。然而，如果我们仔细考察迈蒙尼德对二者的反驳，还是会发现二者具有某种共同的认识论倾向，即将对下界事物的认识类比性地适用于上界对象。所不同者，一般萨比教神学是将业已被理性证明为分离实体所不可能具有的性质归于上界对象，而哲学家们在论证世界永恒时则是将从可感领域中归纳出的一般规则——这些规则是否具有普适性并不明确——适用于不可（或难以）感知的领域。前者的过失完全是一种错误，源于感觉与想象对理性思维的干扰、扭曲；后者的做法则主要是一种人类理智能力的过当使用，源于一种急躁或僭越的知识态度。尽管二者有实质的差异，但其背后都隐藏着一种对人类认知能力的过度自信，它将人类认识所把握的内容设定为普遍的、永恒的、必然的，进而把这些性质所投射的有限对象表象为神圣的——在迈蒙尼德看来这是一切形式的偶像崇拜的根源。

接下来我们需要注意一个"修辞"问题。如上面所论述的，主流的与精英的萨比神学理论存在于一种张力结构中，二者既共同坚持和维护世界永恒信念，同时在对偶像崇拜的话语—实践的态度上又有分歧。迈蒙尼德在其萨比叙事中并未同时揭示萨比话语的这种两面性，而是把它们分别置于两个不同的主题单元：哲学与萨比教的关联见于《迷途指津》第二篇中反驳世界永恒论证的部分，而哲学与萨比教的分歧则呈现于《迷途指津》第三篇中还原神圣立法所针对的萨比历史语境的部分。而且，两方面在描述力度的分配上极不平衡——关联方面只有一处插入语式的提示（《迷途指津》，II 23，第 296 页），而分歧方面则不仅有专章论述（III 29）且一再得到重申：

　　　　没有比他们（萨比教徒）更远离哲学的人了。（《迷途指津》III 29，
MJ，p. 376；HA，p. 581；汉译，第 469 页①）

　　　　那时，一些进行哲思的人至多也只是认为上帝是天球的精神，天球和
众星则是他的身体。（MJ，p. 375；DH，p. 581；汉译，第 468—469 页）

　　　　在这些书中，有一本叫做《阿尔乌斯突马库斯》的书——据说是亚里
士多德所著，但他绝不可能是该书的作者。（第 474 页）

　　　　萨比教徒们愚昧无知，不相信至高无上而又荣耀无比的主——上帝
的存在，他们以为苍穹及星辰是无始无终而又亘古如一的……我们在谈
及巴力神的先知与阿什拉的先知时已向你解释过他们的教义。但有学识
的人通过论证发现：有一种存在物既不是物质的，也不是寄居于物体中
的力，他就是我们真正而又唯一的上帝。（III 45，第 528 页）

　　从上述引文可以看出，迈蒙尼德在这里有意识地强调萨比教徒的理智缺
陷，并将萨比教教义局限于泛神论—内在论神学与天体崇拜，尽管他清楚地了
解萨比教的一神论背景以及萨比社群中有通过理智认识神的知识精英群体存
在。② 此外，在《迷途指津》绪论（第 7、9、10 页）中，迈蒙尼德提示他将运用分
散、模糊、简要的“修辞”方式来揭示律法的奥秘，而此书中对哲学与萨比教关
联的陈述恰恰符合这些特征，由此可见，对迈蒙尼德而言，这是一个隐秘性的
主题。

　　迈蒙尼德之所以选择“遮蔽”哲学与萨比教之间的关联，大致出于两种考
虑：其一，借助亚里士多德哲学的基本框架来实现犹太教的理性化，是迈蒙尼
德的毕生事业，如果正面呈露这一哲学理论与萨比教的内在关联，势必招致传
统主义者的更激烈反弹；其二，这种策略也意在保护尚未具备充分哲学训练的
学徒，使他们暂时远离在理性化的一神论和由亚里士多德主义者们提供的最
精微的萨比教理论之间做出艰难区分的认识论困境。但是，迈蒙尼德本人对

---

　　① 此处汉译本作：“声言他俩决非什么哲人”。
　　② 《迷途指津》，I 36，pp. 80 - 81；I 63，p. 144；Maimonides，*Mishneh Torah*：*The Book of
Knowledge*，Jerusalem：Feldheim Publishers，1974，“Avodah Zarah” 1：1；另见 Maimonides，
“Letter on Astrology”，in *A Maimonides Reader*，ed. Isadore Twersky，Springfield：Behrman
House，1972，p. 467.

于亚里士多德主义世界永恒论证的神学意义及其对纯正一神信仰的潜在威胁具有清醒的意识,因此他还是在行文中设置了一系列暗示,①提醒具备资质的读者注意这个问题,并按他所指引的方向做进一步的探究。

———————————

① 除与萨比教神话传统的关联外,迈蒙尼德还称亚里士多德主义的宇宙永恒论及神佑论为"邪恶的"(fasādāt,《迷途指津》II 22, MJ, p. 223; HA, p. 342;汉译, p. 294),同根词"fāsid/fāsidah"(III 29, MJ, p. 375, HA, p. 580,汉译,第 468 页;III 37, MJ, p. 400, HA, p. 619,汉译,第 497 页)也被用于指称萨比教理论。

第三章 论"凯拉姆学家的宗旨"：迈蒙尼德对凯拉姆世界有始论证的还原与批评[①]

迈蒙尼德在审查和批评凯拉姆世界有始论证之前先还原了凯拉姆原子—偶因论宇宙论体系的前提。这是一件前无古人的工作，也成为中世纪流传至今的关于凯拉姆理论的最系统——尽管未必是最可靠——的一份概述。鉴于在《迷途指津》语境中原子偶因论框架与凯拉姆学家世界有始论证的紧密联系[②]以及国内外凯拉姆哲学研究相对于阿拉伯亚里士多德主义研究的滞后性，在这一章中我首先致力于梳理迈蒙尼德的凯拉姆总体叙述、澄清凯拉姆学说的实质，然后再处理他对凯拉姆世界有始论证的评述。

第一节 迈蒙尼德所还原的凯拉姆原子—偶因论体系及其源流

一、迈蒙尼德对凯拉姆原子—偶因论体系基本前提的评述

迈蒙尼德在《迷途指津》I 73 中系统整理了凯拉姆形而上学与宇宙论的十二个前提，并一一做出评述。下面我们按照迈蒙尼德的叙述顺序，来分析他对

---

① "凯拉姆学家的宗旨"（maqāsid al-mutakallimin）一语出自《迷途指津》开篇"给约瑟夫拉比的信"（《迷途指津》，MJ，p. 1；HA，p. 4；汉译，第3页，作"伊斯兰神学家们的有关思想"），迈蒙尼德用"宗旨"（maqāsid）一词描述凯拉姆学家们为了支持宗教信念而从违背存在事物本性的前提出发构造各种论证的做法，与此相关的具体讨论见本章第一节第一部分末和第二节第二部分末。

② 与之形成对照的是，迈蒙尼德所还原的哲学家的物理学—形而上学前提其世界永恒论证的关系就远非如此密不可分，后者也是迈蒙尼德力图显示的一点。

凯拉姆原理的重述。

1. "前提一:一切存在物都由原子(*al-jawhar al-fard*,意为"单独实体")组成。"(《迷途指津》,MJ,p. 134;HA,p. 196;汉译,第 182 页)

依安萨里《信仰之中道》中的定义:"凡不可再析分为部分的占据空间的存在者,称为单独实体。"① 绝大部分凯拉姆学家——除了纳扎姆(al-Nazzām)②——都持原子论,认为这个世界上的所有事物都由不可再分的、占据空间的最小实体(本身没有量度)组成。这些原子的组合、分离、运动、静止可以解释世间一切现象。迈蒙尼德还注意到,伊斯兰原子论与希腊原子论有一个根本的差异:

> 他们认为,这些原子并非像伊壁鸠鲁和其他原子论者所认为的那样,限定于存在之中(*mahsūra fī al-wujūd*);在他们看来,只要造物主愿意,它们就会不断被重新创造出来,它们的毁灭也同样是可能的(*wa hiya 'aidan yumkin 'adamuha*)。③

也就是说,原子本身不像希腊原子论者所规定的那样是永恒的,相反,它们的生成或消灭依赖于神的意志。

2. "前提二:存在真空。"(《迷途指津》,MJ,p. 134;HA,p. 196;第 182 页)

事实上,并不是大多数凯拉姆学家都主张存在真空。最初这是穆尔太齐赖派巴士拉支派的观点,他们认为真空是原子运动的必要条件(这也是迈蒙尼德列给出的凯拉姆学家不得不主张真空存在的理由);在后来的艾什尔里派中,情况较为复杂。巴吉兰尼反对真空,朱韦尼立场游移,安萨里驳斥真空的存在,迈蒙尼德的同时代人法赫尔·丁·拉齐(Fahr dīn al-Rāzī)则针对各种驳斥、捍卫真空的存在。④

---

① Al-Ghazālī, *al-Iqtiṣād fī al-I'atiqād*, Ankara: Nur Matbaasi, 1962, p. 24.

② S. Pines, *Studies in Islamic Atomism*, Jerusalem: The Hebrew University Magnes Press, 1997, pp. 12–14.

③ 《迷途指津》,I 73,MJ,p. 135;汉译,第 183 页。

④ Michael Schwartz, "Who Were Maimonides' Mutakallimun", part 1, *Maimonidean Studies* 2,1991,pp. 170–175.

3."前提三：时间由一个个分离的瞬间('ānāt)组成。"(《迷途指津》,MJ,p.134;HA,p.196;汉译,第182页)

将时间视为由一系列彼此分离、不可再分的瞬间(时间原子)组成的观点,也是法赫尔·丁·拉齐所主张的;这种时间观暗含在朱韦尼等前辈凯拉姆学家对运动间断性的分析之中,尽管没有得到明确的表述。[①] 迈蒙尼德关于凯拉姆学家们是在亚里士多德运动、时间、空间三者一致的前提下推出时间原子论的猜测,似乎并不适用于早期凯拉姆学家,在后者活跃的时代亚里士多德的物理学尚未在阿拉伯世界流传。迈蒙尼德在此处用于指称瞬间的词"ānāt"不是凯拉姆学家们的通常用词,在凯拉姆语境中只被拉齐使用,而拉齐的思想已经受到阿拉伯亚里士多德学派尤其是阿维森纳的影响。

在叙述完前提三后,迈蒙尼德对前三个前提给出了一个总体的批评。他认为凯拉姆原子论的时空观最终将运动还原为一系列彼此分离的静止瞬间。这与我们观察到的事物有不同运动速度的事实不符,后者基于运动的连续性。而凯拉姆学家将运动界定为原子上一刻占据一个位置,而下一刻占据另一位置,从上一刻到下一刻或从前一位置到后一位置之间不存在一个连续的过渡。凯拉姆学家对运动快慢现象的解释是,我们观察到的前后两个时间点之间其实有很多瞬间,较慢的运动包含有较多间隔的静止瞬间,较快的运动包含较少的静止瞬间。迈蒙尼德指出,这个解释运用了第十二前提即感官知觉不可靠。迈蒙尼德又提出磨盘的运动作为例子来反驳,磨盘的内圆与外圆作为一个整体同时运动而速度不同,凯拉姆学家的回应是磨盘的整体运动是一个感觉的假象,事实上磨盘是由彼此分离的不同部分构成的,内圆的运动有较多的间隔瞬间。围绕磨盘的反复辩论见于伊本·马塔威(Ibn Mattawayh)对纳扎姆理论的记述。[②]

迈蒙尼德认为凯拉姆学家所诉诸的第十二前提是荒谬的,我们将在后面看到,凯拉姆学家的认识论原则实际上与迈蒙尼德的叙述有出入。此外,他还指出原子论与几何学原理的冲突,如(假设,由十六个原子组成的)正方形的边长与对角线相等(都间距四个原子),由奇数个原子构成的线段无法等分。一些凯拉姆学家并不是像迈蒙尼德所说那样就此否定几何学原理或几何学图形

[①] Michael Schwartz, "Who Were Maimonides' Mutakallimun", part 1, *Maimonidean Studies* 2,1991, p.180.

[②] Dhanani, *The Physical Theory of Kalām*, Leiden: E. J. Brill, 1994, pp.177-181.

的存在,而是试图在原子论框架内解释这些难题,一个较常见的方案与对磨盘案例的处理类似,只不过是将时间原则转换为空间原则,在原子之间插入虚空单元①。迈蒙尼德似乎对此也有所了解,他紧接着就对虚空概念提出质疑,指出它与当时流行的机械学设计相矛盾,而后者都得到了实践验证。

4. "前提四：实体不能脱离一定数量的偶性(ʿard)而存在。"(《迷途指津》,MJ, p. 134；HA, p. 196；汉译,第 182 页)

安萨里对偶性给出的定义是："自身不占空间并依附实体而存在者,称为偶性。"②迈蒙尼德指出,如果这条原则仅限于"偶性是存在的,它们是添附到实体上的一种东西,任何物体都不能没有[至少]一个偶性",那么这条原则就是正确的、自明的。凯拉姆学家并不满足于此,而是又前推进一步,断言实体必然与一组相反偶性(如生死、动静、强弱、智愚等)中的一个结合。

偶性依附于实体,实体不能完全脱离任何偶性而存在,这是几乎所有凯拉姆学家的共识。但迈蒙尼德所补充的附则,即实体必然与一对相反偶性中的一个结合,则很难说是全部凯拉姆学家的公议。穆尔太齐赖派中就此问题存在争议,但艾什尔里派大师(如巴吉兰尼和朱韦尼)大多支持相反偶性必择其一的原则③。

5. "前提五：原子被众偶性——我将对这些偶性进行描述——所依附,原子不能离开这些偶性而存在。"(《迷途指津》,MJ, p. 135；HA, p. 196；汉译,第 182 页)

根据迈蒙尼德的解释,凯拉姆学家们认为原子所必须具有的偶性包括运动——静止、颜色、气味,但量不在其中,因为凯拉姆学家们坚持原子本身是没有大小的。

原子所不能脱离的偶性,凯拉姆学家们说法不一,但一般认为状态(离合动静)是必不可少的,颜色、气味也经常被归为原子都具有的偶性。④

至于量度,早期凯拉姆学家(8—9 世纪)和后来受到希腊化哲学影响的凯拉姆学家(10—11 世纪)之间的观点有所差异,后者在哲学家的批评压力下倾

---

① Dhanani, *The Physical Theory of Kalām*, Leiden：E. J. Brill, 1994, pp. 172 – 174.

② al-Ghazāli, *al-Iqtiṣād fi al-Iʿtiqād*, Ankara：Nur Matbaasi, 1962, p. 24.

③ Michael Schwartz, "Who Were Maimonides' Mutakallimun", part 1, *Maimonidean Studies* 2, 1991, pp. 186 – 188.

④ Fakhry, *Islamic Occasionalism*, London：George Allen & Unwin Ltd, 1958, p. 38.

向于接受原子有量度的观点。①

迈蒙尼德关于必有偶性的范围的描述基本是准确的,但他的补充说明却大有问题。他报道凯拉姆学家们认为组合体所具有的属性是为每一个原子所具有的,还举了生命、知识、理智等作为例子。事实上,这种观点在大部分凯拉姆学家(无论穆尔太齐赖派还是艾什尔里派)那里都是不被接受的——他们通常对属于单独原子的偶性和属于组合体的偶性做出明确区分——只有阿布·拉希德持有类似观点。②

如同对上述前提的处理,迈蒙尼德同样举出现实中的反例来驳斥凯拉姆学家的原则,很多矿物和石头(如祖母绿)都有特殊的颜色,但当它们被研磨成粉末时这种颜色就消失了。这说明这种颜色只存在于整体之中,并不存在于每个原子中。此外,当动物的肢体被切除后,这部分肢体就失去了生命,说明生命这种偶性同样属于整体而不是每个原子。迈蒙尼德设想凯拉姆学家的回应是,偶性不是持续的,而是被不断创造的,也就是说,这些被分离的原子在原先的整合状态中是具有某种偶性的,只是在分离之后神不再在这些原子中创造这些偶性。迈蒙尼德声称他将在对下一个前提的评述中继续说明这一问题。

6.“前提六:偶性不能持存于*两个瞬间*。”(《迷途指津》,MJ,p. 135;HA,p. 196;汉译,第 182 页)

根据迈蒙尼德,凯拉姆学家们认为不经久性是偶性的本质:“偶性的真实本性和意义就在于它不能持存,它不能持续两段时间即两个瞬间。当一个偶性被创造,它马上就消失,不会持存;然后神造出另一个同类的偶性,后者又消失;于是又造第三个同类的偶性,只要神意欲同类的偶性持存,他就会不断这样创造。”(《迷途指津》,MJ,p. 139;HA,pp. 201 - 202;汉译,第 188 页)

迈蒙尼德在这里正确地指出,穆尔太齐赖派中关于偶性是否能持存或哪些偶性能持存的问题存在争议,艾什尔里派则基本一致主张偶性只能存在一个瞬间、不会延续到下一瞬间,理由是神不是非存在的原因,如果偶性有持存的能力,神要变换实体之中的偶性就必须毁灭前一偶性。由于实体—原子不能脱离偶性存在,当神停止在它之中创造偶性,实体也就停止存在了。

① Dhanani, *The Physical Theory of Kalām*, Leiden: E. J. Brill, 1994,1994, pp. 106 - 107.
② Michael Schwartz, “Who Were Maimonides' Mutakallimun”, part 1, p. 190.

在迈蒙尼德看来,凯拉姆偶性理论的主旨就是用刹那生灭的偶性概念取消自然本性概念,以彰显神的绝对主权,换句话说,神直接创造事物的一切性状而不借助(也不受限于)包括自然在内的任何中介。因为实体的一切作用(除占据空间和质碍性外)都必须通过偶性实现,而偶性只存在一瞬间、并不延续到下一瞬间,因果联系就成为不可能,人所观察到的所谓因果性只是神创造偶性序列时的一种惯例。

具体来说,迈蒙尼德用两个例子来解释和驳斥凯拉姆的偶因论(《迷途指津》,第 189—190 页)。其一是凯拉姆学家对染布的解释,他们认为颜色这种偶性并没有从染料转移到布中,因为偶性只存在一瞬间,不可能发生转移或传递,是神当染料与布并置时在布中创造了相应的颜色,染料的颜色与布的颜色的相应是神进行创造的一种惯例。其二是对人的行为及其作用的解释,以人用笔写字为例,大多数凯拉姆学家认为这一过程包含四种相互伴随的偶性:人移动笔的意志,人移动笔的能力,手移动的行为,笔移动的行为。四者之间不存在因果关系。迈蒙尼德在此处指出,穆尔太齐赖派和一部分艾什尔里派凯拉姆学家认为人体内的受造能力能够带来或者参与行为的产生,而大部分艾什尔里派凯拉姆学家主张人的受造能力对行为不产生影响。事实上,由于考虑到神义论和道德责任的问题,大多数艾什尔里派凯拉姆学家尽管主张人的行为是从神获取、却不会将这一结论推至极端从而彻底否定人的行为能力,但艾什尔里派大师朱韦尼确实曾作过人的受造能力并不足以带来行为的表述[①],这一点被迈蒙尼德抓住并指为艾什尔里派的共识。

偶因论最终导向神在每一瞬间在每一个存在者中不断创造偶性的结论。迈蒙尼德没有直接反驳这一结论,而是使用了一个修辞表达:"我以及一切有理性的人,要这样来回答那些理论:'你们要像欺哄人一样来欺哄他(神)吗'(约伯记 13：9)? 因为这正是'欺哄'(hitol)的真实本质。"(《迷途指津》,MJ,p. 142；HA,p. 204;汉译,第 191 页)

此处的"欺哄"在圣经中是约伯用来谴责他的朋友为神的行为作不当辩护的词汇。迈蒙尼德将其转用到凯拉姆学家身上,是要说明凯拉姆学家为张大神的主权而采用虚假的论据,也是一种被神所厌弃的行为。

---

① Michael Schwartz, "Who Were Maimonides' Mutakallimun", part 1, *Maimonidean Studies* 2,1991, p. 207.

7. "前提七：具有与缺乏的根据是同等的，它们作为实存的偶性都需要动因(*fāʿil*)。"(《迷途指津》,MJ, p. 135; HA, p. 196;汉译,第 182 页)

凯拉姆学家们确实认为相反的偶性具有同等的实在性,也就是说,静止并非运动的缺乏,冷并非热的缺乏,暗并非光的缺乏,而都是某种实在的性质;但是,大部分凯拉姆学家——除部分穆尔太齐赖派思想家如阿布·拉希德外——并不使用"具有与缺乏"这组亚里士多德主义术语来描述相反的一组偶性,因为缺乏暗示着非存在,后者在他们看来不能出自神。①

迈蒙尼德指出,按照这一理论,死亡也是一种积极的偶性,由此将得出神在构成生物身体的物质中持续不断的创造死亡偶性的荒谬结论(《迷途指津》,第 192 页)。但事实上,将死亡视为一种实在偶性的观点,仅仅为穆尔太齐赖派巴格达支派的部分思想家(如阿布·卡西姆)所持有,该派的巴士拉支派与艾什尔里派都不同意这一观点。②

8. "前提八：一切存在物,即所有创造物,都由实体与偶性组成,*自然形式*(*al-suwar al-tabīʿiya*)亦是一种偶性。"(《迷途指津》,MJ, p. 135; HA, p. 196;汉译,第 182 页)

凯拉姆学家们事实上并不承认亚里士多德哲学的"形式"概念。他们认为,所有的原子都是彼此类似的,都可以和一组相反偶性中的任一个结合,不存在某种原子所固有的偶性或偶性结构。凯拉姆学家只是在向熟悉凯拉姆术语的读者介绍亚里士多德主义学说时才会提到形式概念与偶性概念的关联(朱韦尼)。③ 但是这种对应关系是极不准确的,从偶因论立场出发他们会认为形式本身并不存在。

迈蒙尼德指出,凯拉姆学家们认为这个世界上的任何事物的"体"(*jism*)都是同样的——即都是自身无差别的原子——区别只在附着于体上的偶性。值得注意的是,迈蒙尼德从亚里士多德主义的月上世界/月下世界以及分离实体/有形实体的区分出发,批评凯拉姆学家们不区分宝座、天使、天体和月下低等事物而将其一律视为"物体"(《迷途指津》,第 192—193 页)。

---

① Michael Schwartz, "Who Were Maimonides' Mutakallimun", part 2, *Maimonidean Studies* 3, 1992 - 1993, p. 145.

② Ibid., p. 145.

③ Michael Schwartz, "Who Were Maimonides' Mutakallimun", part 2, *Maimonidean Studies* 3, 1992 - 1993, p. 149.

9. "前提九：一个偶性不能成为另一个偶性的基础。"(《迷途指津》，MJ，p. 135；HA，p. 196；汉译，第 182 页)

凯拉姆学家认为，偶性直接依附于实体而存在，它的生成与实体先前具有的偶性无关，先前的偶性并不具有引发或限制后来偶性的能力。而且，依据前提六，偶性只存在一瞬间，也不可能成为下一瞬间偶性的承载者。这确实是凯拉姆学家们的共识，多数凯拉姆学家甚至将它当作不证自明的公理。[1]

10. "前提十：可能性并不意味着一种设想（*tasawwur*，意为设想、表象）与实存的情况相符。"(《迷途指津》，MJ，p. 135；HA，p. 196；汉译，第 182 页)

这就是说，一种情况只要能被无矛盾地设想，就是可能的，并不是只有与某种实存相符的情况才是可能的。这一原则被称为"容许性原则"（*tajwīz*），据此，凯拉姆学家们坚持，我们现实观察到的事物性相都不是必然的，与之相反或相异的偶性或状态完全可能实现(《迷途指津》，MJ，p. 144；HA，p. 207；汉译，第 193—194 页)。物理学规律成为造物主一种偶然的习惯性选择，其反面都是可能的或容许的。迈蒙尼德设想了一个哲学家与凯拉姆学家关于铁与乳脂性质差异之原因的辩论(《迷途指津》，第 195 页)，其中例示了凯拉姆学家建立容许性原则的完整思路：首先从前提 1、2、3(其实还需要前提 12)也就是原子论出发，判断事物都是由同样的实体即原子构成的，实体本身并不能解释事物的特殊性；根据前提 4、5，事物现实的性质差别只能是由偶性带来的；又根据前提 6、9，已经存在的偶性本身无法决定其他偶性的生成，因此，任何事物就其自身(包括实体、偶性两方面)而言完全可以具有与现实性质不同的其他可能性质。而一旦拥有此原则，凯拉姆学家就可以随心所欲地建立他们想要建立的教义："他们使尽浑身解数来证明这个原则，因为这个原则对他们来说是再合适不过，他们可以用它来确立任何希望确立的东西。"(《迷途指津》，第 196 页)

较之亚里士多德学派，凯拉姆学家所理解的必然性(包括不可能性)的范围被大大压缩，只剩下两种必然性被承认：一种是逻辑必然，如相反属性不能同时出现于同一载体，实体变为偶性(或反之)；另一种是某种形而上学必然性，如实体不能脱离全部偶性而存在，一个物体不能进入另一个物体(质碍性)。

迈蒙尼德从以法拉比为代表的"哲学家们"的立场出发，指出凯拉姆学家

---

[1] Michael Schwartz, "Who Were Maimonides' Mutakallimun", part 2, *Maimonidean Studies* 3, 1992 - 1993, p. 150.

其实是以想象为基础建立可能性/不可能性概念,即凡是可想象的都是可能的,凡是不可想象的都是不可能的。迈蒙尼德在这里给出了两个方面的反例:一方面是无法想象却现实存在或被证明为可能的情形,如地球相反两端的人都可以站立在地面上而不会掉落于空间之中,一条直线与一条曲线无限接近却从不相交;另一方面是想象认为必然的却是不可能的情形,如神具有形体,因为想象永远无法脱离形体来构想任何事物,但神的无形体性已经被理性证明。由此,想象不足以成为判分可能与必然—不可能的标准(《迷途指津》,第197—198页)。

但是,值得注意的是,穆尔太齐赖巴格达支派并不承认容许性原则,即使是坚持容许性原则的穆尔太齐赖巴士拉支派以及艾什尔里派的凯拉姆学家们在可能性的范围或者说可能性与不可能性的界线问题上也有各自不同的理解,几乎没有凯拉姆学家主张凡是可想象的都是真实可能的,后者是迈蒙尼德的极端化归谬操作的结果;而且,凯拉姆学家认为判分可能性与不可能性的官能最终仍是理智而非想象,只不过他们对理智的理解与亚里士多德主义有所分歧①。迈蒙尼德对此事实上也有所意识,他在容许性原则评述的末尾指出理智与想象的分界往往存在争议。哲学家们在此问题上的意见是:"被我所见证的存在②,是我们据以判断必然、可能、不可能[的标准]。"(《迷途指津》,MJ,p.148;HA,p.211;汉译,第198页)

而追随启示律法的人则认为,现实存在者是神出于其意志创造的,并不是基于某种必然性从神产生的,神可以按现有的方式创造也可以采取另外的方式。不同于现实的样态是容许的,除非理智的设想(*al-tasawwur al-ʿaqlī*)确认它是不可能的。至此,迈蒙尼德并未全盘否定容许性原则,只是对它施加了限定(未被理智证明为不可能),这为他后来在自己的目的论—特殊决定论证中使用这一原则留下伏笔。

11.“前提十一:所有无限都同样是不可能的,不管它是现实的无限、潜能的无限或偶性的无限,即不管这种无限是由同时存在的东西构成,还是由一系列事物组成——其中一部分只有在另一部分消失后才能获得存在——这叫做偶性的无限,二者都没有什么不同。他们(凯拉姆学家)说这些无限都是不可能的。”(《迷途指津》,MJ,p.135;HA,p.196;汉译,第182页)

---

① Michael Schwartz,“Who Were Maimonides' Mutakallimun”, part 2, *Maimonidean Studies* 3,1992 - 1993,pp. 157 - 158,163.

② 此句汉译本作:“我以现实为证据”。

在这里，迈蒙尼德区分了四种无限：（1）量度上的无限；（2）无限因果序列；（3）某一具体量度的无限可分性；（4）前后相继的无限，迈蒙尼德称之为偶性的无限。

凯拉姆学家确实拒斥所有四种形式的无限性，认为无限本身是一个悖理的概念。[①] 迈蒙尼德从亚里士多德主义立场出发，同意现实的无限即（1）和（2）是不可能的，但认为（3）无限可分性和（4）先后相继的无限是可能的。在两种可能的无限中，迈蒙尼德的态度也有微妙的差异。对于（3），他的态度十分坚定，认为空间大小的无限可分性是被数学科学证明的，并据此反驳凯拉姆的原子论。而（4）则涉及宇宙有始还是无始的问题，迈蒙尼德的态度——至少在此直接表达的态度——是偶然的无限既非不可能的也不是必然的，也就是说，不能用无限概念不可能作为前提证伪世界永恒论，后者是一种在理性上站得住脚的可能意见，要反驳它需要更具体的论据。

12."前提十二：感觉常常出错，而且许多研究对象出离感觉范围之外，因此感觉判断不能被依靠、也不能成为证明的根据。"（《迷途指津》，MJ，p. 135；HA，p. 196；汉译，第 182 页）

凯拉姆学家们确实主张有许多认知对象如原子出离感觉范围之外，但并未据此推论感觉判断是不可靠的。相反，对以巴吉兰尼为代表的大多数凯拉姆学家来说，感觉所得是一种必然知识，其真实性甚至超过理性推理。[②] 因此，前提十二实质上是迈蒙尼德根据凯拉姆的物理学主张所作的一种引申推论。

迈蒙尼德将所谓的凯拉姆学家否定感觉可靠性的两种论据（可感事物范围有限、感觉时常出错）追溯至古希腊的智者，根据盖伦在《论自然官能》中的报道，智者们声称感觉经常具欺骗性。迈蒙尼德将凯拉姆学家和智者们联系在一起，是为了凸显凯拉姆学家的理智不真诚性，即他们和智者一样都是运用诡辩的手段来确立他们事先已经接受（或者出于非求知目的而试图建立）的结论。

根据以上分析，我们可以看出，迈蒙尼德对凯拉姆前提的总结，并不完全

———————

　①　Davidson, *Proofs for Eternity*, *Creation and the Existence of God in Medieval Islamic and Jewish Philosophy*, Oxford: Oxford University Press, 1987, pp. 407 - 409.

　②　S. Pines, "A Study of The Impact of Indian, Mainly Buddhist, Thought on Some Aspects of Kalām Doctrines", *Jerusalem Studies in Arabic and Islam* 17(1994), pp. 193 - 196.

是对他所见到的凯拉姆资料的如实记录,而是一种有意识的操作处理的产物。迈蒙尼德试图建构一套内在一致的凯拉姆理论原型,事实上凯拉姆学家们在各种问题上主张不尽相同,其所从出发的前提也往往因学派和时代而异。因此,任何一种系统化的还原都会与某些凯拉姆学家的观点陈述相矛盾。此处的关键问题在于为什么要作这样一种系统化还原,以及在还原的过程中为什么选择这一种特殊观点作为原型而非另一种。

针对第一个问题,迈蒙尼德的动机非常清楚:他对凯拉姆理论进行还原的目的为了是给予系统化的驳斥。在这一点上,他对凯拉姆所做的处理,正对应于安萨里出于驳斥目的对哲学家观点的总结①。迈蒙尼德对此有明确的意识,他在《迷途指津》的开篇书信中使用了"凯拉姆学家的宗旨"(*maqāsid al-mutakallimīn*)这个提法(《迷途指津》,MJ,p. 1;HA,p. 4;汉译,第 3 页,"伊斯兰神学家们的有关思想"),而安萨里系统重述哲学家观点的著作的标题恰恰是《哲学家的宗旨》(*maqāsid al-falāsifa*)。所以,迈蒙尼德的凯拉姆重述在某种意义上是对安萨里所代表的伊斯兰神学立场的一种回应。

迈蒙尼德在第二个问题上的表现更为微妙。尽管迈蒙尼德的凯拉姆前提条列反映出他对于伊斯兰神学之本质的敏锐洞察,他所选择或提炼出的大部分前提都是凯拉姆最根本或最具特色的理论,但必须指出的是,他常常偏离凯拉姆学家自身的表述形式,而运用阿拉伯亚里士多德主义的术语予以重述,或者以某些凯拉姆理论的某种逻辑推论——由迈蒙尼德而非凯拉姆学家自己做出的——取代这些理论本身。这两种操作的目的都是突出凯拉姆学说的荒谬性。因此,迈蒙尼德的凯拉姆前提叙述显露出一种针对后者的强烈论战姿态。

此外,还有一个问题需要考虑,就是迈蒙尼德凯拉姆理论复述的来源。迈蒙尼德出身于安达卢西亚,他的思想形成期基本是在阿拉伯世界西部度过。正如萨拉·斯钟萨所揭示的,穆尔太齐赖派的主要活动区域是阿拉伯世界东部,在西部并未建立学派传承(如果不算深受穆尔太齐赖派影响的犹太教卡拉派),仅仅是有部分著作流传;而艾什尔里派学说则是当时统治安达卢西亚和马格里布地区的穆瓦希德王朝官方认可的教义。② 这种凯拉姆的传播情况似

---

① Al-Ghazālī, *Tahāfut al-Falāsifa*, p. 3; *The Faith and Practice of al-Ghazālī*(*al-munqidh min al-dalāl*), trans. W. M. Watt, George Allen and Unwin, 1953, pp. 29 – 30..

② Sarah Stroumsa, "The Mu'tazila in al-Andalus: The Footprints of a Phantom", *Intellectual History of the Islamicate World 2*(2014), pp. 83 – 91,93 – 96.

乎也体现于迈蒙尼德的记述之中,他的大部分凯拉姆叙述与艾什尔里派(尤其是朱韦尼、安萨里和法赫尔·丁·拉齐)思想相符合,而穆尔太齐赖派的思想多样性及其与艾什尔里派的观点差异则较少得到反映。

二、 凯拉姆原子—偶因论的源流

1. 迈蒙尼德对凯拉姆原子论希腊起源的叙述

迈蒙尼德在《迷途指津》I 71 中给出了一个凯拉姆的起源叙述。他认为,伊斯兰凯拉姆最初源于基督教神学。当基督教兴起之时,在希腊和叙利亚盛行的是哲学学说。鉴于后者与基督教教义相互冲突,在皈依基督教的国王的支持下基督教神学家们就提出一系列理论前提,用于反驳哲学。伊斯兰教产生之后,穆斯林通过翻译运动,继承了基督教神学的理论前提(迈蒙尼德直接指名提到约翰·菲罗伯努斯和法拉比的基督徒弟子叶海亚·本·阿迪),同时又吸取了古代哲学中的一些非主流学说,从而发展出一套特殊的神学理论:

> 伊斯兰教徒,即穆尔太齐赖派和艾什尔里派都包括在内,他们关于这些问题(对宗教信条的论证)所讲的一切,只不过是在从希腊和叙利亚学者们(指基督教神学家)的书中所抽出的那些理论前提的基础上所形成的看法,这些希腊和叙利亚学者们旨在反对哲学家们的体系,驳斥他们的论证。……当穆斯林把哲学家们的著作译成阿拉伯文,那些对这些著作的批评也被翻译了过去,因此他们得以见到语法学家约翰以及伊本·阿迪[①]和其他著者关于这个问题的观点,他们采纳了这些观点,并自以为已经解决了这些重要问题。他们还从古代哲学家那里择取了一些观点,只要这些观点在他们看来对他们有利。但是,后来的哲学家证明了他们所选取的这些理论是错误的,比如原子和虚空理论。[②]

穆斯林凯拉姆学家们在基督教神学和古希腊哲学基础上发展出的这套理

---

① 即约翰·菲罗伯努斯和叶海亚·本·阿迪(Yahyā b. 'Adī)。但此处对伊斯兰凯拉姆学家和叶海亚·本·阿迪关系的叙述存在年代错误,后者是法拉比的基督徒学生,其时(9—10世纪)凯拉姆体系业已建立。

② 《迷途指津》,I 71,第166—167页。

论就是原子—偶因论体系。迈蒙尼德的凯拉姆起源论基本出自法拉比的哲学史叙述,而且继承了法拉比对基督教神学—哲学的负面评价。[①] 但是,与法拉比通过攻击基督教内哲学研究传统来树立阿拉伯亚里士多德主义学派独立性的动机不同,迈蒙尼德神学—哲学史叙述的重心在于揭示伊斯兰凯拉姆的"实质",进而说明部分犹太教思想者吸取凯拉姆以论证犹太教教义的做法的失当。

在迈蒙尼德看来,凯拉姆原子—偶因论实质上是出于论证伊斯兰教信条的目的而对基督教神学和古希腊原子论的一种综合。迈蒙尼德的叙述是在哲学史上长期占据主流地位的伊斯兰原子论希腊起源说[②]的鼻祖。但是,如果我们比较凯拉姆原子偶因论与希腊原子论,就会发现二者之间存在着核心观点上的差异,希腊起源说难以解释伊斯兰原子论的若干根本特征,如原子的可生灭性、原子无量度且能够承载颜色等所谓第二性的质、偶性刹那生灭等。而且,在传承线索的问题上,从中世纪一直到当代,希腊起源论者始终无法建立起一条从希腊原子论到伊斯兰原子论的完整、可信的传承线路。鉴于希腊起源说的困难,同时受益于 19 至 20 世纪东方学对于印度哲学的大量研究成果,麦克唐纳(D. B. Macdonald)[③]和皮纳斯(Shlomo Pines)提出伊斯兰原子论的印度起源说。尤其是皮纳斯,在其博士论文(*Beiträge zur Islamischen Atomenlehre*,1936)中,系统论证了伊斯兰原子论的印度起源。[④] 原子(极微)论学说最迟至公元 5 世纪已经在印度建立并得到广泛传播,在各家(胜论,数论,耆那,佛教等)理论体系中都有表述。[⑤] 而且如果将印度极微说与伊斯兰原子论和古希腊原子论作三方比较,就会发现一个饶有意味的事实:伊斯兰原子论不仅与印度极微说具有明显的同构性,而且,其与古希腊原子论之所异

---

① Sarah Stroumsa, "Al-Farabi and Maimonides on the Christian Philosophical Tradition: a Re-evaluation", *Islam*, 68(1991), pp. 276 – 281.

② 见 De Boer, *History of Philosophy in Islam*, London: LUZAC & CO. LTD, 1903, pp. 57 – 58; H. A. Wolfson, *The Philosophy of The Kalam*, Cambridge, MA: Harvard University Press, 1976, pp. 466 – 471, 727 – 729.

③ D. B. Macdonald, "Continuous Re-Creation and Atomic Time in Muslim Scholastic Theology", *Isis*, Vol. 9, No. 2 (Jun. , 1927), pp. 326 – 344.

④ S. Pines, *Studies in Islamic Atomism*, tran. M. Schwartz, Jerusalem: The Hebrew University Magnes Press, 1997, pp. 117 – 140.

⑤ S. Pines, *Studies in Islamic Atomism*, Jerusalem: The Hebrew University Magnes Press, 1997, p. 117.

处,恰恰是它和极微说之所同处。①

2. 印度起源论及其补充和修正

在印度各家极微说中,与伊斯兰原子论具有最大相关性或可比性的两种版本分别属于佛教和胜论。

在佛教中,极微说是毗昙学或法相学——以《俱舍论》为代表——的基石,②佛教对极微说的原创性贡献是把极微与佛教固有的"一切诸法无我、一切有为法无常"③的缘起—迁流观念结合起来,从而解构了极微—原子的终极实体性,使它成为依他而起、刹那生灭的有限存在。而这也正是伊斯兰原子论区别于古希腊原子论的核心观点。

胜论围绕极微概念建构了一套完整严密的形而上学体系,即所谓"句义"(范畴)学说。作为胜论理论骨架的六句义,④都能在伊斯兰经院哲学中找到其对应物,如：实、德、业三分框架⑤之于伊斯兰经院哲学本体论中的实体、偶性、状态;和合⑥之于容许性原则;胜论对同、异问题⑦的提出与探讨,则可以在伊斯兰原子论的原子无差别论(《迷途指津》,第 184 页)及关于事物个体化原理(《迷途指津》,第 205—206、280—281 页)的讨论中找到对应。此外,早期凯拉姆学家与胜论诸论师共同关注一个极具技术性的问题,即本身无量度的原子—极微以一种什么样的方式组构有量度的有形实体。⑧ 而且,还有更为引

---

① 对凯拉姆原子论与希腊原子论、印度极微说之异同的具体比较与学术史讨论,见拙文"伊斯兰经院哲学中的原子论学说探讨",《世界宗教研究》,2014 年第 4 期,第 140—148 页。就笔者所知,国内最早注意到伊斯兰原子论与印度极微说关联问题的是马坚先生,他在其所翻译《伊斯兰哲学史》(第·博尔著)的译注(北京：中华书局,1958 年,1944 年初版由商务印书馆印行,第 50 页)中,参考了上文提到的皮纳斯与麦克唐纳的著作,并援引汉译佛典《首楞严经》和《彰所知论》的两处文句作为佐证,可惜马坚先生此后并未展开这一研究,其身后亦罕有追踪此一线索者。黄心川先生在《印度哲学史》(北京：商务印书馆,1989 年,第 344—345 页)中曾对古希腊德谟克利特的原子论与印度胜论的极微说作出比较。

② 见大正藏：《阿毗达摩大毗婆沙论》,T27n1545,0683c26 - 0684a22,0701a28 - 0701b01,0702a04 - 0702a10;《阿毗达摩俱舍论》,T29n1558,0011c04 - 0011c29。

③ 舍尔巴茨基：《小乘佛学》,北京：中国社会科学出版社,1994 年,第 52 页

④ Keith, *Indian Logic and Atomism*, Oxford：Clarendon Press, 1921, p. 180;汤用彤：《印度哲学史略》,第 104 页

⑤ Keith, 1921, p. 181.

⑥ Ibid., p. 193.

⑦ Ibid., p. 192.

⑧ 汤用彤：《印度哲学史略》,第 105 页;Keith, 1921, p. 218; Fakhry, 1958, p. 36.

人注目的一点，就是胜论的极微说具有有神论和创世论的背景，①胜论诸师最终将作为原子离合动静（也就是万物的存在与消灭、世界的秩序与解体）之直接原因的"不可见力"溯源到大自在天的创世行为。

印度起源论的优势，是能够相当完满的解释伊斯兰原子论与希腊原子论的根本差异，为伊斯兰原子—偶因论体系提供一个具有高度同构性的先例。但是，它同样面对建构传承线索的难题。鉴于此，皮纳斯在其博士论文中将伊斯兰原子论的起源问题保持开放状态，并未做出定论。② 在其晚年著作中，他又回到这个问题上，将目光投向 7 世纪的中亚，试图将其建构为印度—佛教思想（包括极微说）传播到阿拉伯伊斯兰世界的中介环节。

皮纳斯援引玄奘的《大唐西域记》来说明穆斯林征服前夕中亚的佛教传播状况，其中提到缚喝国：

> 关于缚喝（Balkh），他（玄奘）提到那里的佛教建筑有一百多座寺庙，一座新寺，几百座塔。三千僧侣在那里修习小乘佛教（the *Hīnayāna branch of Buddhism*）。玄奘到访后不长时间，在 644 年，缚喝被穆斯林入侵者攻占。③

此段文字中关于缚喝的报道出自《大唐西域记》卷一的"缚喝国"条：

> 伽蓝百有余所，僧徒三千余人，并皆习学小乘法教。……城外西南有纳缚（唐言新）僧伽蓝，此国先王之所建也。大雪山北作论诸师，唯此伽蓝美业不替。……乃有建立诸窣堵波，基迹相邻，数百余矣。④

这里的记述十分简约，但《大慈恩寺三藏法师传》对此却有非常重要的信息补充，即玄奘曾在这座纳缚伽蓝中停留月余向般若羯罗求教：

---

① Keith, *Indian Logic and Atomism*, Oxford: Clarendon Press, 1921, pp. 266 – 274.

② S. Pines, *Studies in Islamic Atomism*, Jerusalem: The Hebrew University Magnes Press, 1997, pp. 140 – 141.

③ S. Pines, "A Study of The Impact of Indian, Mainly Buddhist, Thought on Some Aspects of Kalām Doctrines", *Jerusalem Studies in Arabic and Islam* 17(1994), pp. 182 – 183.

④ 玄奘、辩机著，季羡林等校注：《大唐西域记校注》，北京：中华书局，1985 年，第 115—120 页。

纳缚伽蓝有磔迦国小乘三藏名般若羯罗(唐言慧性)。闻缚喝国多有圣迹,故来礼敬。其人聪慧尚学,少而英爽,钻研九部,游泳四含,义解之声周闻印度。其小乘《阿毗达摩》《迦延》《俱舍》《六足》《阿毗昙》等无不晓达。既闻法师远来求法,相见甚欢。法师因申疑滞,约《俱舍》、《婆沙》等问之,其酬对甚精熟,遂停月余,就读《毗婆沙论》。①

《毗婆沙论》及《俱舍论》是小乘说一切有部的经典论著。般若羯罗是来自磔迦的小乘僧人,据玄奘在《西域记》中的描述,《俱舍论》的作者世亲曾在磔迦居留和写作②。而般若羯罗所精通的经典也基本都是说一切有部著作,我们有理由推断他是一个有部学者。他到缚喝朝圣并不是出于偶然。缚喝从公元前二至前一世纪起就是西方说一切有部的中心之一③;考古学证据也表明,以缚喝为中心的吐火罗斯坦佛教在戒律上属于说一切有部④。玄奘的报道说明,至少截止至公元 7 世纪 20 年代,在缚喝的纳缚伽蓝中《毗婆沙论》(很可能与《俱舍论》相配合)的教学仍在继续,而仅仅二十年后(7 世纪 40 年代),阿拉伯人就侵入该地区。所以,我们能够确定,《毗婆沙论》和《俱舍论》所体现的有部学说是穆斯林征服前后吐火罗斯坦当地思想传统的一部分。《西域记》所说的当地流行的"小乘法教"应该主要是指说一切有部。这个确切限定有很重要的意义,因为在所有佛教宗派中,有部是最为重视宇宙论建构的一支,他们发展出一套完整的以极微说为基石的物理学—心理学体系。而早期伊斯兰凯拉姆学家们所关注的一系列重要问题,已经被有部论师提出探讨并给出相似的解决思路。

《大毗婆沙论》中对极微(*paramanu*)的定义是:

极微是最细色,不可断截破坏贯穿,不可取舍乘履转掣。非长非短。非方非圆。非正不正。非高非下。无有细分,不可分析。不可睹见。不

---

① 慧立、彦悰著:《大慈恩寺三藏法师传》,北京:中华书局,2000 年,第 32—33 页。

② 玄奘、辩机著,季羡林等校注:《大唐西域记校注》,北京:中华书局,1985 年,第 364 页。

③ Charles Willemen, Bart Dessein, Collett Cox, *Sarvastivada Buddhist Scholasticism*, Leiden: Brill, 1998, pp. 103 – 105.

④ Litvinsky, B. A., "Outline History of Buddhism in Central Asia". In: *Kushan Studies in USSR*, Calcutta: Indian Studies, 1970, p. 121.

可听闻。不可嗅尝。不可摩触,故说极微。是最细色。此七极微成一微
尘。是眼眼识所取色中最微细者。①

此处毗婆沙师强调极微本身没有量度、没有形状,这一规定将其与希腊原
子论区分开来,而这也正是伊斯兰原子论的基本预设。

毗婆沙师和早期伊斯兰神学家共同关注的一个问题是,原子—极微是否
能够相互接触。阿布·胡载勒认为六个原子可以和另外一个原子的各边接
触,②这一观点令人联想起毗婆沙师极微定义中所说的七个极微构成一个最
小物体单元的规定。

而毗婆沙师倾向于认为极微不可相互接触,理由如下:

> 又诸极微为相触不。迦湿弥罗国毗婆沙师说不相触③。所以者何。
> 若诸极微遍体相触。即有实物体相杂过。若触一分成有分失。然诸极微
> 更无细分。④

因为,相接触意味着或者两个原子混同或者部分相接、部分相离,前者与
原子的不可入性冲突,后者与原子的不可分性矛盾。九世纪穆尔太齐赖派神
学家萨利赫(Salih)也基于同样理由反对原子相互接触的可能性。⑤

有部论师还从另一个角度思考同一问题:

> 尊者世友说。诸极微相触即应住至后念。然大德说。一切极微实不
> 相触。但由无间假立触名。此大德意应可爱乐。若异此者是诸极微应有
> 间隙。中间既空谁障其行。许为有对。又离极微无和合色。和合相触即
> 触极微。如可变碍此亦应尔。又许极微若有方分。触与不触皆应有分。
> 若无方分设许相触亦无斯过。⑥

---

① 大正藏:《阿毗达摩大毗婆沙论》,T27n1545,0702a06-0702a10。
② Pines, *Studies in Islamic Atomism*, Jerusalem: The Hebrew University Magnes Press, 1997, p. 10.
③ 大正藏:《大毗婆沙论》,T27n1545,0683c26 以下。
④ 大正藏:《俱舍论》,T29n1558,0011c04-0011c07。
⑤ Pines, 1997, p. 10.
⑥ 大正藏:《俱舍论》,T29n1558,0011c23-0011c29。

　　这段论述所体现的原子的不经久性(刹那生灭)以及原子在观念上的不可分性(不像在希腊原子论中仅仅是在现实中不可分)的前提,同样是伊斯兰原子论的典型立场。

　　此外,需要对皮纳斯的理论做出一点修正。他在印度极微说中较倾向于以胜论的版本作为伊斯兰原子论的来源,因为胜论的范畴学说中有实体与属性的区分,后者构成伊斯兰原子论的基本架构,而在佛教理论中不存在这样一种区分①。就有部的宇宙论学说而言,皮纳斯的论断是不成立的。有部尽管没有胜论式的实(dravya)、德(guna)、业(karma)划分,但确实有自己的实体—偶性范畴区分。在《大毗婆沙论》中,有部论师集中讨论了"体"与"相"的区分：体是相在其中呈现的载体,一体可以有多相。② 在另一语境中,作者列举了有部中的四种范畴划分：体与类,体与相,体与位,体与待。③ 而《俱舍论》的作者世亲最终倾向于第三种划分,并将"位"与"作用"相等同,说明同一个"体"在时间进程中可以有不同的作用状态,又在下面的讨论中直接指出"极微色其体应常"。④ 也就是说,物质极微的实体本身是恒常的,而附着其上的相/用生灭无常。此外,在两书所记录的范畴争论中,反对者都提出类似的问题：在体—相或体—用划分的前提下,什么因素能够决定一种特殊的相/用——而不是其他的相/用——实现在载体之中？ 这个问题正对应于伊斯兰神学中的一个核心关切,即特殊决定(takhṣīṣ)论证(见下一节)。因此,有部极微说中并不缺乏实体与偶性的范畴区分,相反,有部的法体三世实有、法相生灭迁流的思路,恰恰与伊斯兰原子—偶因论形而上学的核心架构(原子作为实体具有历时性的存在而附着其上的偶性刹那生灭)相对应。

　　基于上述证据,我们可以大致勾勒出佛教极微说进入伊斯兰世界的历史图景。在征服和治理中亚(尤其是吐火罗斯坦)的过程中,穆斯林接触到说一切有部版本的极微说宇宙论框架。以新寺为中心的佛教徒们对伊斯兰宗教可

---

　　① Pines, *Studies in Islamic Atomism*, Jerusalem: The Hebrew University Magnes Press, 1997, p. 128.

　　② 大正藏：《大毗婆沙论》,T27n1545,0202a15。

　　③ 大正藏：《大毗婆沙论》,T27n1545,0396a13 - b23。

　　④ 大正藏：《俱舍论》,T29n1558,0104c02 - 0105c14。

能有不同的反应：或者与穆斯林神学家进行宗教辩论①；或者与穆斯林当局合作，对固有信仰做出适应一神教的调整，并最终改宗伊斯兰教。受到库克（Michael Cook）对阿拉伯帝国西部基督教神学思想进入伊斯兰早期神学路径探讨②的启发，我倾向于认为改宗者——相较于宗教间辩论——可能在佛教思想进入穆斯林视野的过程中发挥更重要的作用。在伊斯兰早期，穆斯林面对异教徒构成帝国人口多数的事实，同时伊斯兰教内部分化出各种宗派、彼此争斗激烈。这些问题都不能单凭武力解决，任何一派穆斯林都需要政治—神学论辩方面的知识与技巧，以维护自身的宗教合法性并争取舆论支持。而这种知识和训练恰恰是佛教知识分子的长项。无论出于实际利益还是保存文化遗产的考虑，他们都会十分乐意向阿拉伯征服者传授逻辑学（因明）、修辞学（声明）以及可以在跨宗教—宗派论战中充当论据的物理学—心理学知识（俱舍论，极微说是其基础内容）。阿拉伯帝国东部的佛教改宗者们很可能参与了早期伊斯兰神学的建构，并将有部的逻辑学、认识论与宇宙论思想带入后者的机体之中③。但是，当伊斯兰神学家们最终建立起自身的神学—宇宙论体系并相应的确立起一种理智上的身份认同，排异的过程就会启动。他们根据"正典化"的标准重新划定彼我的界限，将部分原先吸纳的思想要素贴上非伊斯兰或异端的标签而排斥出去，而对于那些业已成为凯拉姆神学框架不可或缺部分的异教成分，则选择隐蔽其来源，使相关记述逐渐湮灭。因此，我们在早期凯拉姆文献中看不到任何关于原子论来源的记述。

最后，我们还需要处理一个问题，就是佛教的无神论倾向与伊斯兰原子—

① 从义净的记载（《南海寄归内法传校注》，北京：中华书局，1995 年，第 198 页）来看，当时印度—西域佛教经院出身的学者会接受声明、因明和《俱舍论》研究方面的系统训练，这些知识被用于同外道辩论，这种辩证传统与皮纳斯从早期伊斯兰文献中钩沉出的穆斯林神学家与被征服地区的 Samaniyya（穆斯林对中亚和印度佛教徒的称呼）辩论的史料（1994，pp. 184 - 185）相吻合。

② Michael Cook，"The Origins of Kalām"，*Bulletin of the School of Oriental and African Studies*，*University of London*，Vol. 43，No. 1(1980)，pp. 32 - 43.

③ 如果苏联及俄国考古学家关于中亚地区的佛教寺院和伊斯兰经院之间传承关系的假说（Litvinsky，1970，pp. 124 - 130）可以被确立，那将是对此处的原子论传播途径理论的极大支持。此外，Christopher Beckwith 在 *Warriors of the Cloisters*（Princeton：Princeton University Press，2012，pp. 50 - 87）一书中试图将中世纪伊斯兰与基督教经院传统中的辩证方法溯源到说一切有部的论辩方法，而事实上他所谓的"递归论证"（*recursive argument*）模型在有部论书中的体现并不明显；在书中他亦简略提到皮纳斯的伊斯兰原子论印度起源说并判断有部的佛教极微说版本比胜论版本更容易被早期伊斯兰思想者获得（p. 78），但没有为此断言提供论据。

偶因论极度强调一神主权的立场间的距离。针对此问题，我们可以提供两种备选的解释：

其一，中亚的佛教学者吸取一神教思想元素对佛教教义做出了调整。在穆斯林征服前的吐火罗斯坦，婆罗门教与拜火教都具有相当的影响，这反映于当地的佛教文学与造像之中。在伊斯兰征服前的中亚，佛经常被按照阿胡拉·马兹达的范型塑造成宇宙之王的形象。[①] 无论对大自在天还是对阿胡拉·马兹达的崇拜，都具有某种一神论倾向。如果他们能将大自在天和阿胡拉·马兹达的某些属性投射在佛的形象上，那么，在穆斯林治下，他们也将毫无困难地吸收部分启示一神教的概念和教义。根据麦格迪西（Maqdisi）和纳迪姆（al-Nadim）的报道，有部分佛教徒宣称佛是造物主自身或造物主的使者，[②]这或许是佛教徒在穆斯林治下争取合法地位的一种"方便"策略。所以，很有可能是这些一神化的甚或是改宗的佛教徒将极微说与一神创造论整合在一起，带入初创的伊斯兰神学中。

其二，早期伊斯兰凯拉姆学家们自觉地对他们所接触到的说一切有部极微说宇宙论框架做出改造，使其成为论证神对于世界的创造及绝对主权的工具。这种假说的最大优点是突出了凯拉姆神学的原创性，但与此同时，需要考虑到胜论的极微说版本在此过程中可能扮演的角色。《大毗婆沙论》和《俱舍论》中都有关于胜论学说的记述；而 6、7 世纪的中文佛经注疏（如吉藏《百论疏》、窥基《唯识述记》，还有玄奘为释经而译的《十句义论》）对胜论学说的记述也非常详尽，[③]这些注疏家的资料来源乃是同时或稍早的印度佛学。这说明当时印度与中亚的佛教思想界对胜论理论有十分透彻的了解和研究。如上文所述，胜论的极微说是与大自在天创世论相配合的，早期阿拉伯穆斯林思想家可能通过中亚佛教徒了解到这套神学—宇宙论体系，进而将其作为沟通一神信仰与极微说之间的桥梁引入伊斯兰神学建构之中。这种可能性其实与上一

---

① Boris Stavinsky, "*Buddha-Mazda* from Kara-tepe in the Old Termez", *The Journal of The International Association of Buddhist Studies*, 1980 VOL. 3, p. 91; Melikian-Chirvani, "The Buddhist Ritual in the Literature of Early Islamic Iran", *South Asian Archaeology 1981*, pp. 276 - 77; David Alan Scott, "The Iranian Face of Buddhism", *East and West*, Vol. 40, No. 1/4 (December 1990), p. 60.

② Bruce B. Lawrence, *Shahrastani Shahrastānī on the Indian Religions*, The Hague: Mouton, 1976, p. 103.

③ 汤用彤：《印度哲学史略》，上海：上海古籍出版社，第 103—105 页。

种解释并不冲突。

通过本节的分析还原，我们看到，凯拉姆的原子—偶因论体系事实上代表一种与希腊哲学和基督教神学预设迥异、来源不同的形而上学框架。迈蒙尼德本人虽没有充分意识到这一点，但他对亚里士多德主义哲学与凯拉姆两种宇宙生成论思路的批判性综合却无疑是"两大世界体系"历史性碰撞的结果，其价值也只有在这样一种超越地中海世界局限的视野下才能得到充分的体认。如果说辩证探讨的本质是一种对话，那么，被迈蒙尼德带入对话场域的就不仅限于希腊化哲学与一神论宗教，来自印度哲学——借由中亚有部佛学——的思想资源在其中也扮演了一个匿名但绝非边缘的关键角色。

第二节　迈蒙尼德对凯拉姆世界有始论证的批评及其意义

一、迈蒙尼德对七种凯拉姆世界有始论证的述评

1. 个别归纳论证

迈蒙尼德指出，有的凯拉姆学家从观察这个世界中的个别事物出发，比如某一个人，是从一滴精液开始演化，逐渐生成为人，类似的过程同样适用于某棵椰枣树或其他个别事物；由此推论世界上的每一个事物都是有始的，世界作为一切事物的整体也必然是有始的（《迷途指津》I 74，第 202 页）。这实际上是一个归纳论证。但是，迈蒙尼德对这个论证的叙述非常简略，其措辞也可以做另一种解释。沃夫森就将这一论证理解为一个类比推论，即这个世界上的个别事物是有始的，世界本身也是一个个别事物，由此，世界也是有始的。沃夫森将这个论证追溯到沙赫拉斯坦尼所记述的伊斯兰早期神学家阿布·哈桑，后者也是从观察人类个体的生命演化史出发，推论所有有形事物都是有始的，进而世界本身也是有始的。[①]

无论接受哪一种解释，都不得不承认这个论证的逻辑效力很弱。它从观察人类周围的事物出发，这个世界的一个关键构成部分落在观察者的视野之外，这就是天体。没有人观察到天体的生成。仅仅从对部分地上事物的观察

[①]　Wolfson, *The Philosophy of The Kalam*, Cambridge, MA: Harvard University Press, 1976, p. 383.

出发推论所有事物（包括没有观察到其生成历史的事物）都是有始的，是一种取样范围非常狭窄的不完全归纳。

沙赫拉斯坦尼对此论证的记述非常简略，而且没有指明阿布·哈桑的身份，由此可见这个论证在凯拉姆学中并不重要，很可能被看作凯拉姆神学早期不成熟阶段的遗迹，或者仅适用于对一般信众的布道。迈蒙尼德同样未对此论证予以重视，在对这个论证的叙述中未提到任何凯拉姆理论的前提。但是，他选择记录这个论证并把它列在第一位，是为了显示提出此论证的凯拉姆学家不具备逻辑学资质："你看到了吧，他就是这样相信从某个*物体*中所发现的发展可以同样应用于所有的*物体*"。（《迷途指津》，MJ，p. 150；HA，p. 215；汉译，第 202 页）

2. 起源回溯论证

这个论证在凯拉姆传统中的接受度要高于上一个，因此迈蒙尼德使用"他们说"（相较于第一个论证叙述中的"他"）来开始对这个论证的叙述。它也是从观察某个个体的生命有始出发，个体的生命起源于他的父亲，父亲源于祖父，层次向上追溯，最终会追溯至人类的始祖。如果再要向前回溯，就要回溯到构成人体的元素，元素归结为某个在虚无之后产生的事物（原初质料），这就是全部序列的起点，不可再进行回溯。因为，根据凯拉姆的前提十一，不存在任何意义上的无限，在时间上无限逆推原因是荒谬的（《迷途指津》，第 201—203 页）。这种无限追溯最终会导致何种荒谬结论，迈蒙尼德并未指明。

据戴维森考证，这个论证最终可以溯源至约翰·菲罗伯努斯，在凯拉姆中较早地体现于易斯卡斐（Iskāfī）和纳扎姆（Nazzām），后来广泛地被伊斯兰凯拉姆学家和受其影响的犹太思想者接受——伊斯兰方面有朱韦尼、安萨里和法赫尔·丁·拉齐，犹太方面有以色列里、萨阿迪高恩和犹大·哈列维。[1] 他们共享的一个论证思路是无限不可跨越，具体论证如下：如果承认时间上的无限回溯，从无始之先到当下的个体生命就是一个无限的时间历程，无限的间距是不可能被跨越的，由此存在就不可能从无始之先跨越无限传递到当下的生命，但后者的存在又是被实际观察到的，由此陷入矛盾。约翰·菲罗伯努斯和安萨里共同使用的另一个归谬无限回溯的论证，即根据不同天体运行速度的差异，如果接受时间无限，这些天体的转数就都是无限的，但是由于其速度

---

① Davidson, *Proofs for Eternity, Creation and the Existence of God in Medieval Islamic and Jewish Philosophy*, Oxford: Oxford University Press, 1987, pp. 119 - 120, 122.

的差异,就会造成一个无限是另一个无限的若干倍的悖谬,迈蒙尼德在叙述第七种世界有始论证时提到了这个归谬论证,但并未指明它的具体出处。

值得注意的另一个方面是,迈蒙尼德给出的论证不像大部分凯拉姆学家那样仅仅追溯至人类始祖(即同类的第一个样本),还进一步将人体溯源至其构成元素,这一特点同样见于以色列里的论证版本。这很可能意味着,迈蒙尼德所说的凯拉姆学家,不仅限于穆斯林神学家,还包括受到前者影响或者借取前者论证的犹太思想者。

3. 原子分离—结合论证

凯拉姆学家们提出,"*世界的原子*(*jawāhir*,皮纳斯直译为"实体",但在这里按上下文应是"个别实体"即原子的简称),不可避免地要么相互聚合,要么相互分离。有时一些原子相互聚合,另一些相互分离。因此,很显然,原子的本质并不必然决定它们的聚合或分离。……因此,实际情况是,有些原子相互聚合,有些相互分离,还有一些在状态间转换,时而聚合、时而分离——这证明,有一个作用者,是他使这些原子相互聚合或分离。在穆斯林神学家看来,这个论据支持宇宙是*有始*(muhdath)的。"(《迷途指津》,MJ,p. 151;HA,pp. 215 - 16;汉译,第 203 页)

迈蒙尼德指出,这个论证建基于前提一,即世界上的一切事物都由原子构成。原子或者处于聚合的状态,或者处于分离的状态。原子的本性并不能决定它处于何种状态,聚合与分离都不具有相对于对方的优先性。由此,必然有一个决定者来使原子与这两种状态中的一种结合。凯拉姆学家认为,聚合或分离的决定者的存在,指明世界是有始的。

如同在上一个论证的叙述中,迈蒙尼德省略了一个关键步骤,即如何从聚合或分离的决定者的存在推出世界有始。在沙赫拉斯坦尼所还原的艾什尔里的类似论证中,在推论出决定者的存在之后,沙赫拉斯坦尼给出一个补充说明:"凡不能先于有始者[存在]的事物自身也是有始的。"[①]很显然,在凯拉姆学家们看来,聚合/分离既然不属于原子的内在本性而是取决于一个外在决定者的作用,那它们就是原子的偶性。偶性都是有始的,原子不能脱离偶性存在,因此原子也是有始的(具体见下一论证)。此外,迈蒙尼德的犹太前辈萨阿

---

①　Davidson, *Proofs for Eternity, Creation and the Existence of God in Medieval Islamic and Jewish Philosophy*, Oxford: Oxford University Press, 1987, p. 149; Wolfson, *The Philosophy of The Kalam*, Cambridge, MA: Harvard University Press, 1976, p. 386.

迪高恩在他的相关论证（他没有使用原子概念而只是论及事物由部分构成）中，呈现出从聚合/分离决定者到世界有始推论的另一思路：他强调决定者的目的一设计面向，从中推出世界有始①。这个思路被迈蒙尼德继承和发挥，应用到他自己的特殊决定论证中。

4. 偶性论证

凯拉姆学家论证道："整个宇宙由实体和偶性组成；每个实体都必然拥有一个或多个偶性。并且，因为偶性都是有始的，所以实体——偶性的基础——也必然是有始的。这是因为与有始事物相结合且不能脱离这些事物的事物自身也是有始的。所以，整个宇宙是有始的。"（《迷途指津》，MJ，p. 152；HA，p. 216；汉译，第 204 页）

迈蒙尼德指出，这是凯拉姆学家们认为最合理、最优越的一个论证，以至于他们中的很多人将其当作一个证明性论证（burhān）。因此，迈蒙尼德对这个论证作了较详尽的讨论。他首先提出哲学家的一个批评，即实体有可能是无始的，如果它与一个前后相继不断的偶性系列相结合。然后给出凯拉姆学家的回应：如果是这样，将存在无限的偶性，而无限是不可能的。迈蒙尼德进一步分析这一论证，认为它建基于三个前提：

（1）前后相继的无限是不可能的。这个问题迈蒙尼德已经在审查凯拉姆的前提十一时予以处理。

（2）所有偶性都是有始的。迈蒙尼德给出世界永恒论者对这一前提的反驳："我们的敌手——维护世界永恒论的人——会指出一个具体的偶性即天体的圆周运动来反驳我们。因为亚里士多德声称，这种运动是不生不灭的。所以，根据他的观点，进行这种运动的天体同样也是不生不灭的。"（《迷途指津》，MJ，p. 152；HA，pp. 216 - 217；汉译，第 204 页）即使证明了所有其他偶性都是有始的，只要哲学家能够建立天体圆周运动的永恒，这个前提就被驳倒了。因此，迈蒙尼德强调"我们"必须探讨天体圆周运动并说明它是有始的。值得注意的是，迈蒙尼德在这里使用"我们"与"我们的敌手"（世界永恒论者）对举，似乎显示出在偶性有始的立场上他与凯拉姆学家们是一致的。

（3）每一个可感存在者都是实体与偶性，也就是说，原子及其偶性。迈蒙

---

①　H. A. Wolfson, *The Philosophy of The Kalam*, Cambridge, MA: Harvard University Press, 1976, p. 389.

尼德提出，如果采取另一套宇宙论框架，即认为物体是由形式和质料复合而成的，如哲学家们所证明的，就需要首先证明原初质料和原初形式是可生可灭的，然后才能证明世界有始。迈蒙尼德似乎在考虑两套物理学——形而上学框架的兼容性、互译性（或者说不兼容性、不可译性）问题。当然，迈蒙尼德本人更倾向于形式—质料框架，并试图在此框架内找到一个能够通向世界有始论的出口。他在审视凯拉姆偶性论证的过程中提出这一问题，至少说明在他看来凯拉姆进路对于解决这一问题是有参考价值的。

偶性论证，自从 9 世纪出现于穆尔太齐赖派早期大师阿布·胡宰勒的著作中之后，迅速成为被穆尔太齐赖派、艾什尔里派、马图里迪派普遍接受的"标准凯拉姆创世论论证"。[①] 有意思的是，它也同时被犹太教内的拉比派主流和卡拉派采纳。迈蒙尼德对这一论证的还原基本上符合它体现于巴吉兰尼、朱韦尼和萨阿迪高恩著作中的典型形态。而迈蒙尼德所引述的永恒论者的反驳意见（偶性不断相续及天体圆周运动），见于基督徒学者伊本·苏瓦尔（Ibn Suwār）从亚里士多德主义立场出发对凯拉姆偶性论证的驳斥。[②] 需要指出的是，戴维森将这一论证追溯至菲罗伯努斯的质料—形式复合论证的尝试并不成功，[③]原子—偶性与质料—形式很明显是两套截然不同的物理学框架，在二者之间建立简单对应是十分牵强的。正如迈蒙尼德在这里所呈现的，这两套框架的碰撞与整合是他的时代所面对的艰巨任务。

5. 特殊决定论证

迈蒙尼德用了一种非常修辞化的方式来形容凯拉姆学家们对于特殊决定（takhsīs）[④]论证的态度："这个论证建立在[特殊]决定论（al-takhsīs）的基础

---

① Davidson, *Proofs for Eternity, Creation and the Existence of God in Medieval Islamic and Jewish Philosophy*, Oxford: Oxford University Press, 1987, pp. 134 – 146.

② Wolfson, *The Philosophy of The Kalam*, Cambridge, MA: Harvard University Press, 1976, pp. 395 – 396.

③ Davidson, 1987. p. 134.

④ *takhsīs* 一词的本义是特殊化，在这里是指在一对或若干同等可能的偶性中决定其中一种进入现实，皮纳斯将其译作 *particularization*（*The Guide of the Perplexed*，The University of Chicago Press, 1963, p. 218)，在下文中汉译本又将这个术语译为"个体化"(p. 280)。笔者倾向于"特殊决定"这个译名，因为对亚里士多德主义哲学家而言，特殊化问题或许最终能归结到个别实体（"这一个"/个性）或本质，但是，持原子—偶因论的凯拉姆学家们——如同佛教思想者——恰恰是倾向于解构这种具有特定物理本性的实体（哪怕是个体化本质）的。因此，"个体化"这个译名意义范围较窄，无法涵盖凯拉姆学家的反本质主义倾向，后者所关心的不是事物何以成为"这一个"而是何种可能事态（特定时空下原子与偶性的某种特殊结合）成为现实的问题。

上，深受穆斯林神学家们的青睐（*yu'thirūnaha jiddan jiddan*）。"（《迷途指津》，MJ，p. 152；HA，p. 217；汉译，第 205 页）在迈蒙尼德看来，这个论证建基于前提十即"容许性原则"。这个世界的总体以及它的任何一个部分，都可以具有与现实中不同的偶性（形状、大小、位置、时间等），如水元素与土元素的相对位置（水在土上或土在水上），太阳的形状（圆或方），一朵花的颜色（红或黄）。但是，事物在现实中总是具有某一种特殊的偶性而非别种，由此必定有一个决定者通过他的选择使某个实体与某种特殊的偶性相结合。根据迈蒙尼德在后文中的论证，选择意味着可选对象必是有始的。

　　这个论证最早见于穆尔太齐赖派凯拉姆学家阿布杜·贾巴尔（'abd al-Jabbār），随后被艾什尔里派大师朱韦尼完善化，①安萨里在《哲学家的急进》中予以详尽阐发。迈蒙尼德声称，在他看来，这是凯拉姆在创世论方面的最佳论证，他将在下文中表达他对于这一论证的看法，所谓"看法"实际上是他对这一论证的改造，我们会在第四章结合安萨里的论证版本来分析迈蒙尼德本人的特殊决定论证。

　　此外，迈蒙尼德提到："一些（个）假定宇宙永恒的人在特殊决定问题上也并不反对我们[的看法]。"这应该是指阿维森纳，因为后者在他的宇宙论论证中将这个世界上的一切事物视为可能存在者，即其存在与不存在同等可能、从而需要一个外在原因来决定其存在的事物。②

　　6. 优选论证

　　在迈蒙尼德看来，这个论证是特殊决定论证的一个变种。他指出，有一个较晚近的凯拉姆学家认为他自己提出了一个优于上述的论证，即优选（tarjih）论证（MJ，p. 153；HA，p. 218；汉译，第 206 页）。这个世界或者是必然存在者，或者是可能存在者。世界如果是必然存在者，那它自身就是神，由于我们是在和承认神超越于世界而存在的永恒论者辩论，所以可以不考虑这种选项。于是只剩下世界是可能存在者这个前提，可能存在者意味着可以存在也可以不存在。存在与不存在两种状态都不具有相对于对方的优越性，而世界现实存在，于是可以推论出必有一个选择者使存在优于非存在。接下来的程序与

────────────

　　①　Davidson, *Proofs for Eternity, Creation and the Existence of God in Medieval Islamic and Jewish Philosophy*, Oxford: Oxford University Press, 1987, pp. 189-190.

　　②　Avicenna, *The Metaphysics of The Healing*, Provo: Brigham Young University Press, 2005, pp. 31, 272.

上一个论证相同。

迈蒙尼德认为,这个凯拉姆学家误解了持世界永恒论的哲学家所说的"世界是可能存在者"的意义。这里的哲学家很显然是指阿维森纳,他所说的世界作为可能存在者是就世界自身而言,就它与神的关系而言世界是一个依他的必然存在者。因此,实际上并没有世界在存在与非存在两种对等偶性间的中性状态。凯拉姆学家所说的世界的非存在纯粹是建基于想象的,它的合理性必须诉诸容许性原则,而后者是有争议的。

迈蒙尼德所说的这位晚近的凯拉姆学家应该是法赫尔·丁·拉齐。后者利用阿维森纳的"可能存在者"概念,认为从世界作为可能存在者的存在可以推出必有一个在存在与不存在间做出优选的存在者[1]。从阿维森纳吸取特殊决定者理论构造宇宙论证明,到拉齐借用阿维森纳可能存在者与必然存在者区分论证世界有始,我们观察到一种渐次演进的阿拉伯亚里士多德学派与凯拉姆在对话—辩论中相互整合的趋势。[2]

7. 灵魂不朽论证

按照迈蒙尼德的报道,这是另一个晚近凯拉姆学家提出的对哲学家世界永恒论的反驳,它通过显示世界永恒不可能,从反面建立世界有始。这个论证从哲学家的灵魂论观点出发,哲学家(实质上是阿维森纳)承认个体灵魂不朽,如果世界是永恒的,那么,当下就会有无限的灵魂存在着(《迷途指津》,第207页)。这即使是从哲学家所认可的无限概念(潜在的无限是可能的但现实的无限不可能)来看也是荒谬的。

迈蒙尼德认为这个驳论有缺陷(《迷途指津》,第208—209页),因为凯拉姆学家本身对于灵魂不朽并没有确切的认识(迈蒙尼德认为这属于人类理智难以认识的范围)。如果退一步说,他只是就哲学家的灵魂论而言,那么,哲学家对灵魂不朽的理解其实不尽相同。迈蒙尼德征引了伊本·巴哲的观点(死后灵魂脱去个体差异而成为一体),此外他还暗示了法拉比和阿维罗伊拓宽范围的无限概念(非空间共存的或不存在本质因果联系的现实无限是可能的)。按照后一种无限概念,个体灵魂的无限并置并不构成逻辑悖谬。

这里所说的晚近凯拉姆学家,应该是指安萨里,他在《哲学家的宗旨》中复

---

[1]　Davidson, *Proofs for Eternity, Creation and the Existence of God in Medieval Islamic and Jewish Philosophy*, Oxford: Oxford University Press, 1987, p. 193.

[2]　关于这一思想脉络的梳理,见附录三。

述了阿维森纳关于个体灵魂不朽的观点，在《哲学家的急进》中利用这一观点进行归谬，反驳阿维森纳本人的世界永恒论。[①]

在叙述完第七个论证之后，迈蒙尼德对凯拉姆的世界有始论证做出一个总结性的批评。他指出，凯拉姆的全部论证事实上都建基于两个原则之上：即前提十容许性原则和前提十一无限不可能。他认为法拉比在《论变化的存在者》(al-Mawjūdāt al-Mutaghayyira)一书已经对凯拉姆学家们建立这些原则的论证做出有力的反驳，但此书现已不传。[②] 从迈蒙尼德此处的呈现来看，法拉比的主要攻击点应该还是凯拉姆的认识论根据，即判定凯拉姆的"容许性"及"可能/不可能"概念都是建基于想象之上，因而是不可靠的。

二、 迈蒙尼德凯拉姆论证述评的思想史意义

1. 原子论

迈蒙尼德接受亚里士多德的时间、空间、运动连续性的物理学框架，它的根本范型是一个从潜能到现实的连续运动过程。也就是说，具有延展性的运动是最基本的概念，时间、空间最终都从运动得到规定，而运动本身不能被还原为最小单位。在任何一个时间点（无论如何分析）上，运动都是一个从过去的起点出发、奔赴未来目的的过程。与此相关，占据空间的实体也被理解成连续的、无限可分的，最终被归为弥满全部空间、包含一切潜能的原初质料。质料接受形式的方式，不是被切割成一个一个分离的部分、然后填塞入各种形式的模具，而是无定型的质料在一个总体的、各部分相互贯通、按等级分化但不存在斩截界线的有机结构中流转。质料与形式两方面都永远保持着连续性：一个有形物体总是和其他形体保持着连续的接触—混溶，总是保有转化为他物的可能性；而一个物种的定义中永远包含着与其他物种的内在关联，共同构成宇宙等级体系的有机构成部分。

与此形成对照，印度及伊斯兰原子论的出发点不是连续的运动，而是一个由相互间断的点构成的时间序列和空间排列图式。运动最终被还原为一个一个的瞬间单元。在每一个瞬间，不可再分的单独实体占据或通过一个特定的

[①]　Al-Ghazālī, *Tahāfut al-Falāsifa*, Provo：Brigham Young University Press, 2000, p. 19；又见 Wolfson, *The Philosophy of The Kalam*, Cambridge, MA：Harvard University Press, 1976, pp. 453 – 454.

[②]　《迷途指津》，I 74，HA，p. 221，汉译，第 209 页。

空间点。运动在这里是若干运动单元的联合（其中还可以插进静止单元），下一瞬间的位置与上一瞬间的位置之间悬隔着虚空，不存在连续的运动过程。在每一个时间点上实体都占据一个确定的位置，没有趋向某个特定位置的内在规定性。与这种物理学理论相比，古希腊的原子论实际上是一种不彻底的原子论，它只将空间分析到最小单位，而没有将时间原子化，由此带来的结果是原子仍然保有某种内在的运动倾向（旋转或下坠）。

就与宇宙生成论的关系而言，这两套框架有实质的区别。运动连续性框架本身暗示了时间的永恒，在永恒时间之中包含于质料中的潜能将全部得到实现，由此得到的将是一个在整体的形式结构中不断流转的永恒世界过程。这套理论本身就旨在取消宇宙生成论问题，在这个框架中有可能添加神作为推动事物从潜能向现实发展的动因，减少甚至取消这个过程中的偶然性。但是，无论如何提高神在这套框架中的作用，他都难以成为自由创造的主体。而原子论从一开始就预设了宇宙的生成，因为原子本身没有按照特定方式运行或排布的倾向，它需要引入原子之外的主动因素来解释世界的秩序和运行。但是，它不是必然导向单一动因理论，佛教极微说和穆尔太齐赖派原子论都主张有多重动因，在前者那里每一有情都是动因，在后者神与所有人都能产生行为。只是到后来，艾什尔里派才将其他动因取消，只余下神这一个单一动因。

总体来说，运动连续性框架在兼容具有自由意志的造物主方面较为困难，但是在对世界的合目的性秩序给予理性解释和描述方面具有某种相对于原子论的优势。因为，限于当时的数学发展程度，运用几何点的排列组合重构现实事物性质及运动的设想往往难以得到具体落实。遭遇此种困难的一神教原子论者很容易滑入对世界秩序作简单化解释的倾向，即将一切现象直接归原为神的自由意志。

在原子论问题上，迈蒙尼德的立场是明确且前后一致的。他接受亚里士多德的连续性物理学框架而拒斥原子论。迈蒙尼德在物理学框架上的选择可以说是基于他一贯标举的科学旨趣或求知取向。亚里士多德物理学与预设空间连续性的欧几里得几何学是内在一致的，二者——尤其是后者——被古代晚期和中世纪的哲学家视为科学典范和已被证明的真理体系。迈蒙尼德也分享了这一当时哲学—科学界的共识。但是，需要指出的是，古代晚期与中世纪的科学发展历程不是一个单线的过程，而是呈现两条主线相互交织—竞争的复杂局面，一方面是古典哲学—科学范式的确立（或重新确立）与充实，另一方面是这一范式的困难（内在矛盾、无法解释的事实）的揭示及替代范式的探索。凯拉姆原子—偶因论无疑属于后一个方向。它所代表的彻底的间断性的时空—运动观，与古典范式的基础即欧氏几何存在着深层冲突，这是它引发争议最多、也是最容易受到攻击的关键所在。从这个"症结"出发可以有两种发展动向：其一，是在欧氏几何之外发展出一套微粒物理学，这个方向事实上被早期凯拉姆学家（10 世纪前）的努力所预示，但是正如上文所指出的，当时的数学发展尚未取得能够支撑这一设想的突破，在尝试的过程中所呈现出的诸多矛盾和缺陷往往掩盖了它的希望与前景，而且更容易成为哲学家们攻击的口实；其二，是调和原子论与欧氏几何（以及与之相关的亚里士多德物理学），即在坚持物质微粒不可分的同时不同程度地放弃空间、时间的间断性分析，这是后期凯拉姆在前一条道路受挫的情况下所采取的选择。

我们发现，后一条路向上的发展使 11 世纪的凯拉姆原子论表现出一种与古代晚期的伊壁鸠鲁原子论更接近的样貌。[①] 扎纳尼（Dhanani）所发现的这一凯拉姆物理学发展轨迹恰恰是他所提出的伊斯兰原子论起源于伊壁鸠鲁论点的反证。因为早期伊斯兰原子论代表一种比伊壁鸠鲁学说更彻底、更系统化的间断性几何—物理学，在与希腊化科学—哲学的对话、交锋中渐渐妥协而趋近于后者的原子论版本，如果凯拉姆原子论是源出于伊壁鸠鲁的话，这个发展的历程应该是反向的。

一个更合理的解释是，伊斯兰原子—偶因论从一开始就是一种异质于古典哲学—科学范式的体系。类似的动向在希腊哲学体现于德谟克利特和伊壁鸠鲁的"非主流"学说，但是在那里它不可能取得一种彻底的、一致性的形态，因为德谟克利特和伊壁鸠鲁最终分有基本的希腊哲学预设即自然概念和连续性时空观，他们还是试图在原子之中安立内在动因，为世界的连续性生成与秩序提供解释。而在印度尤其是佛教思想的语境（无论我们接受原子论印度本有说还是希腊化时代传入说，原子论在印度都有至少数百年的独立发展过程）中，原子论的间断时空预设被彻底铺展开来，因为它与佛教的缘起、无自性的中心理念间有一种几近完美的契合。佛教，特别是以说一切有部为代表的部派佛教，并不关心通过自然动因建立宇宙秩序的问题，其更关注的是伦理秩序和终极解脱。当连续性的自然动因被解构，一个消极被动的、存在无限可能性

---

① Dhanani, *The Physical Theory of Kalām*, Leiden: E. J. Brill, 1994, pp. 187 – 191.

的物理世界反而更适合成为有情众生因果报应和解脱剧目上演的舞台。也就是说,原子—极微本身相对于任何秩序(或无秩序)而言是纯粹中性的,世界的秩序是众多从本质上讲外在于自然进程的单子式主体通过有意识行为驱动原子—实体的结果。在《俱舍论》中我们可以非常清楚地看到对时间—空间—物质一以贯之的原子式理解:

何等名为一刹那量? 众缘和合法得自体顷;或有动法行度一极微。①

与此相关,迈蒙尼德所还原的最具争议的凯拉姆前提即感觉不可靠原则,除将凯拉姆与在中古语境中声名狼藉的怀疑论者联系在一起的论辩策略的考虑外,也反映出迈蒙尼德的敏锐洞察力。原子论或间断性物理学确实具有某种反直观的认识论意向,它从感觉直观的内容出发进行分析(迈蒙尼德的描述在这个认识论出发点上有误),以分析达到的最小单位的机械组合来重构感觉内容,所达到的结果往往是对感觉直观原型(柏拉图—亚里士多德哲学的理型/形式概念最终建基于这种直观原型)的解构。这一点在佛教世俗谛与胜义谛的区分中获得最充分的体现。

当这样一种彻底的间断性物理学框架被伊斯兰凯拉姆"重新"带入地中海思想语境,它对古典范式的冲击要远远大于伊壁鸠鲁的希腊化版本,尽管这一冲击在阿拉伯—伊斯兰世界最终并未带来前者的解体。

在这一"两大世界体系"的对阵中,迈蒙尼德选择了较为"保守"的一方。正如我们已经看到的,在知识规范上他有充分的理据来说明自己的选择的正当性。但是,基于对辩证论证程序的严格遵循,迈蒙尼德对于"对立面"的立场给予了完整而明晰的记述,更为可贵的是——这一点很可能在迈蒙尼德本人的意料之外——出于在论辩中尖锐化对立和归谬对手的考虑,他选择将凯拉姆原子论的立场还原为彻底的间断性版本,而不是当时实际流行的经过后期巴士拉支派及艾什尔里派的哲学化改造的伊壁鸠鲁式版本。也就是说,当迈蒙尼德的《迷途指津》作为伊斯兰神学的最重要信息来源传入拉丁欧洲时,西方读者有机会见证两种物理学框架以最尖锐的、也是最典型的形态呈现的对立,并有可能领会这种对立所蕴含的各种未来发展方向,而不是仅仅看到原子

---

① 大正藏:《阿毗达摩俱舍论》,T29 n. 1558,0062a21 – 0062a22。

论在古典科学范式压力下的半消化形态。

由于迈蒙尼德在两种物理学框架之间十分明确的立场选择，他不可能采取或利用凯拉姆的原子论框架（前提一至三）来建立世界有始，而他对原子论前提及建基于此前提的论证的驳斥，也基本都来自亚里士多德与法拉比的经典先例，并无个人创新性的内容。

2. 偶性理论

如果说原子论框架涉及的是物理学问题，偶性问题则属于形而上学领域。这里同样有两组竞争性的框架，即质料—形式体系和实体—偶性体系。但是与上述两组物理学体系相互矛盾的情形不同，这里的两组形而上学框架在逻辑上并不必然冲突。事实上，正如迈蒙尼德对前提四的部分肯定所呈现的，亚里士多德哲学承认实体—偶性范畴区分，即偶性依附实体、实体不能完全脱离偶性，实体与特定偶性之间是非必然关联。在此基础上，亚里士多德进一步用形式—质料范畴来规定实体之所是。凯拉姆与亚里士多德哲学的分歧正是从此开始：凯拉姆学家认为实体不是定义所描述的自然本性，而是某种占据空间位置的物体，后者可以被感觉所确认（因而构成必然知识的对象）。凯拉姆不承认事物有所谓自然本性，在凯拉姆体系一定要寻找"形式"的对应物的话似乎只能找到"惯例"。但是惯例是属于神而不是属于事物本身的，而且也不具有规定一事物之为该事物的功能，因此这个对应并不具有实质意义。

基于上述分析，亚里士多德主义的形而上学框架是一种实体—偶性与质料—形式相套嵌的系统，而凯拉姆则采取一套以实体—偶性为中心的排他性的单一框架。迈蒙尼德在坚持亚里士多德形而上学框架的同时做出一个颇有深意的举动：他试图用亚里士多德哲学术语去"翻译"凯拉姆形而上学。例如，他一再宣称凯拉姆学家认为形式或自然形式是一种偶性（另一个例子是将对立偶性翻译为具有与缺乏）。事实上这是一种双方都不可能承认的立场。在亚里士多德框架下，如果认为形式是一种偶性，那么，实体就只能是质料，但亚里士多德本人已经明确排除了质料作为实体的资格。在凯拉姆体系中，根本就不存在自然形式的概念，如果一定要"翻译"这个概念，只能说成被哲学家们认为是形式的那些偶性，但是在凯拉姆学家看来，并不存在区分形式与非形式的标准。

然而，如果我们换一角度来理解这个不被双方接受的"翻译"，它似乎可以成为一种独立于两边的中间立场。尤其是把它放在宇宙生成论的语境中，用迈蒙尼德本人的术语讲,"在世界获得它的完全形式之前",质料可以被理解为一种实体,后来被实现的宇宙的总体形式相对于它而言是一种偶性。后者可以通过与质料相结合而获得实现,也可能保持纯粹可能性的状态,而由其他的形式(或宇宙设计方案)作为偶性与质料相结合。这恰恰是迈蒙尼德在后面所表述的自己的宇宙生成论立场。

迈蒙尼德对于凯拉姆偶性理论的实际态度比他针对原子论的态度要微妙,他在一般性地批判这套形而上学方案的同时,在宇宙生成论问题上试图吸取凯拉姆偶性论来"补足"亚里士多德形而上学,使后者成为一种能同时适用于创世之前与之后的普遍科学。这种做法不是迈蒙尼德的独创,事实上从 11 世纪开始,凯拉姆与希腊化哲学在某些问题处理上的合流已经开始发生——这并不妨碍双方的激烈争论仍在进行、它反而是争论的结果并为争论提供新的论题——凯拉姆方面,安萨里和法赫尔·丁·拉齐都将阿拉伯亚里士多德主义的观点甚至术语吸收入凯拉姆体系之中;哲学方面,阿维森纳的建基于存在与本质区分的新形而上学进路实质上也是综合凯拉姆与亚里士多德主义的一种尝试。在这方面,迈蒙尼德的立场更接近于阿维森纳而不是他的安达卢西亚同乡阿维罗伊。值得一提的是,迈蒙尼德的综合方案区别于阿维森纳及安萨里方案的一个鲜明特点在于,他明确拒斥神秘主义因素,而后二者将神秘主义纳入体系并置于最高地位。13 世纪后,哲学、凯拉姆、神秘主义三元合流的趋势在东地中海世界成为主流,阿维罗伊所代表的纯化亚里士多德主义、在哲学与神学间明分界限的进路在西方成为哲学研究的主导范式,而迈蒙尼德的方案则罕有追随者,犹太教中以他为旗帜的思想者往往实际上是前两种方案的追随者。

需要说明的是,迈蒙尼德运用凯拉姆的偶性论来解释创世之先的存在状态,不意味着他接受凯拉姆关于世界有始的偶性论证。他仍坚持质料—形式框架的"后天"真实性是业已被证明的,也就是说,在创世之先,实体—偶性框架可被接受为主导范式,但创世之后,它必须与质料—形式框架相配合并以后者为中心。凯拉姆学家不加区分地将实体—偶性框架视为普遍适用的单一形而上学范式,本身是一个范畴错误。在给定质料—形式框架的前提下,事物的自然本质(形式与质料的某种特定结合)可以带来并维持某种偶性,偶性不一定是有生灭的。由此,偶性论证无法成立。此外,迈蒙尼德还指出这一论证与凯拉姆学家的无限不可能信念息息相关,我们会在下面处理这个问题。

3. 无限不可能与容许性原则

迈蒙尼德指出，在所有的凯拉姆世界有始论证中都运用了无限不可能与容许性原则这两个前提（或至少其中之一）。

迈蒙尼德对无限性概念的理解是纯粹亚里士多德主义的。在他所列出的四种无限中，两种不可能的无限（即无限多事物同时存在和因果系列的无限）是被亚里士多德明确拒斥的，无限可分的无限是亚里士多德连续性物理学的基石，最后一种在时间上前后相继的无限与世界无始论证直接相关。按照亚里士多德的解释，在时间序列中过去的项和将来的项都属于潜在，因此这不是一个现实的无限，不会遭遇后者带来的困难。迈蒙尼德称这种无限为偶性的无限，显示他与阿维罗伊是在同一条思路上。他们都试图说明，在时间中前后相继的事物彼此之间不存在必然因果关系，这其实是对亚里士多德无限因果系列不可能论断的一种限制，即偶然的因果系列可以无限延续。他们所要解释的首要对象是父子关系，因为在无限时间中这构成一个无限序列，且父子之间通常被认为有因果关系。将父子关系解释为一种偶然的因果关系，多少有牵强之处，但并非不可辩护。而迈蒙尼德在这里的目的也并不是要建立这种偶性的无限因果系列的真实性，而只是说明其可能性。他要确立的是，哲学家的宇宙无始论证——尽管不一定是一个可取的论证——是一种在知识规范上合法的论证，这种意向与他整个宇宙生成论辩证探讨的最终结论相关。此外，对时间中相续的无限序列之可能性的肯定，也与他在世界不灭问题上的立场相关。

容许性原则涉及古代晚期与中古思想史上的一个重大问题即可能性概念的理解问题，我们在本章与第二章中已经约略谈到这个问题，在最后一章对迈蒙尼德本人世界有始论证的讨论中还会作进一步说明。在这里我准备主要关注迈蒙尼德对凯拉姆学家认识论态度的批评。他提出，凯拉姆学家之所以采取这一原则，是为了获得一种方便法门，借此可以确立一切他们想要确立的东西，换句话说，将一神教的基本信条建立在种种想象的可能性之上。这反映了迈蒙尼德对凯拉姆学说的一个总体批评，即凯拉姆学家是强使事实符合他们预想的结论，而不是使自己的理论符合存在的事实。这是一个认识论态度上的指责：凯拉姆学家的目的不是求真理，而是尽最大可能、甚至不惜扭曲事实来为他们所信奉的教条做辩护。

我在这里不准备讨论这种指责是否如实或者在多大程度上如实的问题，

尽管通过上文的分析读者已经能够看到至少早期穆尔太齐赖派和安萨里是不符合这种描述的。我也不准备审查迈蒙尼德本人在多大程度上可以免除这种指责(后世格森尼德就以同样理由指责他①),其实个人信念在理性探讨中发挥作用是不可避免的(这不仅限于中世纪),关键在于信念所驱动的判断或论证在理智上是不是可辩护、对于所探讨的问题的解决是不是有建设性的意义。谴责论辩对手将基于信念的预期带入理性探讨,是一种过于轻巧的修辞策略——当然,这并不排除它具有某种宗教—政治意义。

我在这里真正关心的是迈蒙尼德对于凯拉姆学家认识论态度的描述的"现象学"意义。尽管这些负面描述未必符合凯拉姆学家们的实际作为,它们对于迈蒙尼德而言却代表一种知识探索道路上的真实危险。一神论思想者在探讨神学及与神学相关的物理学论题时,很容易在信仰热忱的驱使下选择最直接、切近的道路,后者很可能是诡辩或基于未经检验的常识与想象的论证。对特定结论的过度预期、对经典字义的胶着、对社群传统的盲信,都会使人丧失理智的清明判断,或压低证据审查的标准,让各种不合法的意见以知识之名流行。这种做法所造成的另一严重后果,是使宗教学科与科学知识的标准愈行愈远,使求知者越来越怀疑其至厌弃宗教传统,这就是迈蒙尼德在《迷途指津》开篇所说的"困惑"。在迈蒙尼德看来,信仰热忱所导致的奔向特定结论的急进,与哲学家对自身理智能力过度自信的鲁莽,恰恰是神学认知道路上两种恶的极端。这种态度从他匠心独运的用词可以看出,他在开篇书信中提到凯拉姆学家的"宗旨"(maqāsid),而在 II 25 又提到哲学家的"tahāfut"(鲁莽、急进):

> 假如世界有始得到了证明,即使是以柏拉图观点的形式,哲学家们的所有那些反对我们的急进(tahāfatat)[论断]都会化为一纸空文。②

迈蒙尼德的用词暗合了安萨里系列著作的书名《哲学家的宗旨》(Maqāsid al-Falāsifa)与《哲学家的急进》(Tahāfut al-Falāsifa)。他使用了一种互文的策略,揭示出这两种错误的认识论态度其实都是"tahāfut"的表

---

① Gersonides, *The Wars of The Lord*, Volume 3, translated by Seymour Feldman, Philadelphia: The Jewish Publication Society, 1999, pp. 409,429.

② 《迷途指津》,MJ, p. 230; HA, p. 352;汉译,第 303 页。

现，即过分急进地肯定某种未被证明的结论或否定某种未被证伪的观点。迈蒙尼德通过谴责这两种态度，试图向律法学徒指明某种神学探讨的"中道"，即保持理智的谦卑并严格地遵循科学探索的次第与程序，以认识论的反思来制衡、校正信仰对于判断的影响。

最后，我们需要提到迈蒙尼德对凯拉姆特殊决定论证的态度。这是迈蒙尼德唯一以赞赏口吻提到的凯拉姆世界有始论证（"最好的凯拉姆论证"，《迷途指津》，第 205 页）——当然，迈蒙尼德对这个论证的赞赏也不是毫无保留的。这个论证集中运用了凯拉姆的偶性理论与容许性原则（可能性概念）。我们在上文的分析中表明迈蒙尼德在其评述中并未全盘否定这两个凯拉姆理论。迈蒙尼德自己的世界有始论证，事实上就是在特殊决定论证的基础上加以改造获得的。他对这一点也并不讳言，而且还许诺他的论证与原子论无关且不会与哲学家所证明的自然原理相冲突，也就是说，这将是一个内置于亚里士多德物理学—形而上学框架中的特殊决定论证。我们会在下一章中具体考察这个论证。在这里只需说明一点，凯拉姆的集大成者安萨里在这个方向上是迈蒙尼德的最近先驱，后者在《哲学家的急进》中已经树立了一个特殊决定论证与亚里士多德哲学前提相兼容的范例。我们会看到两位思想巨人在此关键问题上的会心与分途。

第四章　基于目的—设计论的世界有始论：迈蒙尼德在宇宙生成论问题上的最终立场及其意义

第一节　迈蒙尼德的世界有始论证

一、迈蒙尼德世界有始论证的准备工作

1. 区分对立的意见与思路

在进入自己的世界有始论证之前，迈蒙尼德先做了一些必要的澄清。他首先列出在这个论题上两种对立的意见：基于必然因果性的世界永恒论和基于目的性选择的世界有始。关于前者，他在前面对哲学家意见的辩证探讨中已经做了详细的评述，在这里给出了一个集中的概要：

> 你已经明白，根据亚里士多德和其他所有主张世界永恒的人的学说，这个存在物（指世界）是以一种必然的方式从造物主产生的。上帝是原因，这个世界是结果，而且必然如此（hakazā）。正如人们不能追问上帝为什么如此存在或如何存在——［关于"如此"］我是指单一、无形体——人们也不能问世界整体为什么如此存在或如何存在。因为不论从原因还是结果看，这一切都必然如此（kazā）存在，它们不可能以任何一种方式不存在（adam，也可译为"缺乏"），同时，它们存在的方式不会改变。从这种意见必然推出，任何事物就其自然本性（tabī'atuhu）而言都必然是恒定

的,它的自然本性绝不会改变。根据这种意见,对于任何存在者,其自然本性上的改变都是不可能的。①

亚里士多德主义哲学家认为,神与世界之间存在一种必然因果关系,只要神存在,世界就会存在,而且,神的存在方式(永恒如一)决定了世界的存在方式(本性恒定)。这种观点中还包含有一种认识论逻辑:我们知道神是单一、无形体的,神的这种存在方式是由神的本质决定的,因为神的本质对人而言是不可知的,所以我们无从知道神为什么以单一、无形体的方式存在;世界作为神这一原因的结果,其存在方式最终是由神的本质决定的,我们不知道神的本质,也就无从知道神是如何决定世界的存在方式的。我们在下文中将看到,迈蒙尼德事实上是认同这一认识论原则的。

随后,迈蒙尼德给出了"我们"(启示律法的追随者)的意见:

> 一切事物都是有目的设计(qasad)的结果,不是出于必然,有目的设计它们的[神](al-qāsid)可以改变它们,并另作别的目的设计,尽管不是设计什么都行,因为不可能性,如下面将阐述的,是稳定不变、不可取消(butlānuhā)的。②

迈蒙尼德坚持世界是神有目的设计的产物,提出了另一种类型的因果关系。这里同样暗含了一个关键问题,即可能性/不可能性范畴的界定。我们暂时放下这些"插入"的暗示,回到此处探讨的主题,迈蒙尼德非常明确地指出两种意见之间的矛盾:

> 因此(根据哲学家的世界必然—永恒论断),这个世界如此存在并不是有目的者设计、选择、意欲的结果。这是因为,如果是这样,世界在被有目的者设计之前就一定不是如此存在的。③

由此,迈蒙尼德先指出必然与永恒、设计与有始之间的内在联系:必然与

---

① 《迷途指津》,II 19, MJ, p. 211；HA, pp. 324 - 325；汉译,第 279—280 页。
② 《迷途指津》,MJ, p. 211；HA, p. 325；汉译,第 280 页。
③ 《迷途指津》,MJ, p. 211；HA, p. 325；汉译,第 280 页。

永恒是相互蕴含的,而设计必须以有始为条件(至于这些关联是如何建立的,具体见下文)。由于永恒与有始相互矛盾,永恒意味着必然,所以有始与必然相矛盾;设计要求有始,所以设计与永恒相矛盾、也与必然相矛盾。因此,迈蒙尼德整个论证思路的核心是建立世界是有目的设计的产物,建立了设计也就建立了有始;而建立设计的基础就是建立一个在各种偶然性相中做出自由选择的特殊决定者。

在明确了基本论题以及在此问题上哲学家意见与启示律法意见的分野之后,迈蒙尼德又试图在启示律法追随者内部区分自己的思路和凯拉姆学家的思路(《迷途指津》,第 280 页)。他承认,二者都旨在论证世界有始且都使用特殊决定原理,但是,他声称自己绝不会取消存在者的自然本性(tabī'at al-wujūd),不会采取凯拉姆的原子论、偶性不断创造论等前提,而是要通过源于存在者本性的哲学前提来建立特殊决定原理。此外,他还指出,凯拉姆学家们在论证特殊决定原理时不区分月上与月下世界,而他自己的论证会在亚里士多德的这一经典区分的框架下运作。

他许诺:"本章的目的是借助于几近于证明(taqārub al-burhān)的论证表明,现存世界告诉我们它是按神的目的产生的。"(《迷途指津》,MJ, p. 211;HA, p. 325;汉译,p. 280)至于这种"几近于证明"的论证究竟是什么,我们会在下面看到。

2. 一个前提

在正式提出自己的论证方法之前,迈蒙尼德给出一个前提:

> 不同的存在物可以有共同的质料,因此也一定有一个外在于并不同于此共同质料的原因,它使得一些事物具有某个属性,而另一些事物具有不同的属性,另外也可以根据相互区别的事物的数目而有几个原因。①

这个前提的实质是,对于拥有共同质料的事物而言,其特殊性状的决定者是质料之外的因素。迈蒙尼德认为这个前提是世界永恒论者和世界有始论者所共同接受的。需要考虑的一个因素是,凯拉姆学家并不承认亚里士多德主义中与形式相对的质料概念,但是,如果把此前提中的"具有共同质料"转译成

---

① 《迷途指津》,第 280 页。

"具有同样的实体或载体"，而将"属性"具体化为"偶性"，凯拉姆学家也不会反对这一前提的实质意义。不过，从这一用语也可以看出，迈蒙尼德这个论证的主要诉诸对象——或者说他所期待的听众——是接受亚里士多德主义术语体系的读者。

二、 迈蒙尼德关于特殊决定的辩证论证

如果说迈蒙尼德对于宇宙生成论问题的总体处理是一个宏观的辩证探讨过程，他在特殊决定论证中所呈现的则是一个微观的辩证论证。后者的论题是个别事物的特殊属性是如何被决定的，需要考虑的两种对立意见是根据本性必然决定和按照意志自由选择。迈蒙尼德选择用对话这种最为经典的辩证论证形式来展开双方的意见：前一种意见的假想代表者是亚里士多德，后一种是"我们"，即追随启示律法且承认存在物本性的世界有始论者。在下面的评述中，我们基本遵循迈蒙尼德本人的叙述顺序，但有一些环节出于解释和澄清的需要而按照逻辑理路对原文的叙述次序作了一定的调整。

1. 与亚里士多德物理学的对话

论证从讨论亚里士多德的意见开始，"我们"首先提出月下世界的特殊决定问题（《迷途指津》，第 281—282 页）。这个问题的出发点是上面刚刚提到的共同质料前提，具体到此处就是：亚里士多德物理学承认月下事物有共同的原初质料，那么，就可以进一步追问造成月下事物彼此不同的原因是什么。

亚里士多德的回答是，这是由质料混合的方式不同造成的。原初质料首先接受热、冷、干、湿四种基本性质，四种性质两两组合的结果是造成四种元素（土、水、气、火）。四元素在天体旋转的作用下进行混合，造成质料的各种不同的配比状态，这些配比状态分别适合接受不同的形式，由此产生事物彼此区分的特殊性状。

"我们"在接受这一解释的前提下，进一步追问四种元素是如何从共同的原初质料中分化出来的。亚里士多德的回答是由于位置不同。在原初质料中，越是接近于天体的部分在天体的直接带动下运动速度越快，从而更为轻灵，适合接受火的形式；越接近于中心的部分则越稠密、滞浊，因而适合接受土的形式。处于二者之间的水和气的情形同理可知。质言之，位置的不同使原初质料的各部分有不同的运动倾向，从而适合接受不同的形式（热冷干湿的不同组合，不同的运动方向和速度），形成相互区别的元素。

关于月下事物特殊决定原则问题的讨论至此结束,下面进入真正的关键部分即天体世界的特殊决定者问题。迈蒙尼德遵循同样的思路,先从质料入手:

> 包容一切的天体或诸天的质料和[月下世界各]元素的质料是同一种东西吗?①

亚里士多德的回答是否定的,他所依据的原理是:"形式的差别是由活动的差别*推出*(yastadill)的。"(MJ,p. 213;HA,p. 327;汉译,第282页)四元素做直线运动(土水向下,气火向上),天体做圆周运动,由此可以推出月上与月下世界的元素不同。而拥有相同质料的事物的不同运动方式,如四元素的运动有上下快慢的区别,天体的运动有方向(自东向西或自西向东)和快慢的区别,则意味着元素之间形式不同,天体之间也存在着形式的差异。

由于在上一回合亚里士多德解释了为什么某些特定的月下质料接受某种特定的元素形式,在这里"我们"很自然地就提出一个问题:既然所有天体都拥有共同的质料,且每一个天体的基质都被特殊化以接受一种特殊的不同于其他天体的形式,那么,是什么因素使这些基质特殊化从而适合接受不同的形式呢?

有意思的是,在叙述亚里士多德的可能回应之前,迈蒙尼德就以反问的方式给出了自己的备选答案:"除上帝以外,是否在天体之后还存在适合将特殊决定作用(takhsīs)归于它的别的东西呢?"(MJ,p. 213;HA,p. 328;汉译,第282页)因为迈蒙尼德判断亚里士多德不可能就此问题给出令人满意的答复。

迈蒙尼德认为,尽管亚里士多德具有深刻的洞察力和非凡的理解能力——正如他在致提本书信中所说的亚里士多德代表人类理智在不借助启示的前提下所能达到的最高水平②——他还是无法摆脱这个问题所带来的困境,在这个问题上,他仍诉诸存在的事实、试图借此脱困,但这些事实并不支持他的论断。虽然他没有在其著作中提到这一难题,但从他对天体的探讨来看,他试图像在月下世界一样在天体世界中找到某种遵循自然必然性(*al-luzūm*

---

① 《迷途指津》,第282页。

② Pines,"Translator's Introduction",in *The Guide of the Perplexed*",Chicago:The University of Chicago Press,1963,p. lix.

al-tabī'ī,《迷途指津》，II 19，MJ，p. 213；HA，p. 328；汉译，第 283 页①）的秩序。然而，在迈蒙尼德看来，他并未成功，也不会成功。

具体来说，亚里士多德试图用天体的不同位置来解释其运动速度与方向的差别，但是，天体的相互位置与运行速度的差异之间似乎并无可以观察到的关联，有的上层天体运动速度较下层天体快，有的上层较下层慢，有的上下同速。在运动方向上同样没有一致的秩序可循。亚里士多德提出，天体运动的规律可能是离第八天体越近运动速度越快，天体观测的事实也与此相悖（《迷途指津》，第 283—284 页）。

至于亚里士多德将每一天体的个别运动归因于它所从属的分离性理智的理论，迈蒙尼德的批评是：分离性理智作为目的因引发天体运动，是通过激发天体模仿它的存在方式的欲望；分离性理智本身没有形体，也没有位置或方向的规定，因此无从引发天体向某一特定方向运动的欲望。最终天体指向某种特定运动方向或速度的欲望只能归于它自己的本性，于是回到原初的问题：既然天体质料都是同一的，何以某一天体的质料接受这种本性而不是别种本性呢？（《迷途指津》，第 287 页）

迈蒙尼德还指出一个亚里士多德未曾解释、按照亚里士多德主义物理学也无法解释的现象，即星体的分布。按照中世纪普遍接受的天体—宇宙模型，有的天体只包含一个星体，如诸行星天；有的天体包含众多星体，如恒星天；还有的天体不包含星体，如宗动天（即最外层天球）。仅以恒星天为例，它包含众多星体，这些星体在恒星天上的分布是偶然的，而且，按照亚里士多德天体物理学，天体是一个单一、匀质的物体，从此出发很难解释何以某个星体被规定在某个特定的位置上。此外，根据上面提到的作用不同意味着形式不同的原则，从天体与其所包含的星体间的物理差别（天体透明、不发光、自身旋转；星体不透明、发光、自身不动而随天体旋转），可以推测二者有不同的形式，结果又面临同样的天体质料如何被特殊化以接受两种截然不同——在天体与星体的物理差异问题上迈蒙尼德批评了他一贯尊崇的法拉比（Abū Nasr al-Fārābī）所持有的认为二者差异很小的意见——的形式的难题。（《迷途指津》，第 283、285 页）

迈蒙尼德承认亚里士多德在月下世界发现了明确的且符合存在事实的因

① 此处汉译本仅译作"必然性"。

果秩序,而这种秩序让人"有可能"(amkan)判断①这是出于天体运动及天体之力的必然作用;而在天体世界,亚里士多德并未揭示出这样一种因果秩序,所以根本无从宣称天体现象是根据某种必然性而产生的(《迷途指津》,MJ, p. 214;HA, p. 328;汉译,第 283 页)。

我们注意到,在与亚里士多德理论对话的过程中,迈蒙尼德尽管将亚里士多德视为论辩对手、尽力反驳他的天体物理学理论,同时也毫不隐晦地表现出对于亚里士多德某些理论或立场的"同情"态度。这主要体现于两方面:

第一,迈蒙尼德几乎全盘接受了亚里士多德的月下物理学解释,而且一再宣称亚里士多德对月下世界的论断是正确的(《迷途指津》,第 283、294 页)。这与迈蒙尼德对亚里士多德天体物理学的评价形成鲜明对比。这里需要排除一种误解,即迈蒙尼德认为月下世界存在着亚里士多德所宣称的必然因果秩序,而月上世界至少在某些方面是偶然的。事实上,迈蒙尼德坚持古典哲学的基本前提,即天体世界决定月下世界。如果天体世界是偶然的,那么,被它所决定的月下世界也必是偶然的。迈蒙尼德所说的亚里士多德物理学的月下部分是正确的,是指他在月下世界所发现的因果法则是合乎存在事实的,但这并不意味着这种法则是必然的——通过下文的分析,我们可以看到,在迈蒙尼德看来这种法则本身是一种选择的产物。

第二,迈蒙尼德为亚里士多德天体物理学的不准确作出了两种"辩护"。

(1) 亚里士多德对自己所提出的天体现象因果解释的脆弱性有清醒的意识。迈蒙尼德援引了《论天》阿拉伯文译本中的一段话:

> 现在我们要充分考察两个难题,我们有责任根据我们的理智能力所及、我们的知识和我们的意见,就这两个问题进行考察。人们不应该认为我们这样做是胆大妄为,反之,我们对于哲学的愿望和热情应当受到赞赏。因此,当我们探索这些崇高的问题,并在哪怕很小的程度上找到确定的答案时,每一个听众都会感到莫大的欣喜。②

---

① 此处汉译本作"他可以说"。
② 《迷途指津》,MJ, p. 215;HA, p. 329;汉译,第 284 页。

　　这段译文与《论天》的原文①有不小的出入，而迈蒙尼德对此译文的密德拉什式解释更耐人寻味（他本人也宣称这是未被其他评注家发现的一重意义）。他将"我们的意见"解释为世界永恒论者的必然性主张，"我们的知识"是指所有这些事物都有原因和理由、并非偶然发生，而"理智能力所及"是指我们在找出这些事物的目的与终极（ghāyatuhu wa-nihāyatuhu）原因方面的局限，但亚里士多德仍认为我们在一定限度内能给出此类原因。迈蒙尼德尽管在此段引文的上下文中驳斥亚里士多德的具体观点，却并未否定他的这一认识论态度。事实上，我倾向于认为迈蒙尼德认同这种态度，他在《迷途指津》上文（I 5，第 31 页）中曾引用过这同一段话，在那里也是持一种赞赏的评价。迈蒙尼德所揭示出的亚里士多德的认识论态度，是典型的辩证探讨式的，即在充分意识到人类理智的局限的前提下，对崇高、艰深的问题作审慎的理性探讨，并试图给出一种最具合理性的因果解释。迈蒙尼德坚信哲学宗师亚里士多德在探讨宇宙生成论问题时是这样做的，而他本人也遵循同样的认识论—方法论原则，只是在针对此问题究竟何为最具合理性的解释上，与亚里士多德有所分歧。亚里士多德最终仍预期能够给出某些确定的、建基于自然本性的因果解释，而迈蒙尼德虽然也追寻某种因果解释，但并不预期这种因果联系是必然的。

　　（2）迈蒙尼德为亚里士多德的"错误"做出的另一个辩护，是那个时代（古典时代）的数学—天文学还没有发达到当代（12—13 世纪）的程度（《迷途指津》，第 284 页）。也就是说，亚里士多德之所以就天文现象提出一系列错误的因果解释，是因为他没有机会看到那些能够构成反证的事实。他始终是坚守从存在事实出发、尽可能给事实以最大合理性解释的原则的，他的错误既不是出于理智的无能也不是有意识地忽视或歪曲事实以支持成见，后二者是迈蒙尼德竭力归之于凯拉姆学家的。这个辩护还透露出迈蒙尼德对知识演进的某种信心，由此可以引申出一个颇具冲击力的推论：随着知识的进步，原先最合理的解释可能成为不合理的，重启辩证探讨的可能性永远存在。这个冲击似乎也同样可以转向迈蒙尼德自己的结论（在天体世界无法找到自然—必然性秩序），我们会在下文中处理这个问题。

　　2. 目的—设计论方案

　　基于亚里士多德主义在特殊决定问题上遭遇的困境，迈蒙尼德提出目

---

　　①　291 b24 以下，汉译见《亚里士多德全集》第二卷，第 334 页。

的—设计论作为替代进路(《迷途指津》,第284—287页)。在迈蒙尼德看来,目的—设计论与本性—必然论同样承认神与世界之间存在着因果关系。在这样一种视野下,世界及世界上的所有事物都不是偶然产生的,而是在一个因果秩序之中、呈现出某种合乎理性的规则。但是,必然论与目的论对这种因果关系的作用方式有不同的理解。前者认为,原因与结果之间是一种——决定的关系,一种具有特定本性的原因必然带来一种具有相应本性的结果;后者坚持,原因发挥作用的方式不是被它的本性所决定的,而是有一定的选择空间,同一个原因可以造就不同的、甚至是相反的结果。

具体到此处的天体个别性状,必然论无法从天体的自然本性出发给出一种必然的因果解释,而目的—设计论将这些特殊化现象归因于神的自由意志选择。同时,由于迈蒙尼德主张神的意志与理智同一(《迷途指津》),第284页),神在其中做出选择的每一可能选项都是一种合理的设计方案。因此,这种自由选择不会带来自然秩序的取消。换句话说,目的—设计论更加切合这个世界存在合目的性秩序及偶然性特征的事实。不仅如此,相对于必然论,目的—设计论还有一种认识论上的规范性优势:

> 如果我们相信所有这一切都是出自一个有目的者的设计、作为和规定——如神之出乎[我们的]理解的智慧所决定的——那我们就没有义务回答这些难题,只有那些主张事物都是出于必然性而非意欲者的意志的人才有义务回答这些问题,他们的意见不符合现存世界的秩序,未能给出原因的解释和服人的论证,由此陷入严重的困境。①

在迈蒙尼德看来,由于必然论宣称世界以一种必然方式出自神,它就有某种"强"举证义务,必须给出一种基于自然本性的世界因果秩序,才能证成自己的预设,任何与这种秩序相违背的事实都可以成为该预设的反证。而目的论认为世界是神的选择—设计的结果,只要举出世界的某种秩序性特征,就能支持设计预设,没有必要用自然因果法则解释一切;同时,无法用已知的因果法则解释的现象,可以解释为神的意志选择。

因此,必然论负有举证义务,却未能履行这一义务(所提出的因果解释都

---

① 《迷途指津》,II 22,MJ,p.223;HA,p.341;汉译,第294页。

与事实不符），从而陷入一种认识论上的困窘境地。反观目的论假设，它设定的支持条件较易满足，且与观察到的现有事实相一致。

如果必然论者指出天体所呈现的偶然状况并不一定是其事实状态，很可能其背后有必然的原因，只是尚未被发现。就像迈蒙尼德在开始论证之前叙述的永恒论者所说的，我们可以知道神作为原因必然产生世界这一结果而同时不知道原因决定结果的方式。这种判断是基于原因必然——对应地产生结果的预设，但是，我们已经看到因果关系并不是只有这一种类型，意志选择这种或然性的因果对应也同样是可能的。一切基于对现有秩序观察的支持必然论的证据都可以用来支持目的—设计论，必然论要取得针对后者的优势必须对世界整体架构给出基于自然本性的因果解释，但事实上必然论者非但给不出这种预期的"强"解释，连一种最低限度的一致性秩序都未能发现。而目的—设计论者能对天体的特殊化状况给出一种因果解释（尽管不是必然因果解释，它原本也未许诺此种解释），且并不封闭作进一步理性探索的空间。

所以，迈蒙尼德认为我们有足够理由接受对于天体特殊决定问题的目的—设计论解释。换句话说，就现有的观测事实（以最大限度地符合或解释这些事实为标准）而言，他倾向于判断，某一天体的特定运动速度、方向以及其内部星体的分布，本身都不是必然的，而是完全可以呈现另外的状态（与现有不同的速度、方向、分布），决定这个天体具有此种偶性状态的因素是天体创造者的意志选择（《迷途指津》，第 286 页）。

3. 从目的—选择到世界有始

这是迈蒙尼德世界有始论证的最后一个逻辑环节。迈蒙尼德首先辨析了对世界起源方式的三种基本理解：偶然—自发、必然和目的—安排。第一种观念为希腊早期自然哲学家（如原子论者）所持有，即认为世界（至少其总体框架和基本构成要件）是自发地、偶然地产生的，迈蒙尼德对这种观点的了解主要来自亚里士多德《物理学》第二卷中的转述①，并且认为亚里士多德在那里已经成功地驳斥了这一立场。因为偶然的事物是不可能持续或经常发生的，而这个世界上的一切事物——无论生物还是非生物——都有可观察的持久的本性。迈蒙尼德认为亚里士多德证明了事物皆有本性，本性是事物是其所是的原因，从而排除了对世界起源的偶然—自发解释。

---

① 《亚里士多德全集》第二卷，第 42—43 页。

从否定偶然、肯定本性这一被证明的前提进一步推论,可以推出这个世界有一个具备理智能力的原因,但是,就这个原因是如何产生世界的问题存在两种相互排斥的可能解释:一个是必然论的,另一个是目的论的。亚里士多德选择了前者,按照迈蒙尼德的理解,他的必然论不仅仅是一般性地主张世界从神的本性必然产生因而与神永恒同在,而且使用一种强度上超过物理必然的逻辑必然概念。神与世界的因果关系,不是形之与影、日光之于白昼的关系,而是理智主体之于理智对象的关系。根据亚里士多德的神性定义,神本身是至高的、最完满的理智,世界是他的思维内容,这种理智永恒地在思维,思维必有所思,因此世界必然永恒地从神产生。与之相对的,目的论主张世界是第一因基于一定的目的、自由选择和安排的产物,在这里结果不是一定要与原因相随,结果不反映原因的本质,结果的变化不必然意味着原因的变化。迈蒙尼德坚持这两种思路在逻辑上是不可兼容的:

> 在我看来,将按必然性存在和按目的—意志生成二者结合成一种观点,几近于结合两个相反者。①

这就是说,在按必然性产生和按目的产生二者之间不存在中间项或综合的可能。迈蒙尼德认为,当亚里士多德说第一因意欲并喜悦他所产生的对象时,他所理解的意欲并不等同于"我们"所说的"目的",其中不包含在不同选项间做出选择的意义。迈蒙尼德举例来说明这种区别,一个人可能意欲有两只手和两只眼,也就是说他欣喜于这种生理构造,但是,不能说一个人有目的地安排或选择自己具有两只手两只眼,因为他先天地具有这种生理构造,这不是他可以选择拥有或不拥有的对象。对于任何必然如此的事物,目的—选择是无意义的。

至此,迈蒙尼德明确划分了必然论与目的论两种世界起源解释的逻辑界线,在二者之间必须做出非此即彼的选择。根据上一部分给出的理由,迈蒙尼德本人在两种思路中选择了目的论,并且指出按目的进行选择的对象只能是可能存在也可能不存在的事物:

---

① 《迷途指津》,II 20, MJ, p. 218;HA, p. 335;汉译,第 288 页。

目的和规定的概念仅适用于这样一种非存在的事物，它可能按目的和规定而存在也可能不这样存在。[1]

目的—安排的对象必须是可能存在也可能不存在的，也就是说，这个对象不是必然的。根据必然与永恒相互蕴含的原则，这个事物也不可能是永恒的，它必须曾经是非存在的，通过选择由非存在进入存在。当然，以迈蒙尼德一贯的理性批判态度，他不太可能简单地将亚里士多德必然与永恒相互蕴含的论断[2]作为一个自明公理接受下来。[3] 他一定会审查亚里士多德做出此判断的理据。亚里士多德的判断建基于其可能性观念[4]，即一种可能性在无限的时间中必获得实现，一种在无限时间中从不实现的状态实际上是不可能的。而一个永恒的事物就是一个其不存在状态在无限时间中从不实现的事物，由此其不存在是不可能的，也就是说，它是必然的。据此，如果这个世界是目的性选择的产物，它就不是必然的；同时，由于所有永恒者都是必然的，非必然的就是非永恒的，所以，世界不是永恒的，换句话说，在被神选择之前它是非存在的。因此，迈蒙尼德批评后世哲学家（很可能是指阿维森纳[5]）所谓"神永恒选择世界的存在"的提法（《迷途指津》，II 21，第 289—290 页），认为这只是玩弄和误用名词，因为在他看来，选择与永恒不能相容。

三、 两种立场的优劣权衡

在给出自己的世界有始论证之后，迈蒙尼德按照辩证探讨的程序对两种相互对立的思路在理论上的优劣进行权衡。他首先列出了亚里士多德和所有从事哲思的人所共同认可的一系列原则，其中最为根本的是第二条原则：

任何事物都不是从别的事物中偶然派生（lazim）出的，原因和结论之

---

① 《迷途指津》，MJ，p. 219；HA，p. 336；汉译，第 289 页。

② 《论生成和消灭》，《亚里士多德全集》第二卷，第 466 页；《形而上学》，《亚里士多德全集》第七卷，第 148，215—216 页。

③ 确切的说，从必然推出永恒是自明的，而从永恒推出必然则有待论证。

④ 《论天》，《亚里士多德全集》第二卷，第 303—311 页。

⑤ Avicenna，*The Metaphysics of The Healing*，Provo：Brigham Young University Press，2005，p. 304.

间一定存在某种一致性(*manāsaba*,本意为亲缘、比例)。① ……正如量不
会派生于质,质也不会派生于量;同样,形式不是从质料派生,质料亦不
来自形式。②

此处"派生"(*lazim*)一词的语义是"[从原因]必然推出[结果]",也就是
说,这里所谈论的是在原因必然产生结果的条件下原因与结果的关系问题。
哲学家们认为,在这种必然因果格局下,原因一定与结果具有某种一致性
(*manāsaba*)。这意味着,原因与结果一定具有某种共同的东西,这种东西蕴
含于原因的本性,唯有如此,原因才能必然地将它传递给结果。根据这一原
则,形式依其本性只能必然地产生与其同质的形式,而不能产生与其完全异质
的质料,反之亦然。事实上,迈蒙尼德在本章所列的第一条原则"从单一者只
能派生出单一者"也可以视为必然因果一致性原则的具体引申。

根据哲学家们自己公认的这些原则,他们关于神必然产生世界的论断存
在着重大的困难。首先,神作为绝对单一者,其本性中不包含任何复多性,从
这样一种单一本性如何能够派生出多样性的世界,哲学家们始终无法给出一
个令人满意的答案。

退一步讲,即使接受新柏拉图主义的逐渐退化模式(在流溢次序中离第一
因愈远愈偏离第一因的单一本性,从而产生杂多,《迷途指津》,II 22,第 293
页),哲学家们仍将面对另一个更严重的难题,即从作为纯形式的分离性理智
如何必然派生出天体的质料。同理,哲学家们也无法解释作为分离实体的神
是如何以一种必然的方式产生质料的。按笔者的判断,这也是迈蒙尼德排除
柏拉图主义创世论的理据。因为,迈蒙尼德是在亚里士多德和新柏拉图主义
的双重影响下来解读柏拉图的:神是一切存在者包括质料之存在的原因,永
恒意味着必然,所以,永恒的质料一定以必然的方式产生于神。由此,柏拉图
主义者也不得不面对质料如何必然出自神的问题。

接下来,迈蒙尼德从另一角度(从较单纯的复合如何产生杂多性的组合)
复述了天体的特殊决定问题,哲学家们同样无法提出有说服力的解决方案。

---

① 迈蒙尼德在《迷途指津》I 52(MJ, pp. 79 - 80;HA, pp. 121 - 122;汉译,p. 112)中指出"相
互关系"(*nisba*,与此处 *manāsaba* 同词根)必然意味着关联的双方属于同一个种。

② 《迷途指津》,II 22, MJ, p. 211;HA, p. 339;汉译,第 292 页。

而反观设计论思路，由于它所适用的是另一种类型的因果格局，即自由因通过选择决定结果：

> 每一动因（fā'il）都在有目的、有意志地活动，而不是依照自然本性活动，因而能产生许多不同的作用。①

在这一格局下，一个原因不是只能产生一个结果，而是可以在多种可能结果之中做出选择，在不同的时间、相同的条件下选择不同的结果。同时，原因与结果之间不是一定要有同一性。也就是说，神作为一个单一意志，完全可以选择与他自身不同的多样的事物进入存在。而且，正如上文所呈现的，目的—设计论可以为天体世界的特殊现象提供相当合理的解释。因此，就解难这一标准而言，目的—设计论背景下的世界有始论完胜世界永恒论。

最后，需要指出一点。尽管迈蒙尼德指出哲学家们世界永恒论的困难并给出替代方案，但他并没有宣称从神必然产生世界的命题是不可能的。他所揭示的只是，从对此世存在事物的观察归纳而得到的现有知识出发，难以解释质料（杂多）如何必然地从神产生。根据他所坚持的否定神学原则（《迷途指津》，I 52，第109—112页），我们不知道神的本质，因而无法断然排除神以一种必然方式产生质料（杂多）的可能性。不过，根据辩证探讨的规则，带来较多且较重大疑难的思路是不可取的，所以，迈蒙尼德认为他有充分理由坚持世界有始论。

在这里，我们可以对迈蒙尼德的整个论证做一总结：他首先提出论题，即共有一种质料的事物根据什么理由获得不同的形式，他接受亚里士多德对月下事物特殊决定问题的自然因果解释，由于这一解释最终将月下现象归因于天体运动，迈蒙尼德进而追问天体世界的特殊决定问题，并认为亚里士多德无法给出一种必然性解释，在此基础上迈蒙尼德提出目的—设计论作为替代解释，并说明目的论优于必然论。

迈蒙尼德在《迷途指津》下文（III 13）讨论自然目的论问题时又举出设计—有始论证的另一证据：

> 对于具有公正之心的人来说，如下被自然事物证明的事实是世界有

---

① 《迷途指津》，II 22，MJ，p. 211；HA，p. 339；汉译，第292页。

始的最强证据之一，即：自然中的任何事物都有其目的，即为它物存在、使它物受惠——这指向一个有目的者的意图（qasd al-qāsid），而目的仅适用于有始者。①

迈蒙尼德指出，亚里士多德本人也承认自然界中存在合目的性事实（如植物服务于动物、动物服务于人、器官服务于整体功能），而预设世界有始的目的—设计论能够比世界永恒论更合理地解释这一事实。

迈蒙尼德的世界有始论证实质上是凯拉姆特殊决定论证和亚里士多德物理学—形而上学的一种综合，可以说，这是他关于宇宙生成论问题全部探讨的最终成果。我想在评估这一综合—成果的价值之前，先将它与另一在同一方向上的前辈工作（即安萨里的特殊决定论证）进行比较，相信这种比较会对下面的评价环节产生关键性的照明作用。

四、 与安萨里特殊决定论证的比较

1. 安萨里的特殊决定论证

安萨里在《哲学家的急进》中给出特殊决定论证的语境，是与阿拉伯亚里士多德主义者就在两种相似的形式或偶性中是否可能做出决定的问题的论辩。他遵循与迈蒙尼德同样的次序，从月下事物开始，他所举的是凯拉姆学家所惯用的例子，即事物的颜色，一个事物究竟是黑色还是白色的特殊决定问题。② 但是，由于预计到哲学家的回应（将此差别诉诸自然形式或理性必然性），③安萨里并未围绕这个例子作过多解释，而是随即转向天体世界，提出天体大小、形状和数目的偶然性问题（这也同样是迈蒙尼德在反驳哲学家从神之本性出发的世界永恒论证时所举的例子），哲学家的回应是：

> 世界的总体秩序不可能是别种样子。如果世界不是它现在这样的大小，这个秩序就不完整了。这同样适用于天体和星体的数目。你们声称，根据[神的]意愿，大区别于小，多区别于少。由此，它们其实不是相似的而是相异的，只是人类无力理解它们的数量和细节上所体现的智慧。仅

---

① 迈蒙尼德：《迷途指津》，MJ，p. 324；HA，p. 505；汉译，第 409 页。
② Al-Ghazāli, *Tahāfut al-Falāsifa*, Provo：Brigham Young University Press，2000，p. 21.
③ Ibid. , p. 22.

仅是在某些[天体现象]上我们能够理解这种智慧，如十二宫对天球赤道的偏角、[天体运行过程中远离中心的]极点及偏离中心现象中所体现的智慧。在大部分现象中，我们不理解其中的秘密，但是可以知道它们的差别。很可能将一个事物区分于其相异者的因素是它与确定秩序的关联。①

哲学家们坚持世界的总体秩序以一种必然的方式出自神的智慧，有意思的是，像在迈蒙尼德论证中一样，他们同样诉诸人的知识局限来解释天体的偶然性现象。即这种所谓的偶然性只是由于人类理智无法认识这些现象背后的必然原因，当下对人呈现为无可无不可的差别，事实上都是由神的智慧决定的，有基于自然—本性的原因。哲学家们举出一些他们认为能够做出自然归因的天文现象，试图说明那些现在无法解释的现象很可能也像这些现象一样从属于必然的理性秩序。

与迈蒙尼德不同，安萨里没有就哲学家对天体现象的解释提出质疑，而是暂时接受这种解释，进一步提出两个用哲学家自己的原则无法解释的问题。

其中一个是天极的问题②，按照中世纪知识界普遍接受的天体模型，整个宇宙是一个球形体，这个天球有南北两个极点，天球就围绕贯穿两极的轴线旋转。安萨里提出的问题是，这两个点是如何被决定的。因为按古希腊哲学的预设，球形被认为最完满形状的原因之一，就是因为球面上的各点都是彼此相似、匀质分布的。从理论上讲，球面上任意的两点、只要其连线贯穿球心，就可以作为天球的极点。而且，天球之外再也没有其他的物体，也不可能通过与它物的关系来决定极点。哲学家们确实无法给出南北极作为极点的理由，而南北极在现实中就是被确定为极点，因此，最合理的解释就是神的意志在所有彼此相似的球面点中自由选择了这两个点作为天球的极点。

另一个质疑是天球运转的方向③，中世纪天文学家们以在地球上的观察为参照，认为天球是自东向西旋转而在它之下的天体自西向东旋转，安萨里追问这种旋转方向的决定理由。哲学家回应，天体旋转方向的差异是决定月下世界个殊状况的需要；安萨里说明，他所要追问的不是差异的理由，而是总体旋转方向的理由，也就是说，天球可以采取一种相反的方向即自西向东旋转而

①　Al-Ghazālī, *Tahāfut al-Falāsifa*, p. 24.

②　Ibid., pp. 25 - 26.

③　Ibid, pp. 26 - 27.

其下的天体自东向西,这也完全不会影响宇宙秩序的运行。结论同样是天体运转方向的决定需要一个自由意志的选择。

2. 与迈蒙尼德版本的异同

安萨里与迈蒙尼德特殊决定论证的相似性是非常明显的,以至于戴维森判断"迈蒙尼德所引用的特殊决定的证据毫无疑问与安萨里所使用的证据相关"。① 我在这里不准备作一个安萨里对迈蒙尼德影响的考察(大量证据支持迈蒙尼德曾读过安萨里著作并化用其论点及论证的假说),而更感兴趣的是在二者之间做一个现象学的比较。延续戴维森的思路,我们从相似处入手。

在论证中,安萨里与迈蒙尼德同样遵循从月下世界到月上世界的次序。在月下环节,尽管安萨里的表述有明显的凯拉姆印记,但与迈蒙尼德一样,他有意识地避免与亚里士多德物理学发生正面的冲突。论者可能指出,安萨里的动机其实与迈蒙尼德不同,他并不像后者那样真心赞同亚里士多德物理学在月下范围的正确性,只是出于论辩策略的考虑暂时不予处理——或许这也是安萨里本人试图留给《哲学家的急进》的目标读者的印象,但事实上他对哲学的态度远为复杂。撇开安萨里的动机问题,仅就实际作为而论,两人同样力图给出一种与亚里士多德物理学原理不相冲突的特殊决定论证。

安萨里与迈蒙尼德论证的重心都在天体世界,他们都举出天体位置及运动的偶然性作为有意志选择的证据。二人的分歧也是从这里出现。安萨里诉诸的是天球的极点和运行方向决定的问题,迈蒙尼德诉诸的是同样的天体质料接受不同的特殊形式的决定问题。更进一步推究,安萨里所着眼的天体性质,是同一个事物(在这里是天球)可能具有的彼此之间没有实质差别、选择任何一个都不会对该事物的其他性质造成影响的性质,如天球向东或向西旋转,所要推出的只是一个在诸多选项中做出任意选择的主体;而迈蒙尼德关心的则是不同的性质在各个天体之间的分配,也就是说是一个秩序安排(tadbīr)的问题。这种差别与两人的直接论证目标有关,安萨里的论证出现在与哲学家争辩造物主是否能在彼此相似的时间点中任选一个作为世界开端问题的语境中,他需要的就是这样一种在彼此无实质分别的选项中选择的实例,而迈蒙尼德试图论证的是一个设计—安排主体的存在。

---

① Davidson, *Proofs for Eternity, Creation and the Existence of God in Medieval Islamic and Jewish Philosophy*, Oxford: Oxford University Press, 1987, p. 199.

如果迈蒙尼德只是想要推出一个凭意志进行选择的主体的话，安萨里所举出的证据无疑是更合适的。当然，也有可能把迈蒙尼德不援用安萨里证据的举动归因为他实际上没有接触过《哲学家的急进》——这种可能性微乎其微，正如皮纳斯指出的，像迈蒙尼德这样一位以渊博著称的学者若没有接触过这样一部决定时代思想风向的前辈名作将是极其反常的。[①] 或者他有意识地避免使用凯拉姆学家的论证（一个中世纪思想者可能会有意识地拒斥竞争对手的论点，但通常会毫不犹疑的使用竞争对手的有利论证，迈蒙尼德也是这样做的，而且看不出安萨里的这一论证有任何不利于摩西律法的地方）。我倾向于把迈蒙尼德的选择解释为经过审慎的神学—哲学权衡的结果。这也同样是戴维森的思路。但是，戴维森将安萨里与迈蒙尼德在论据上的不同选择视为"无可无不可"（*indifference*）与"不规则性"（*irregularity*）的差别，[②]我认为至少后一种定性是不准确的。迈蒙尼德在天体现象中所发现的可以说是"偶然性"（*contingency*），但并非不规则性，相反，他坚信这些现象背后都有神所设定的规则和目的。在这一点上，迈蒙尼德与安萨里有实质分歧，后者在特殊决定论证的语境中只考虑建立神的自由意志这一目标，为此他所选择的论据也是最大限度地体现自由选择的范例，它所呈现的天体运转方向和极点分布的偶然性并不支持任何目的—设计预设。迈蒙尼德与哲学家们共享天体世界的规则性以及人类认识这种规则的局限性的前提，这集中体现在迈蒙尼德所坚持神的智慧、意志与本体同一原则：

> 在我们看来，意志也取决于智慧。上帝没有属性，他的本质就是他的智慧。[③]

迈蒙尼德在这里之所以选择用"智慧决定"这种表述（在《迷途指津》II 19，III 14，III 25、26 中他都将神的智慧与意志并举），就是为了揭示神的意志选择背面的智慧安排，即神的意志选择并不完全是任意而为——按迈蒙尼德的

---

① Pines, "Translator's Introduction", in *The Guide of the Perplexed*", Chicago: The University of Chicago Press, 1963, p. cxxvii.

② Davidson, *Proofs for Eternity, Creation and the Existence of God in Medieval Islamic and Jewish Philosophy*, Oxford: Oxford University Press, 1987, p. 200.

③ 迈蒙尼德：《迷途指津》，II 18，第 279 页。

判断这恰恰是安萨里所代表的凯拉姆的典型观点——而是包含有一定的知识—设计。安萨里与迈蒙尼德都承认偶然性是神的意志选择的结果,但安萨里止步于此,而迈蒙尼德更进一步认为这种偶然现象背后可能包含有某种不被人所知的合目的性设计。换句话说,天体的偶然状况,在安萨里看来,是一个确定的宇宙论事实,即天体的这些方面事实上就是无规则的,对迈蒙尼德而言,它更是一个认识论现象,这种现象背后可能存在着可理知的结构或安排,只是对有限的人类理智呈现为不规则。

这里还应避免另一种误解,此处所说的意志取决于智慧,并不是说意志作为一物被作为另一物的智慧所决定,如果做后面这种理解的话,意志的选择功能就被还原成智慧的认识功能,在反驳哲学家世界永恒论证中所确立的意志的本质和终极目的的地位将被推翻。为避免这种误解,迈蒙尼德加入了后一句说明,神没有分离于本体的属性,智慧和意志都是这同一本体的功能。神凭其本体而认识,故而被称为智慧的,凭其本体而选择,故而被称为有意志的;这一本体在认识的同时也做出选择,反之亦然,意志与智慧实质上是同时共在的一体之两面。

合目的性设计不是充足理由,若没有至少一定程度的偶然性,意志的本质将被取消。迈蒙尼德强调神选择的永远是某种合目的秩序—图案而不是任意的、随性的偶性—事实片断——他可以选择这种方案也可以选择别种同样完满的方案,我们无法追究神的选择的终极理由,尽管我们可以在一定程度上察知神之设计的目的及合理性,但是,后者最终是一个自由选择的结果,不可能有充分理由。

迈蒙尼德的这种选择—设计论思想在《迷途指津》后文第三部分论及世界存在之目的和律法原因时也有明确的表达:

> 既然如此,由于相信[世界]有始(hudūth),我们就不得不承认,上帝有可能(mumkin)用另一种方式创造世界,使其中的因果联系完全不同于我们现在这个世界中的因果联系。认为所有其他事物都只是为人这一目的而存在的看法将导致一种荒谬的结论,即这些事物的存在都是无意义的,因为人完全有可能(yumkin)脱离所有这些事物而存在。①

---

① 《迷途指津》,III 13, MJ, p. 326;HA, p. 508;汉译,第 411 - 412 页。

迈蒙尼德认为有始意味着自由选择，由于现有的世界是有始的，所以它在本质上只是一个可能世界，神完全可以有不同于现有世界因果秩序的另一套设计和选择。迈蒙尼德在神对世界的设计和神为人立法这两种神圣工作之间建立了一种类比关系。针对律法缘由，他指出：

> 你务须知道，[神的]智慧决定了——或者如果你愿意，也可以说是必然性规定了——必然有细则是没有缘由可寻的。[①]

迈蒙尼德给出的例子是献祭牲畜种类和数目的选择，神的选择一定是有目的和符合此目的的设计的，但是这种目的—设计不是必然原因。也就是说，我们可以追问神是如何安排存在物的秩序（或神圣立法）的，后者之中所包含的规则及其目的不是不可认识的，但如果在获得答案之后不断深入追问（目的之目的或设计方案的每一细节的缘由），最终必然追溯到在各种同等可能选项中做出自由选择的向度——对一个设计论视野下的可能世界而言，规则性与偶然性永远是同时共在的一体之两面。

第二节　迈蒙尼德在宇宙生成论问题上的最终立场及其可辩护性

在这一节中，我将首先简要概述通过以上各章的分析所澄清的迈蒙尼德在宇宙生成论问题上的立场，然后说明迈蒙尼德的世界有始论立场的逻辑根据，回应其他论者所发现的迈蒙尼德论证或表述中的各种所谓"矛盾"。

一、迈蒙尼德在宇宙生成论问题上的最终立场

迈蒙尼德所要处理的问题是世界是有始的还是永恒的。他判断这个问题属于辩证探讨的论题范围。因为无论有始论者还是永恒论者都无法提供建基于必真前提的证明性论证。

在辩证探讨的过程中，他首先列举了三种可能意见，即摩西律法追随者的神在绝对虚无之后创世论，柏拉图主义的神从永恒存在的原初质料创世论，和

---

① 《迷途指津》，III 26，MJ，p. 370；HA，p. 573；汉译，第463页。

亚里士多德的天体—世界秩序永恒论。由于柏拉图主义创世论是一种折中的立场,迈蒙尼德在下面的程序中只还原和分析了第一和第三种思路。

通过对凯拉姆学家世界有始论的前提与论证的分析,迈蒙尼德认为其原子—偶因论体系不符合存在事物的可观察本性,容许性原则将瓦解自然科学的根基,建基于其上的世界有始论证都有瑕疵,但是,其特殊决定论证具有一定的合理性,而且有可能被安置在不同的物理学—形而上学框架之中。通过对哲学家的世界永恒论证及其所依托的宇宙论背景的审查,他认可亚里士多德物理学和形而上学基本前提的真实性,但同时指出其无法解释宇宙结构与天体运行的偶然性特征,而且从神本身必然派生出世界的思路具有内在的逻辑困难。

在辩证分析两种对立思路的基础上,迈蒙尼德提出自己的目的—设计论论证思路。这一思路保留了自然秩序的稳定性和持久性,但并不认为这套秩序是必然的,而坚持它是神圣意志选择和设计的结果,这可以同时为宇宙秩序的齐一性与偶然性提供解释。作为选择的可能对象,世界一定是有始的。

所以,迈蒙尼德在宇宙生成论问题上的最终立场,是世界作为神之选择—设计的产物在虚无之后生成。与此同时,在哲学性的辩证探讨之外,迈蒙尼德还对萨比教的世界永恒论信条及神话进行了批判,显示世界永恒论与一神信仰在神学上的截然对立。

二、 迈蒙尼德世界有始论立场的可辩护性

基于对迈蒙尼德宇宙生成论问题辩证探讨的分析,我认为迈蒙尼德的世界有始论证是内在一致且可辩护的,因此没有理由判断迈蒙尼德实际上并不相信这套论证的逻辑效力而是暗中持有某种与此相冲突的立场。下面我将审视各种隐微解读论者所指出的迈蒙尼德世界有始论证的各种"矛盾"或"瑕疵",从辩证解读的思路出发对这些问题作出解释,进而澄清迈蒙尼德在宇宙生成论问题以及与之密切相关的其他延伸问题上表里如一——同时并不乏层次性——的真实立场。

1. 特殊决定论证预设前提与世界无终立场的"矛盾"

这是克雷泽尔(Howard Kreisel)用来支持他对迈蒙尼德创世论立场的哲学隐微解读的论据之一,也是对迈蒙尼德世界有始论证的最强有力的驳论之一,但我认为这也是揭示迈蒙尼德在哲学上相对于亚里士多德学派的独立性

的一个极佳契机。

克雷泽尔指出，迈蒙尼德特殊决定论证的一个前提就是意志不能选择永恒如是的对象。意志选择的对象必须是可能存在也可能不存在的对象，而如果一个对象是永恒存在的，它就是必然存在的，因此不能成为意志选择的对象。然而，迈蒙尼德在《迷途指津》下文论及世界的终局问题时又说道："如果上帝愿意，他就让此事物毁灭；他也可以按自己的意志让它存在下去。换句话说，这也是上帝的智慧决定的。因此，他可能让世界永远存在下去，像他自己一样永久存在。"①这就是说，神的意志可以选择世界向后永恒存在（eternal *a parte post*），既然如此，他为什么不能选择世界向前永恒（eternal *a parte ante*）即世界无始呢？反过来说，如果世界向前永恒是不可能的，那么，同理，向后永恒也是不可能的。②

要解决这个问题，我们需要把分析再向前推进一步。迈蒙尼德在特殊决定论证中反对世界永恒的根据在于永恒与必然相互蕴含，而后者的理据在于亚里士多德提出的可能性在无限时间中一定获得实现的公理。③ 这里有必要指出向前永恒与向后永恒作为无限时间序列的区别：向前永恒本身是一个现实化了的时间存在序列，它作为一个已经存在和正在存在的无限序列完全不依赖于未来的事件；而向后永恒本身只是一个潜在的无限时间序列，它的存在必须以过去和现在的存在事实为前提。当我们考虑向前永恒时，完全可以把它作为一个独立的无限时间范围来考察，在此范围内，如果世界不是必然的，那么它不存在的可能性就一定曾经在某个时间点上实现过，由此世界的偶然性与向前永恒的前提相矛盾。而当我们考虑世界向后永恒时，必须将现在与过去的事实考虑在内，鉴于在前面已经建立世界有始，世界不存在的可能曾经实现过，即使此后永不实现，也与可能性概念不相冲突。④

在这里，我们遇到了迈蒙尼德与亚里士多德在可能性观念上的分歧。二

---

① II 27，第 306 页。在 II 28 和 29（第 307—309、318 页）中，迈蒙尼德也表达了肯定世界向后永恒的立场。

② Howard Kreisel，"Maimonides on the Eternity of the World"，in *Jewish Philosophy：Perspectives and Retrospectives*，Brighton，MA：Academic Studies Press，2012，pp. 179 - 180.

③ 相关讨论见上一节第二部分 3.

④ 以上思路受到与 Kenneth Seeskin 教授谈话及通信的启发。

人都认为,可能性是以现实性为根据的,可能的东西必须——在过去、当下或未来——实现:

> 种类上的可能性一定要实现。①

由于世界作为种只有一个个体,所以这一个体存在/不存在的可能也是一种种类上的可能性。这是迈蒙尼德与凯拉姆学家划清界限的所在,在后者看来,凡是能作无矛盾设想的都是可能的、无论其是否实现。但是,对亚里士多德而言,一种可能性在无限时间之中不仅是一定实现而且必会重复实现,他关于生成者必消灭的论断就是建基于这样一种可能性概念。迈蒙尼德并未完全接受这种自然主义可能性概念,他在探讨可能性与现实性关系的语境中②从未提到无限时间条件。省略这一条件意味着,一种真实的可能必会成为现实,但并不一定要在无尽时间中重复成为现实。③ 具体到宇宙生成论,世界不存在的可能在过去(即创世之前)曾经实现,可能必成为现实的要求已经得到满足,这种不存在的可能不需要在未来再度实现。迈蒙尼德的可能性观念,反映了一种区别于希腊化思维的历史视野,历史本身就是由诸多仅仅发生一次的事件构成的、体现出某种目的论意义的序列。这种可能性概念同样影响到迈蒙尼德的奇迹观,在此视野下,奇迹的意义在于显示世界的现行秩序不是必然的,而是可能有别种选择,这种显示不需要且不应当重复出现;同时,它的另一个功能是指示神佑下的世界历史的走向,它只需在人类历史的某些重大转折点(如摩西律法的颁布与证实)出现。由于这个世界的自然秩序在神看来是"好的",所以若非必要神不会改变它,或者说,神会尽可能少地变更世界的常道,这种"最小化"原则也体现在迈蒙尼德对圣经中奇迹的解释上——他尽可能地对"奇迹性"事件作自然主义解释,但最终承认奇迹的可能性,他的底线是承认证成摩西律法的奇迹的真实性。我想这已足以解释 Kreisel 提出的另一质疑,即为什么迈蒙尼德在建立了神圣选择的原则之后还致力于对奇迹作自

---

① 《迷途指津》,II 1,MJ,p. 172;HA,p. 273;汉译,第 231 页。

② 另见《迷途指津》,I 73,第 193—199;II 绪论,"第二十三个前提",第 224 页;III 15,第 418—419 页。

③ 与此相关,迈蒙尼德在先知论语境中曾指出,先知预言作为人类最高完善的可能性"必然[至少]存在于某一个个体之中"(《迷途指津》,II 32,MJ,p. 253;HA,p. 389)。

然主义解释的问题。

2. 迈蒙尼德的圣经创世论解释与其世界有始立场的可能冲突

克雷恩—布拉斯莱维(Sara Klein-Braslavy)指出，迈蒙尼德在《迷途指津》II 30 中解释圣经《创世记》中的"创造"(bara')一词的意义时给出的解释是"从无中(min 'adam)创造某物"。在阿拉伯哲学—神学语境中，"从无中"是一个有歧义的表述，因为"无"可以被理解为空无一物，也可以被解释为无定性的质料。迈蒙尼德在上文陈述三种宇宙生成论立场时使用的是两种更精确的表达，即"在纯粹、绝对的非存在之后"(ba'd al-adam al-mahd al-mutlaq)和"不是从任何事物中"(lā min shai')。克雷恩—布拉斯莱维的质疑是，如果迈蒙尼德真的相信神在绝对的非存在之后创世，他为何会在对"无/非存在"('adam)一词的歧义性有明确意识——II 13 的精确表达充分说明了这一点——的情况下仍使用"从无中创世"这种含糊的表达。她进而说明"从无创世"实际上可以指向三种宇宙生成论意见中的任何一种，这背后隐藏的是迈蒙尼德在创世论问题上的怀疑论态度。[①]

诚然，在中世纪神学—哲学史上"从无创世"这一表述具有歧义性，但这并不意味着当迈蒙尼德使用这一术语时有意识地模糊其意义。正相反，在原文的语境中迈蒙尼德对这个术语的意义做出了限定：

> 但是在特指整个世界即天地的存在时，圣经中用动词 bara'，我们把它解释为从无中创造某物。……由于无所拥有就无所谓主人而这会导致相信某种质料(mādda mā)是无始的(qidam)，所以圣经在指天地时使用"他创造"(bara')与"他制作"(ūsah)这两个动词。[②]

迈蒙尼德指出，圣经为了避免主人与所有物(二者相互伴随)的表达所带来的误解而使用"创造"(bara')这个动词来描述神与天地的关系，这意味着，这里的创造概念排除质料永恒的可能，同时也就排除了对"神创造天地"做柏拉图式和亚里士多德式解释的选择，因为后二者所理解的创造都是以质料永恒为前提的。而在《迷途指津》III 10(第 400 页)中迈蒙尼德再次提到"从无中

---

① Klein-Braslavy, *Maimonides as Biblical Interpreter*, Brighton, MA: Academic Studies Press, 2011, p. 73 - 74.

② 《迷途指津》II 30，MJ, p. 252；AH, p. 387；汉译，第 330 页。

创造天地"①时没有加以限定,是因为在上文(即 II 30)中已对此术语的意义做了澄清。

而且,迈蒙尼德是否真的接受萨阿迪高恩对"不是从任何事物中"和"从无物中"两种用词的区分,②还是一个值得商榷的问题。因为,在《迷途指津》II 13 中当迈蒙尼德叙述柏拉图主义者的立场时,指出他们不承认天是从从无物中(*min lā shai'*)生成,又消灭归于无物(*ilā lā shai'*)的(MJ, p. 197;HA, p. 307;汉译,第 262 页),很显然,这里的"无物"并未被理解为原初质料,而是指向绝对虚无。一个更合理的解释是:迈蒙尼德并没有把"从无创造"当成一个有歧义的表述,II13 与 II30、III 10 对"从无创造"的用法其实是一致的,都是指从绝对虚无状态开始创造。所以,克雷恩—布拉斯莱维基于"创造"一词的歧义性对迈蒙尼德世界有始立场真诚性的质疑,从根本上就是不能成立的。

克雷恩—布拉斯莱维的另一个论据是迈蒙尼德对《创世记》中的亚当故事的寓意理解。她的思路如下:如果迈蒙尼德相信世界有始,亚当就是第一个人,圣经中关于他的记述应该是历史叙述,但是,迈蒙尼德在大部分场合将亚当故事处理成某种哲学—人类学寓言,所以,迈蒙尼德实际上并不坚持世界有始。③ 我认为,这个问题涉及迈蒙尼德对圣经字义解释与寓意解释之间关系的理解。在这里,将亚当故事理解为历史叙述,是接受圣经的字面意义;在圣经的亚当叙事背后寻求普遍的人类学意义,则是一种寓意解释。克雷恩—布拉斯莱维的预设前提是这两种解释是相互冲突的。但事实上,迈蒙尼德本人并不认为寓意解释一定与字面解释相矛盾,他在《迷途指津》导言中引用拉比贤哲的说法将不同意义层次间的并存关系比喻为银丝网中的金苹果。例如,他对雅各之梯寓言的解释就同时兼具历史的(帝国更替)与哲学的(实现理智完善之后回向人间建立秩序)双重意义。而具体到此处,按迈蒙尼德的释经逻辑,圣经完全可以把亚当视为历史上的第一个人(《迷途指津》III 50,第 565 页),同时在叙述他的生平时做出某种文学处理、表达一定的哲学寓意,二者并

———————

① 在下文第三节第一部分"2.迈蒙尼德宇宙生成论思想的后世反响"讨论迈蒙尼德与阿奎那的关系时将进一步说明迈蒙尼德对"从无创世"和"在虚无之后创世"之间关联的理解。

② H. A. Wolfson, "The Meaning of Ex Nihilo in the Church Fathers, Arabic and Hebrew Philosophy and St. Thomas", in *Studies in the History of Philosophy and Religion*, Vol. 1, Cambridge, MA: Harvard University Press, 1973, pp. 213 - 14.

③ Klein-Braslavy, *Maimonides as Biblical Interpreter*, Brighton, MA: Academic Studies Press, 2011, pp. 78 - 80.

不冲突。

与此相关的另一释经案例，是迈蒙尼德在解释《创世记》的过程中时而坚持对经文作字面理解、时而反对字义解释。这一点也被隐微解读论者用来作为迈蒙尼德并不相信世界有始的论据。[①] 我们需要在具体语境中来理解迈蒙尼德这种看似自相矛盾的宣称的真实意指。

迈蒙尼德在《迷途指津》II 25 中明确指出在世界有始问题上须坚持对圣经的字义理解：

> 神的非物质性是业已证明了的，由此必然得知，凡字面意思与此原理相左的一定要作比喻性的解释，因为这样的文字是必须作比喻性解释的。但是，世界的永恒性并没有被证明，而一个仅仅倾向于某一观点的论证、在其相反观点也具有同等的论证时，是不足以驳倒经文，不应对经文作比喻性解释。……鉴于这一意见（柏拉图的宇宙生成论观点）尚未得到证明，我们既不倾向于接受它，也不考虑接受别的意见，而只是从字面意义来理解经文。[②]

但是，在对圣经《创世记》进行解释之前，他又提醒读者：

> 首先，圣经所提到的一切与创造有关的东西并不是都能像无知的人所想象的那样从字面上来理解。若果如此，有智慧的人们就无须将对创世的解释视为秘密严加保守，我们的先贤们也就无须[在谈到创世时]为了掩藏其真实含义而借用比喻性的语言，他们也就不会反对在公众面前讨论创世。这些话的字面意义有可能使我们形成邪恶的观念并构成对上帝的不正确的看法，甚至导致我们彻底摈弃或反对我们信仰的诸原则。[③]

此外，在 II 17 中也有一个类似的表述：

---

① Roslyn Weiss, "Comments on Seeskin and Kreisel's Essays on Maimonides on Creation", in *Jewish Philosophy*：*Perspectives and Retrospectives*，Academic Studies Press, 2012, pp. 210 - 212.

② 《迷途指津》,MJ，pp. 229 - 230；HA，pp. 350 - 351;汉译，第 302—303 页。

③ 《迷途指津》,MJ，p. 243；HA，p. 373;汉译，第 319 页。

　　我们在从字面上理解圣经时,所有上述论断都是有用的;下面我们还要详细表明,即使不从字面上理解,它们也是必要的。①

　　我们需要注意到,II 25 所谈的是世界是否有一个时间开端的问题,《创世记》首句("起初,神创造天地")——无论如何解释"起初"——的字面意思即包含世界是生成的意义,这也正是迈蒙尼德要论证的命题。而 II 29 所论及的是对圣经的整个创世叙述的解释问题,迈蒙尼德认为并不是全部的创世叙述都能作字义解释,那些与已被证明的原理相冲突的描述就不能按字面意思接受,如他在下文中提到的某些拉比按字面意思来理解六日创世叙述中的"一天"从而导致相信时间先于这个世界存在的论断。因此,迈蒙尼德所反对的是对圣经创世过程描述(即神的创世活动在时间之中发生并按六日的前后顺序展开)的字义解释,而不是对世界有始(即神设定世界有一个时间开端、这个开端本身也是时间的开端)的字义解释。

　　至于 II 17 的论述,则与 II 25 共享一个类似的语境。这里的圣经字面意思也是指世界有始。迈蒙尼德的逻辑是:如果我们要按圣经字义坚持世界有始,那么,所有上述质疑或反驳世界永恒的论据就都是必要的,因为这些论据说明世界永恒没有被证明,所以没有必要对圣经作寓意解释;但是,即使我们不考虑圣经的字义问题或者说不把坚持圣经的字面意思作为一个理由引入宇宙生成论探讨,我们仍有充分的理性根据来坚持世界有始立场,《迷途指津》的下文所要说明就是世界有始不仅是可能的,而且是合理的。

　　需要指出的是,迈蒙尼德其实并不是唯一一个对《创世记》作此种复杂解释——结合字义和寓意两种释经方法——的思想者。奥古斯丁同样在主张世界有始的同时坚持不能按字面意思来理解六日创世的历时性叙述②;更有意思的是,在处理亚当故事时,奥古斯丁也是既接受其历史真实性又肯定它包含有某种超出字义的寓意,并不认为这二重意义间存在冲突③。我在这里引入

────────

　　①　《迷途指津》,第 275 页。

　　②　St. Augustine, *The Literal Meaning of Genesis*, Vol. I, translated and annotated by J. H. Taylor, New York: Paulist Press, 1982, pp. 153 - 154.

　　③　St. Augustine, *The Literal Meaning of Genesis*, Vol. II, translated and annotated by J. H. Taylor, New York: The Newman Press, 1982, pp. 32 - 35.

奥古斯丁的先例，不是试图论证迈蒙尼德受到奥古斯丁的影响，而是旨在说明迈蒙尼德的圣经创世论解释具有一种内在一致的结构，后者事实上体现了一种经典的神学逻辑，其中并不包含什么有意设置的矛盾。

3. 特殊决定论证的所谓认识论瑕疵

这是克雷恩—布拉斯莱维在《创世记》解释之外对迈蒙尼德世界有始立场的又一个质疑，它指向迈蒙尼德的特殊决定论证。在这个论证中，迈蒙尼德推出特殊决定者的基本论据是我们没有发现天体世界特殊现象的秩序。克雷恩—布拉斯莱维指出，没有发现秩序不等于没有秩序，迈蒙尼德并未封闭未来发现的可能，而一旦哲学家或天文学家发现了天体分布及运动速度、方向差异的秩序，特殊决定论证就被推翻了。所以，迈蒙尼德为世界有始提供的支持是十分脆弱的。①

在我看来，迈蒙尼德的世界有始论远非如此不堪一击。即使哲学家发现了天体分布或运行的某种秩序，也不意味着特殊决定论证的崩溃。事实上，迈蒙尼德为这一论证设置了多层次的防护：

> 他（亚里士多德）希望揭示所有这一切的原因，从而向我们表明，所有事物都在自然秩序中各就其位而这种秩序出于必然性。然而，他一项任务也没有完成。事实上他关于月球以下事物的论述是符合实际存在的，这个存在秩序的原因是清楚可见的。他可以说，月球以下事物的秩序必然源自天体的力和运动。然而，他就天体的情况（*umūr*）所讲的一切都没有揭示出明确的原因，天体的情况并不遵循某种有可能被归于必然性的秩序。②

在迈蒙尼德看来，亚里士多德要证明天体遵循必然秩序，必须首先揭示天体分布及运行的某种秩序或一致性规律，然后证明这种秩序或规律是出于必然的。换句话说，他需要首先发现秩序，在秩序的基础上才有可能去论证必然性。但是，他连这种一致性的秩序都没有给出。迈蒙尼德为亚里士多德的论证"失利"提供的解释是他那个时代的数学还没有像现在这样发达，这似乎暗示当代哲学家或天文学家已能够发现天体世界的某种数学秩序。我们注意

---

① Klein-Braslavy, *Maimonides as Biblical Interpreter*, Brighton, MA: Academic Studies Press, 2011, pp. 76-77.

② 《迷途指津》，MJ, p. 214；HA, p. 328；汉译，第283页。

到,在上文提到的安萨里的特殊决定论证中,哲学家宣称他们在某些天体现象上理解了神的智慧,所举的例子是十二宫对天球赤道的偏角,天体运行过程中远离中心的极点以及偏离中心现象。这些都是后亚里士多德时代的托勒密天文学体系的成就。安萨里并没有对托勒密天文学作出任何批评而是暂且接受这种解释、转向另一个攻击点,然而,迈蒙尼德却把这当作自己论证的一个关键环节,加以详尽处理。迈蒙尼德承认后世的天文学家发现了某种秩序,但这只是完成必然秩序证明的第一步,接下来哲学家需要论证这种秩序是必然的。问题就出在这一步,迈蒙尼德用《迷途指津》II 24 整章说明,托勒密所发现的天体运行的数学秩序与亚里士多德物理学的基本原理相冲突,至少目前看不出任何从后者出发对前者做出合理的因果解释的希望。

正如克雷恩—布拉斯莱维所观察的,即使到了这一步,迈蒙尼德也没有封闭未来科学发现的可能:

> 在这个问题上,我的话只能到此为止。或许另有人可以找到一个我所不知而他却一目了然的真理,并借此提出别的证明。①

如果未来真的有人发现了对天体运行秩序的因果解释,迈蒙尼德是不是就必须放弃他的特殊决定论证呢？我认为,迈蒙尼德的答案是否定的。因为他在《迷途指津》II 19 非常自信地指出:"他(亚里士多德)并没有完成这一任务(证明天体世界的必然秩序),而且将来也不会有人完成此任。"(第283页)要理解迈蒙尼德的这份自信,我们需要考虑到他对现行世界因果秩序的理解。正如上一节所揭示的,在迈蒙尼德看来,这个世界的因果秩序是神选择—设计的结果,具体的原因与结果之间的关联不是内在必然的,而是完全可以有另一种不同的关联模式。因此,即使哲学家们发现了天体特殊现象背后的因果关联——正如在律法缘由的问题上一样——我们也还是可以进一步追问这种关联的细节或条件,或早或晚会达到一个无法提供必然性解释的地步,最终需要诉诸特殊决定者。

这里是一个适当的时机,来澄清一下迈蒙尼德在宇宙生成论问题上的所谓怀疑论态度。上面所提到的克雷恩—布拉斯莱维的所有质疑的目的,都是

---

① 《迷途指津》,II 24,第301页。

为了说明迈蒙尼德在这个问题上无法达到一个确定的结论而认为这出离人类理智的界限、最终选择悬搁判断。针对这一论断，我认为有必要在不能给出证明和不能给出结论之间做出区分。迈蒙尼德确实清楚、一贯地坚持，在宇宙生成论问题上没人给出证明，证明世界有始或永恒是出离人类理智的能力范围的。但是，不能有证明，并不意味着不能有结论。相反，在没有证明性论证的前提下迈蒙尼德选择对此问题作辩证探讨，通过审视不同意见及其论证，试图发现一个最具有解释力且最少疑难的结论（《迷途指津》II 22，第 295 页）。而他所发现的结论就是选择—设计论证所支持的世界有始立场。在对上面的所有质疑给出解释和回应之后，我们没有理由怀疑迈蒙尼德在这个问题上的理智真诚性。当然，迈蒙尼德非常清醒地意识到这一结论作为辩证推理的结果，不具有最终性。如果世界永恒论者提出新的有力证据或质疑（甚或证明），那就需要重启探讨，这一结论完全有可能被推翻。但是，就现有证据而言，迈蒙尼德相信他的论证和结论是最可取的。

4. 迈蒙尼德神之存在证明中所包含的世界永恒前提

泽夫·哈维（Warren Zev Harvey）指出，迈蒙尼德叙述神之存在论证的第三种方法时预设了世界永恒前提。[1] 在这个论证中，迈蒙尼德从亚里士多德对一切存在物的可能分类开始，即或者一切事物都是不生不灭的，或者一切事物都是有生有灭的，或者有的事物不生不灭、有的事物有生有灭，从逻辑上讲只有这三种可能。第一种可能与现实的冲突显而易见，第三种可能是迈蒙尼德想要论证的目标，而他只要排除了第二种可能，就能建立第三种可能。他归谬第二种可能的方法如下：

> 如果任何存在者都在生成和消灭之列，那么所有存在者都有可能消灭，而且毫无疑问，如你所知，种类上的可能性一定要实现。由此而来的必然结论是，所有存在者都将消灭。如果所有存在者都消灭，就不会再有事物存在了，因为不再有使事物存在的［动因］了。由此必然推知，没有任何事物存在。但是，我们确实见证到有些事物存在，而且我们自己也是存在的。[2]

---

① Warren Zev Harvey, "Maimonides' Avicenianism", *Maimonidean Studies 5*, 2008, pp. 113 – 115.

② 《迷途指津》，MJ，p. 172；HA，p. 273；汉译，第 230—231 页。

迈蒙尼德的思路是,种类上的可能性必会实现,如果所有事物都有生有灭,就是说它们都具有消灭的可能性,而所有事物都同时消灭也是一种可能,这种可能必会实现。这里的关键问题是,在何种条件下任一可能性必会实现?按照亚里士多德主义形而上学,答案很显然,是在无限的时间中所有可能必将实现。而此处迈蒙尼德是在谈论迄今为止的存在,这个无限的时间就是世界的向前永恒。换句话说,只有预设世界无始,他才能说一切事物都消灭的可能性必然在过去已经实现。

对此问题的一个最直接的解释是,迈蒙尼德在此处预设世界无始,是因为他正在叙述哲学家的神之存在论证。世界无始是哲学家们共同接受的预设,但这并不意味着迈蒙尼德本人持此立场。迈蒙尼德在神之存在证明过程中总体上侧重于叙述哲学家们的论证思路,因为按他的两端论证逻辑,如果设定世界有始,神作为有始之物生成的原因可以直接被推出,因此没有必要花费太多篇幅去论述这一思路,而如果能够从世界无始出发证成神的存在,那么,神的存在就成为必真的。

具体到第三种论证的语境,迈蒙尼德在后文中提到无论世界有始或无始,这一论证都成立。此处的关键是要建立一切事物都有生灭这一命题的荒谬性。迈蒙尼德在《迷途指津》I 71指出:

> 如果世界是有始的,那它毫无疑问有一个使其生成的动因。凡生成者不能自我生成而必须由他物使其生成,是第一义的理性公理。而使世界生成的[动因]就是神。[1]

由此,在设定世界有始的前提下,一切事物皆有生灭命题的荒谬性至为明显,因为这样就可以追问最先生成的事物的原因:它是最先生成的故而不可能有其他事物作为它的原因,但生成者必有外在原因,于是陷入自相矛盾。所以,迈蒙尼德出于和神之存在论证的整体思路同样的考虑,只从世界永恒前提出发来排除一切事物都有生灭的可能。

这里需要考虑另一处与此类似、但无法用相同理由解释的神之存在论证。迈蒙尼德在《律法再述》第一篇《论知识》的第一单元《律法之根基》中,给出了

---

[1] 《迷途指津》,MJ, p. 125;HA, p. 184;汉译,第170页。

一个关于神之存在的论证：

> 这个存在者是世界之神、全地之主。他以无限的能力驾驭着天球。这个能力是永无止息的，因为天球持续不断的旋转而它必然需要一个动因来促使它旋转。正是他（赞颂归于他）——不用手也不借助任何形体——促使它旋转。①

这显然就是亚里士多德主义的第一推动者论证，相当于《迷途指津》II 1（第 226—230 页）中详述的哲学家的第一种论证。这个论证的前提是天体永恒论，因为在此论证中只有从天球永恒旋转才能推出推动者的能力无限，从能力无限才能推出他是单一、无形体的神。迈蒙尼德在此处对天体永恒论（亚里士多德主义宇宙永恒论的核心）前提的肯定，与他在《迷途指津》中对宇宙永恒论的质疑存在冲突。对于这个出发点分歧，迈蒙尼德有清楚的意识和表述（《迷途指津》I 71，第 170—171 页），他给出的解释是：之所以在律法著作（主要指《律法再述》）中从宇宙永恒前提出发论证神之存在，是为了将神的存在置于无可置疑的基础之上，这就是所谓的两端论法（dilemmatic argument）——无论世界是有始的还是无始的，都能推出神的存在。

从理性出发，这个解释完全是可接受的。但一个问题是，他为何不在《律法之根基》中说明这个理由，以避免"不必要"的误解。如果按照隐微解读的思路，将这解释为一个有意识的自相矛盾、旨在掩护其中一个立场，会遭遇无法克服的困难，因为《律法再述》一贯被认为是一部面向宗教社群读者的显白著作，迈蒙尼德理应在这部著作中表达较为保守的观点，而把与传统相悖的意见留诸《迷途指津》，但事实恰恰相反。

凯尔纳（M. Kellner）认为迈蒙尼德在创世论问题上的前后立场发生了变化，并根据他晚年对早期著作《密释纳评注》中的表述做出调整来支持这一看法②。迈蒙尼德在此书中论及犹太教的第四个根本信条时说道：

① Maimonides, *Mishneh Torah*：*The Book of Knowledge*, edited and translated by Moses Hyamson, Jerusalem：Feldheim Publishers, 1974, "Yesodei ha-Torah", 1：5.

② Menachem Kellner, *Dogma in Medieval Jewish Thought*, Oxford：Oxford University Press, 1986，pp. 54 - 57.

　　第四个原则是[神的]无始性(qidam)。这就是说,我们先前所描述的这一个神是绝对无始的。相对于他而言,在他之外的存在者都不是无始的。支持这一原则的证据在圣经中很多,如"永生的神是你的居所"(申33:27)。①

卡菲赫(Kafih)根据一个也门手稿判断,迈蒙尼德晚年在此条之后又加入了一段解释性内容:

　　须知,这第四条原则是我们的导师摩西的伟大律法的根本原理之一,即世界是有始的(muhdath),是神在纯粹的虚无之后构成和创造的。你看到我们盘桓于哲学家们的永恒论,这是为了给出关于至高无上的神的存在的证明,就像我在《迷途指津》中已经说明和澄清的。②

　　在我看来,凯尔纳对迈蒙尼德原初表述的分析,至多只能说明这段表述有模糊性,并不能证明迈蒙尼德实际上持世界永恒论。事实上,除非迈蒙尼德接受柏拉图主义对永恒和在时间上无始的区分,这段文本就只能解释为支持世界有始,而我们在迈蒙尼德的相关著作中从未发现对这一区分的表述。同样,迈蒙尼德的附加说明,也不一定意味着他的宇宙生成论观点的变化,我更倾向于将其理解为一种为了避免误解而做出的澄清。而且,我们还可以对迈蒙尼德观点前后变化的解释提出另一个有力的质疑,这就是:如果他因为立场改变而"修正"《密释纳评注》的早期表述,那他为什么不循此例修改《律法再述》呢?

　　我们对这个问题给出的解释是,迈蒙尼德之所以在前后著作中关于宇宙生成论和先知论问题采取不同的立场、做出分歧的表述,是出于教化考虑。《密释纳评注》中所表述的十三信条,是为普通的犹太信众而设,迈蒙尼德认为后者尚不具备理解神学—哲学论证的能力,在现阶段只需要接受已被学者证实的传统意见。《律法再述》针对律法学徒,要对其灌输为全面理解诫命所必需的关于神和宇宙的基本知识,因此运用明晰确定的哲学论证以激发和引导

---

　　①　Maimonides, *Mishnah im Perush Rabbenu Moshe ben Maimon*, ed. J. Kafih, Jerusalem: Mossad ha-Rav Kook, 1963, p. 211.

　　②　Ibid, p. 212.

其自然理性的发展，迈蒙尼德期待这些学徒在研习律法的同时学习基本的哲学学科（数学、逻辑学、物理学），树立其对人类理性的信心——迈蒙尼德不准备在需要培育自然理性的启蒙阶段过早地引入对自然理性的质疑或对人类理性能力局限的揭示，以免淆乱他们的头脑、动摇其求知志向。[①] 从这种考虑出发，第一推动者论证建基于现有存在者的可见本性，[②]是最适合人的自然理性、最易于被自然理性所接受的。[③] 而《迷途指津》则针对哲学学徒，在向他们揭示人类理性的局限性（第一推动者论证的前提之一世界永恒并未被证明也无法被证明，其反面世界有始也同样无法被证明，这意味着关于神之存在不存在真正意义上的证明）之后，向他们例示神学—形而上学领域的两种类型的辩证探索，即对于神之存在的两端论证和我们上面分析的世界有始论证，前者最终获得一个必真的结论，后者则达到一个最具合理性的意见—论证、同时保留未来探索的开放性。这种解释符合《迷途指津》导言中关于第五种矛盾原因（教学次第，第 18 页）的方法论提示。

5. 宇宙生成论与先知论诸种意见的对应问题

迈蒙尼德在《迷途指津》II 32 中陈述先知论三种意见之前做过一个类比性的暗示：

> 我们已表明，依据其对宇宙是否是永恒的这一问题所采取的主张，可以将那些认为上帝的存在是无可置疑的人划分为三类。同样，关于预言也有三种不同的说法。[④]

迈蒙尼德在下文（第 332—333 页）列举了关于先知论的三种意见，即：(1)庸众的意见，神可以任意选择一个德行良好的人给他预言的能力，无论其老少智愚；(2)哲学家的意见，预言是人处于完善状态下的一种能力，只要一个人通过学习和训练达到理智、德行和想象力三方面的完善，他就自然具有了预言的能力；(3)律法的意见，一个人达到哲学家所说的完善境界是成为先知的必要条件（或者说达到此种完善就有了成为先知的自然趋向），但不是充分条

---

① 《迷途指津》，II 24，第 299 页。
② 同上，II 17，第 274 页。
③ 同上，II 15，第 268 页。
④ 同上，第 332 页。

件,神可以阻止具备资格的人成为先知。迈蒙尼德明确表示他支持第三种也就是他借圣经之名陈述的意见。

20 世纪 70 年代末、80 年代初,开普兰(Lawrence Kaplan)、戴维森(Herbert Davidson)、泽夫·哈维(Warren Zev Harvey)等人就宇宙生成论—先知论问题展开深入的讨论。其中,开普兰持所谓传统解释,主张 C1(宇宙生成论第一个意见,摩西律法意见即从无创世)对应 P3(先知论第三个意见)、C2(宇宙生成论第二个意见,柏拉图主义从永恒质料创世)对应 P1(先知论第一个意见)、C3(宇宙生成论第三个意见,亚里士多德主义世界永恒论)对应 P2(先知论第二个意见);戴维森主张 C1 对应 P1、C2 对应 P3、C3 对于 P2;哈维主张 C1 对应 P1、C2 对应 P2、C3 对应 P3。尽管大部分学者都认为迈蒙尼德所陈述的宇宙生成论和先知论观点具有内在逻辑关联,但至今对三种宇宙论和三种先知论如何具体对应的问题仍莫衷一是。[1]

在这个问题上我倾向于接受传统解释,即主张 C1 对应 P3、C2 对应 P1、C3 对应 P2。因为这是最符合迈蒙尼德本人直接陈述的解释,其他的解释思路都对作者的陈述做出了较为曲折的处理。

迈蒙尼德指出 C1 是所有信奉摩西律法的人的意见,P3 是"我们的律法"

---

[1]　见 Lawrence Kaplan, "Maimonides on the Miraculous Element in Prophesy", *HTR* 70 (1977), pp. 233 – 56; Warren Zev Harvey, "A Third Approach to Maimonides' Cosmogony-Prophetology Puzzle", *The Harvard Theological Review*, Vol. 74, No. 3 (Jul., 1981), pp. 287 – 301; Davidson, "Maimonides' Secret Position on Creation", in *Studies in Medieval Jewish History and Literature*, Cambridge, MA: Harvard University Press, 1979, pp. 22 – 27. 在较晚近的探讨中,萨缪尔森基本上持柏拉图主义解读立场,但似乎对迈蒙尼德所理解的柏拉图观点与柏拉图自身的实际观点之间的差别缺乏意识,见 Nobert Samuelson, "Maimonides' Doctrine of Creation", *The Harvard Theological Review*, Vol. 84, No. 3 (Jul., 1991), pp. 249 – 271;阿尔科伦伯利的所谓新解决思路在观点对应上与戴维森立场一致,却完全割裂了观点序列与其倡导者序列之间的关联(Thierry Alcoloumbre, "Prophecy Revisited: A New Approach to Maimonides' Cosmogony-Prophetology Puzzle", *Review of Rabbinic Judaism*, 11. 2, 2008, pp. 243 – 276);魏斯将三种宇宙生成论—先知论立场缩约为两种(Roslyn Weiss, "Natural Order or Divine Will: Maimonides on Cosmogony and Prophecy", *JJTP*, 15. 1, 2007: 1 – 26)、内赫莱将其扩充为四种(实质上是五种,见 Michael Zvi Nehorai, "The Manner in which Maimonides Expressed his Views on Creation", *Daat*, 37, 1996: 119 – 126)的做法则架空了迈蒙尼德明确宣示的对应关系;由于迄今未能发现令人满意的对应,希斯金(Seeskin, *Maimonides on the Origin of the World*, pp. 173 – 178)和特纳(Masha Turner, "Examining the Relationship between the Opinions on Creation and the Opinions on Prophecy in the *Guide of the Perplexed*", *Daat*, 50/52, 2003: 73 – 82)提出,迈蒙尼德或许并未设想一种观点——对应的宇宙生成论—先知论立场。

的意见，二者之间的对应性十分明显。而且，从义理上讲，迈蒙尼德所理解的圣经的宇宙生成论观点（即目的—设计论）在保存事物自然本性的同时承认神奇迹性干预中断自然进程的可能性，这与先知论第三种意见基本接受哲学家对先知预言的自然主义解释但加以一点限制（神可以阻止具备资格者成为先知）的思路完全一致。C3 与 P2 观点也很显然具有亲缘关系，从哲学家的自然主义宇宙论出发，一切存在者皆有其恒定的本性，神作为宇宙的最高形式源源不断且无偏私地给出流溢，人只要充分发挥其理智与想象力的本性潜能就可以接受和读解普遍常在的神性流溢而成为先知。戴维森和哈维的解释都偏离了迈蒙尼德的明显提示，而对他的立场做出相当人为的"隐微解读"：戴维森假定迈蒙尼德在宇宙生成论上持柏拉图主义立场，哈维则坚持迈蒙尼德主张世界永恒。

传统解释之中，唯一看似勉强的对应是第二种"柏拉图的宇宙生成论"与第一种"庸众的先知论"之间的配对。但如果我们对关于 P1 的具体表述细加分析，还是能够发现一些关键线索：

> 这个人是智是愚、是长是幼都没关系，但他们还是规定他要有某种德性（khairiyya mā）及良好的品德。这些人还没愚顽到相信上帝可能使恶人成为先知的程度，按他们的见解，除非上帝首先使这人变好［否则他不能成为先知］。①

据此，迈蒙尼德所提及的第一种先知论并非对先知资格毫无限制，一个人要成为先知必须具备起码的德性，神不可能让恶人成为先知。而这与迈蒙尼德所描述的柏拉图所主张的神从先在质料中按意志创造世界的意见具有某种平行性：在此语境中，可以把先知候选人所具备的起码德性资质理解为质料，自由赐予预言能力的过程则可被看作是将某种完善形式赋予质料的创造行为。而且，我们注意到，此处所说的"某种德性"和 II 13（MJ，p. 197；HA，p. 307；汉译，第 262 页）中陈述柏拉图主义见解所说的"某种质料"（mādda mā）也有一种构词上的对应性。此外，II 13 所陈述的柏拉图创世观点是神从同一种质料中任意创造有生灭的天地万物，而迈蒙尼德所认同的亚里士多德

---

① 《迷途指津》，II 32，MJ，p. 253；HA，p. 389；汉译，第 332 页。

主义物理学则坚持天体与月下事物是由两种截然不同的质料构成,①前者的观点中神的创造具有更大的自由度或随意性,这也符合迈蒙尼德所描述的第一种先知论的基本意向。

因此,宇宙生成论—先知论问题上的传统对应方案并不存在矛盾或勉强的地方,没有必要诉诸隐微解释。

第三节　迈蒙尼德宇宙生成论的思想史意义

鉴于迈蒙尼德作为中世纪哲学大师与犹太律法权威的双重身份,我对其宇宙生成论思想之意义的探讨也区分为相应的两方面。

一、 哲学史定位和影响

1. 哲学史定位

迈蒙尼德的世界有始论证,透显出一整套既区分于凯拉姆也不同于阿拉伯亚里士多德主义的独特的形而上学预设及宇宙论架构,这构成迈蒙尼德在哲学史上的原创性贡献。我们将在迈蒙尼德所置身的阿拉伯哲学发展脉络中呈现这一思想的意义。

中世纪阿拉伯哲学史上的一大事因缘,是阿维森纳继承法拉比所开启的端绪②,发展出一条建基于存在与本质区分的模态形而上学道路。这条道路区别于经典亚里士多德主义以实体为中心的本质主义形而上学进路,二者的张力成为中世纪后期哲学发展的主线之一。

阿维森纳存在与本质区分的逻辑出发点是可能存在与必然存在的区分:必然存在者是设想其不存在会导致不可能结论的事物,而可能存在者是设想其存在与不存在都不会导致不可能结论的事物。按照阿维森纳的进一步解释,可能存在者在存在与非存在两种可能性之间处于完全中立状态,特定的可

---

① 迈蒙尼德在《迷途指津》II 26(第 305 页)在评述拉比以利泽介于柏拉图主义质料永恒论和萨比教式流溢论(有形事物从神之属性流溢而出)之间的暧昧观点时,特别强调天地质料的差别。

② Emil L. Fackenheim, "The Possibility of the Universe in Al-Farabi, Ibn Sina and Maimonides", *Proceedings of the American Academy for Jewish Research*, Vol. 16(1946 - 1947), p. 39; Willim Lane Craig, *The Cosmological Argument from Plato to Leibniz*, London: The Macmillan Press LTD, 1980, p. 78.

能存在者进入存在是必然存在者（即神）做出选择的结果。① 由于可能只意味着可以被无矛盾地设想，世界永恒与神的自由选择之间就不存在冲突，也就是说，神在无始之先选择了这个可能世界的方案，一经选择这个世界就成为永恒的，与此世秩序不同的其他可能性永不实现但同时不失为可能。② 正如阿维罗伊所指出的③，阿维森纳在这里事实上引入了凯拉姆的可能性概念，也就是迈蒙尼德所说的容许性原则。

在阿拉伯亚里士多德学派内部，阿维罗伊认为阿维森纳的模态形而上学是对凯拉姆妥协的产物，坚决主张将它从亚里士多德哲学的机体中清除出去。迈蒙尼德的态度有所不同，他充分意识到这种形而上学进路的思想潜力，④将其保留在自己的神之存在证明之中（《迷途指津》II 1，第 230—231 页）。但是，正如他对特殊决定论证的态度，他同样对阿维森纳的理论做出倾向于亚里士多德主义的调整。在迈蒙尼德的复述版本中，必然存在者与可能存在者的区分不再起始于先验的观念设想，而是从亚里士多德物理学对事物生灭性状的经验归纳出发。可能存在者的"可能"，不在其存在与非存在都可无矛盾设想，而在其存在与非存在都曾在或将在现实中发生。迈蒙尼德也将这种亚里士多德式的可能性观念延伸到神学—宇宙论的领域：神凭其自由意志选择了这个可能世界，作为选择对象的世界其非存在也是可能的，世界不存在的潜能在假想为向前无尽的时间中必曾实现。而且，那些异于现有自然秩序的真实可能性在时间进程中也会得到实现。而迈蒙尼德对世界有始无终的坚持折射出他在可能性概念上与亚里士多德的微妙差异，按前者的理解，世界不存在的可能性在神的意志的支配下可以在无限的时间中仅仅发生一次。这意味着，神可以控制现有自然秩序外的可能性进入现实的频次与时机，这种在神控制下的

---

① Avicenna, *The Metaphysics of The Healing*, Provo：Brigham Young University Press, 2005, pp. 23 - 25, 270；Davidson, *Proofs for Eternity*, *Creation and the Existence of God in Medieval Islamic and Jewish Philosophy*, Oxford：Oxford University Press, 1987, pp. 290 - 291.

② Avicenna, *The Metaphysics of The Healing*, pp. 300 - 304；Sari Nusseibeh, "The Possible Worlds of Avicenna and Leibniz", in *The Misty Land of Idea and The Light of Dialogue*, London：ICAS Press, 2014, pp. 270 - 276.

③ Ibn Rushd, *Tahāfut al-Tahāfut*, Cairo：Dār al-Maʿārif, 1964, pp. 121 - 122, 445；*The Incoherence of the Incoherence*, translated by Simon Van Den Bergh, Cambridge：EJW Gibb Memorial Trust, 1954, pp. 31 - 32, 163.

④ 神作为必然存在者不仅是运动和世界秩序的源头，而且是一切其他存在者（包括质料和所有分离性理智）存在的原因。

异世(*other-worldly*)可能性的实现就是奇迹。奇迹的存在,证成现有的自然秩序在本质上是历史性的,它是一种被选择的可能世界方案,别种设计—安排也同样是可能的。但需要指出的是,在迈蒙尼德看来,奇迹只是恒定(无终)自然秩序的例外,现实世界仍以它特有的方式反映着神性智慧的完美与永恒(这也是人得以从物理学上升到形而上学的知识论保证),而另一方面,奇迹发生的特定方式和时机,又显示出神圣意志—理智对历史进程的调节与引导。①

因此,尽管迈蒙尼德并没有像阿维森纳那样系统化地表述自出机杼的观点,也不像阿维罗伊通过对亚里士多德著作的全面阐释来重建古典哲学体系,他还是借由宇宙生成论方面的专题探讨提出了内在一致且独具特色的神学—哲学理论,对其时代哲学关注的焦点问题做出自己的回应。他的贡献在于推进阿维森纳的模态形而上学与亚里士多德物理学—形而上学框架的深度整合,同时通过对亚里士多德可能性观念的调整而扩大亚里士多德主义哲学的解释力,使其真正延伸至个殊与偶在性现象。如果说阿维森纳是将凯拉姆的思想洞见引入亚里士多德主义哲学从而开辟新路,迈蒙尼德的工作就是校正方向并拓宽路面,展现其远大前景,后世蔚为大宗的拉丁经院传统正是行进在这一道路上。②

2. 迈蒙尼德宇宙生成论思想的后世反响

迈蒙尼德对宇宙生成论问题的探讨,奠定了后世犹太教与基督教思想界这一问题研究的格局。中世纪后期大部分犹太教与基督教思想者都接受迈蒙尼德对这一论题的辩证性质判断,而且他们所审视的对象也基本不超出迈蒙尼德列出的可能思路的范围。迈蒙尼德对各家思想的记述,甚至成为后世一些思想家了解这些思路的主要来源,如阿奎那等拉丁经院哲学家对凯拉姆、克莱斯卡对阿拉伯亚里士多德主义的了解,都依赖于《迷途指津》的相应内容。③ 我们

---

① 参见迈蒙尼德:《论复活》,汉译文见法拉比:《论完美城邦》,"附录",董修元译,上海:华东师范大学出版社,2016 年,第 121—124 页。以上所论及各种观点的区别与关联见本书附录一(表2)。

② 基督教经院哲学对阿维森纳-迈蒙尼德形而上学道路的继承和发挥主要体现于阿奎那关于存在与本质区分的理论,见阿奎那:《论存在者与本质》(段德智译,《世界哲学》2007 年第 1 期),第 68—73 页。另见赵敦华:《基督教哲学 1500 年》(北京:人民出版社,2005 年),第 375—383 页;董尚文:《阿奎那存在论研究》(北京:人民出版社,2008 年),第 179—180 页。

③ 迈蒙尼德哲学著述在阿拉伯伊斯兰世界的流传和影响基本限于犹太社群,唯一例外是 13 世纪波斯哲学家穆罕默德·大不里齐(Muhammad al-Tabrizi),他为《迷途指津》第二部导言中总结的 25 个哲学前提撰写了评注,这部评注后来被译为希伯来语,成为克莱斯卡的主要参考资料,相关探讨见 Davidson, *Moses Maimonides: the Man and His Works*, Oxford: Oxford University Press, 2005, p. 426.

注意到这些受到迈蒙尼德影响的思想者几乎没有一个是全盘接受他本人的宇宙生成论观点的，这恰恰符合辩证探讨的本意，这种方法的最大价值不在灌输而在激发思想。事实上迈蒙尼德始终对知识的未来演进抱开放态度，后辈在其基础上不断重启探讨，发现更合理的解决思路，或许正是他所期待的。

在13世纪及其后以阿拉伯亚里士多德主义为样板建立起来的犹太哲学传统中，迈蒙尼德与阿维罗伊一道被视为哲学典范。两人确实有不少共性，都是阿拉伯西部哲学传统的继承者，同样坚持亚里士多德物理学以及建基于其上的神学的基本框架，尽管迈蒙尼德对新柏拉图主义流溢论和阿维森纳模态形而上学的批评态度不像阿维罗伊那么决绝。这一倾向体现在宇宙生成论问题上，就是将亚里士多德物理学及形而上学的公理接受为宇宙生成论探讨的出发点。所不同者，阿维罗伊断言从这些前提出发可以必然推出世界永恒，而迈蒙尼德则认为这只能提供一种或然性的辩证论证。但是，出于教化的考虑，迈蒙尼德在针对律法学徒——同时是潜在的哲学学徒——的《律法再述》中采用了经典的第一推动者论证（其中包含世界永恒前提）来建立神的存在、单一、无形体，而且在向提本推荐哲学研习书目时也推荐了阿维罗伊的亚里士多德著作注疏。迈蒙尼德的这两个举动对中世纪后期犹太哲学的发展具有决定性的影响，尽管这种影响未必是他所预期的。13世纪以降的犹太亚里士多德主义哲学家群体，如提本（Samuel ibn Tibbon）、法拉奎拉（Falaquera）、纳尔波尼（Narboni）、卡斯比（Kaspi）、阿尔巴拉格（Albalag）等，虽然尊奉迈蒙尼德为宗师，实际上基本秉持阿维罗伊确立的"纯正"逍遥派家法——在宇宙生成论上坚持世界永恒论为唯一科学论断，对迈蒙尼德支持世界有始的辩证论证作某种隐微解释，认为后者只是迁就大众的一种修辞策略。[①] 迈蒙尼德真实立场的影响，反而在拉丁经院传统以及与此传统关系密切的格森尼德（Gersonides）和克莱斯卡（Crescas）身上得到体现。

迈蒙尼德的《迷途指津》在13世纪上半叶就被译成了拉丁文，为基督教经院哲学的大师们如大阿尔伯特、阿奎那、邓斯·司各脱、大师艾克哈特所

---

① Aviezer Ravitzky, "The Secret of Maimonides", in *History and Faith*, Amsterdam：J. C. Gieben，1996，pp. 253 - 256；Steven Harvey, *Falaquera's Epistle of the Debate：An Introduction to Jewish Philosophy*，Cambridge（MA）：Harvard University Press，1987，pp. 20 - 38.

熟悉。① 迈蒙尼德对宇宙生成论问题的处理,成为阿奎那重新思考这一问题的出发点。阿奎那接受了迈蒙尼德对世界有始抑或永恒论题的认识论定位,即关于此问题没有证明性的答案。他在早期著作《伦巴德箴言四书评注》中几乎全文征引了迈蒙尼德"荒岛孤儿"的思想实验:

> 拉比摩西(迈蒙尼德)在《迷途指津》(II 篇)17 章中举了关于一个男孩的例子,他的母亲在他还是婴儿的时候就死了,他在一个隔绝的荒岛上被抚养长大。到了心智成熟的年纪,他问某人(《迷途指津》中是他的父亲)人是如何产生的,当对方如实告知人是如何产生的之后,他反驳说这是不可能的,因为一个人不可能在母亲的子宫里不呼吸、不吃喝、不排泄而能活上一天,更不用说 9 个月。那些想要从世界完成状态中的事物发生方式出发推知世界有始的必然性或不可能性的人,就像这个孩子一样。②

与迈蒙尼德不同的是,阿奎那借此案例不仅试图揭示哲学家们世界永恒论证的认识论局限,同时也将矛头指向先前一神教神学家们的世界有始论证,认为后者同样是不合法的。在双方都无法提供证明性论证的情况下,阿奎那诉诸启示权威来对此问题做出裁决,最终接受在虚无之后创世论。

比较阿奎那和迈蒙尼德的两种处理方式,我们发现阿奎那在宇宙生成论问题上的怀疑论立场更为彻底。而迈蒙尼德所质疑的只是对此论题作证明论证的可能性,在否定了这种可能性之后,他并未放弃理性努力,而是改用辩证论证的方式继续探索。这种分歧所折射的是二人对于建立作为科学的神学这一时代主题的不同设想。对阿奎那而言,科学——正如阿拉伯亚里士多德主义者们所坚持的——是由证明性的真理构成的体系,自然神学处理人类理性所能证明的神学问题,出离这一范围的则转入圣经神学,后者是在接受启示原则为真的基础上的一套演绎体系,所得出的同样是证明性的真理。在迈蒙尼

---

① Wolfgang Kluxen, "Maimonides and Latin Scholasticism", in *Maimonides and Philosophy*, Dordrecht: Kluwer, 1986, pp. 224 – 230.

② Aquinas, *Aquinas on Creation*: *Writings on The Sentences of Peter Lombard*, *Book 2*, *Distinction 1*, *Question 1*, translated by Steven E. Baldner, William E. Carroll, Toronto: Pontifical Institute of Medieval Studies, 1997, pp. 96 – 97.

德（以及他所还原的亚里士多德）看来，科学更多的是一种开放性的探索活动，证明性的真理是这种探索的基石但并非全部，许多"艰深晦涩"的问题——尤其是关于世界起源及上界实体的问题——很难甚或不可能有证明性的结论，但仍然是人类心灵所渴求理解的对象，也是具备资质的哲学—律法学徒应当去作多重进路的尝试性探索的对象，这种规范、合宜的探索本身就是人类所能达到的终极完善。圣经—启示在这个过程中所起到的作用是一种适合于进行真理探索的生存状态的准备以及对某些问题解决进路的提示，但从不会直接给予决定性的答案——对迈蒙尼德而言，圣经的陈述永远是有待解释的对象。简言之，阿奎那将信仰作为一个有机部分纳入认知过程，关于神圣对象的认知过程是从理性（自然神学）到信仰（接受启示）再到理性（从启示信息做出演绎）；迈蒙尼德的神学—形而上学认识则是两阶的，即从证明理性进到辩证理性，启示对认知的推进作用是外在性的（尽管也是关键性的）。

迈蒙尼德与阿奎那在宇宙生成论问题上的另一分歧在于对永恒自由创造观点的理解。迈蒙尼德从亚里士多德永恒与必然相互蕴含的形而上学原则出发判断世界永恒与神自由创造不相容，而阿奎那则在《论世界永恒》一文中指出世界永恒和神通过意志选择创造世界之间不存在矛盾①。阿奎那承认自己这一论断的主要来源是奥古斯丁，后者恰恰代表一种与亚里士多德模态概念截然对立而与后世伊斯兰凯拉姆非常接近的可能性观念②。如上文所呈现的，对自由意志的理解最终将落脚在对可能性概念的理解上。在亚里士多德、迈蒙尼德看来，可能性意味着一种与现实状态不同但曾经实现或将会实现的事态，一种从不实现的状态事实上是不可能的。奥古斯丁、阿奎那则把可能性的基础从现实转移到神的全能之上，凡在神的能力范围内的——无论是否曾被或将被实现——都是可能的。在此视野下，神可以选择世界存在这种可能而让世界不存在的可能永不实现。与此相关，阿奎那与迈蒙尼德对从无创世和世界有始关系的理解也有所不同。从无创世意味着这个世界（包括其形式与质料）在神的意志选择之外没有任何存在的根基，也就是说，它是纯粹的可能存在者。对阿奎那而言，这一判断与世界永恒没有冲突，一个从无创造的世

---

① Aquinas, *Aquinas on Creation*, Appendix B, pp. 114 – 122.

② Augustin, *Anti-Pelagian Writings*, ed. Philip Schaff, New York: Christian Literature Publishing Co., 1887, p. 83 – 84；汉译文见奥古斯丁：《论原罪与恩典》，周伟驰译，北京：商务印书馆，2012 年，第 4—5 页。

界可以是有始的也可以是永恒的。而对迈蒙尼德来说，如果世界是真正的可能存在者，就一定是有始的；如果世界是永恒的，它就是必然的，因而不可能是从无创造的——所以在迈蒙尼德这里，从无创世和在虚无之后创世是相互蕴含的。

综合两点分歧，我们见证了阿奎那与迈蒙尼德各自所代表的两种神学进路：阿奎那是吸取和遵循亚里士多德主义的逻辑学—科学规范而在基本理论上另起炉灶，来建构一套符合基督教信条的神学体系；迈蒙尼德则是在尽可能完整的保留亚里士多德物理学—形而上学框架的条件下，重启对某些构成（或影响）律法根基的重大问题的探讨。

迈蒙尼德对于宇宙生成论问题辩证探讨之于拉丁思想界的另一影响，必定出乎他自己的意料之外。他对凯拉姆原子—偶因论体系的梳理和系统概述，成为中世纪后期的欧洲学者了解这一思想的主要渠道。在后者眼中，这是亚里士多德物理学框架之外的另一种科学建构的备选方案。14 世纪欧洲的原子论者，如奥曲考特的尼古拉（Nicholas of Autrecourt）和威廉·克莱索恩（William Crathorn）很可能都是通过迈蒙尼德《迷途指津》中的复述了解伊斯兰原子论学说而受到其影响[①]，这能够非常合理地解释 14 世纪"复兴"的原子论与古希腊—罗马原子论之间极其明显的差异。如果说凯拉姆原子论的一大成就是将印度思想资源引入地中海世界并与一神教框架整合，迈蒙尼德在这方面的历史功绩就是将这一成果以最集约的系统化形式输入基督教欧洲，为西方思想界突破希腊化思维局限、完成哲学—科学范式更新提供助力。

格森尼德与克莱斯卡，作为中世纪晚期犹太哲学最高成就的代表，同样在宇宙生成论上受到迈蒙尼德的影响并与之展开对话。这两人生活在拉丁经院传统勃兴后的欧洲，这种不同于迈蒙尼德的思想语境也体现在他们各自对此问题的处理之上。

格森尼德在迈蒙尼德的指引下，注意到亚里士多德《论题篇》中将宇宙生

---

① Christophe Grellard, "Nicholas of Autrecourt's Atomistic Physics"; Aurélien Robert, "William Crathorn's Mereotopological Atomism", in *Atomism in Late Medieval Philosophy and Theology*, Leiden: Brill, 2009, pp. 119, 123, 152. 值得一提的是，近代哲学家莱布尼茨也是通过《迷途指津》了解到凯拉姆原子论的，见 Leibniz, *Sämtliche Schriften und Briefe*, Reihe VI（ed. Leibniz-Forschungsstelle Münster），Band 4（ed. Heinrich Schepers, Martin Schneider, Gerhard Biller, Ursula Franke, Herma Kliege-Biller），Berlin: Akademie Verlag, 1999, Teil C, pp. 2484 - 2498。

成论问题归入辩证探讨范围的做法。格森尼德赞同这一归类，由于人类认识能力无法把握神与天体的本性，所以在宇宙是有始的还是永恒的问题上不能有严格意义上的证明。但是再向前一步，格森尼德与迈蒙尼德的分歧就呈露出来：迈蒙尼德通过对各种思路的批判性梳理认为关于这个问题没有确定性的答案，尽管他相信自己的特殊决定论证是接近于证明的；格森尼德则坚信，他已经检索所有逻辑上可能的进路，并且通过排除法得到了唯一合理的一种解答（即柏拉图式的神从原初质料创造的世界有始论），这就是关于宇宙生成论的必然正确的答案。① 格森尼德的论证分两步进行，首先论证世界有始，然后建立从质料创世。在第一步上，他借用了迈蒙尼德的基本思路，从天体的合目的性秩序及其偶然性特征推出天体世界是某个有意志的理性动因自由选择的结果，它既不是随机的也不是必然的——基于此，世界永恒被排除。在第二步上，他通过指出从无创世的荒谬性，从反面建立质料永恒，他的最有力论据是：从无创造将预设真空的存在，而这与亚里士多德物理学的基本公理相冲突。②

　　从格森尼德版本的世界有始论证可以看出，他同时继承了迈蒙尼德和阿维罗伊的思想遗产并将二者整合在一个逻辑一致的体系中。总体来说，格森尼德在对人类认识能力的信心和对亚里士多德物理学基本原理的坚持这两方面更甚于迈蒙尼德，这主要体现出阿维罗伊的影响。此外，迈蒙尼德坚持质料有始的基本理据在于必然存在者与可能存在者的区分：神是唯一的必然存在者，一切其他存在者就其本性而言都是可能存在者、其存在都依附于神。在这一前提下，质料只能被归入可能存在者的范畴，而根据亚里士多德的可能性概念，可能存在者不可能是永恒的。迈蒙尼德尽管对阿维森纳的模态形而上学做出了倾向于"本真的"亚里士多德哲学的改造，但其出发点仍是阿维森纳的存在与本质区分。后者并非亚里士多德哲学的原始内容，而是阿维森纳通过汲取凯拉姆思想资源而发展出的。这正是阿维罗伊猛烈攻击并力图从阿拉伯亚里士多德主义哲学中剔除的对象。而格森尼德主要是通过阿维罗伊注疏接受古典哲学传统的，他并不像迈蒙尼德那样将必然存在与可能存在的区分视

----

① Kenneth Seeskin, *Maimonides on the Origin of the World*, Cambridge：Cambridge University Press，2006，pp. 186 - 191.

② Gersonides, *The Wars of The Lord*, Volume 3, translated by Seymour Feldman, Philadelphia：The Jewish Publication Society，1999，pp. 243 - 251,325 - 327.

为一个具有根本重要性的原理,由此,质料有始的根据并不存在。而且,在阿维罗伊和格森尼德那里,永恒—必然并不构成神性的本质要件,质料完全可以是一个必然与神永恒共存的实体而不影响神的唯一性。

迈蒙尼德对于格森尼德的最大影响在于,使后者意识到世界有始与亚里士多德物理学—形而上学的基本框架并不存在实质冲突,而且还为解决亚里士多德哲学的固有难题(个体化原理问题)提供了某种可能的出路。

与格森尼德相比,克莱斯卡无疑代表后迈蒙尼德时代犹太哲学的另一相反路向。在宇宙生成论问题上,克莱斯卡主张神永恒创世论,即神从无创造除他之外的一切存在者,但这个创造活动是永恒的,也就是说,世界作为神创造活动的产物与神永恒共在。克莱斯卡的世界永恒论证并无新意,基本出自阿维森纳,他对神自由选择与世界永恒之间兼容性的陈述还很可能受到阿奎那所代表的拉丁经院传统的影响①。值得注意的是,迈蒙尼德与克莱斯卡同样是继承阿维森纳的思想遗产并对后者的哲学体系有所去取,但去取的对象截然相反,迈蒙尼德尽可能地保留和发挥其中的物理学倾向,而克莱斯卡则激烈拒斥其中的亚里士多德物理学而基本上保留带有新柏拉图主义与凯拉姆色彩的神学—形而上学部分。②

一般认为克莱斯卡的宗教倾向较为保守,但他为何选择世界永恒这样一种一直以来为哲学家们所坚持的立场? 我认为这个问题的答案在于时代的思想风向。克莱斯卡生活的 14 世纪正是卡巴拉神秘主义盛行的时代。虽然卡巴拉主义者们宣称他们的关注焦点在践行体验、世界永恒抑或有始之类的信条并不重要,他们的神智学宇宙论还是与新柏拉图主义的永恒流溢论之间具有某种内在的契合性③。在他们看来,世界是经由若干中介层级从神本身流溢而出的,神性结构、世界结构都被律法(Torah)所体现的某种原型秩序所吸收,后者先于创造、无始无终,潜在于自然之下而以一种隐秘的方式决定

---

① S. Feldman, "The Theory of Eternal Creation in Hasdai Crescas and Some of His Predecessors", *Viator*, 11(1980), pp. 291 – 315.

② Kenneth Seeskin, *Maimonides on the Origin of the World*, Cambridge: Cambridge University Press, 2006, pp. 191 – 194;傅有德等:《犹太哲学史》,北京:中国人民大学出版社,2008 年,第 374—382 页。

③ G. G. 索伦:《犹太教神秘主义主流》,涂笑非译,成都:四川人民出版社,2000 年,第 140—141 页;Aviezer Ravitzky, 1996, p. 263. 有意思的是这两种陈述出自同一个卡巴拉主义者,即阿布拉菲亚(Abulafia)。

自然①。卡巴拉主义者们认为关于这种原型秩序的知识隐藏在经文的字面意义之下，在古代的犹太族群中以秘传的形式代代相承，而在当代则被他们发掘和复原；一旦掌握了这些知识，就掌握了世界运转的枢纽。卡巴拉主义正是以这样一种方式来建立犹太律法的优越性，巩固危机中的犹太族群对于固有宗教传统的信心。卡巴拉神智学宇宙论在承认一种吸收或分有神性的永恒必然秩序方面与阿拉伯亚里士多德主义一致，但在对这种秩序的具体理解和巫术—通神术关切上，则更接近于迈蒙尼德所描述的萨比教版本的世界永恒论。

克莱斯卡尽管并非卡巴拉主义者，但极有可能受到卡巴拉主义思潮的影响，尤其是在他与后者共享思想关切的场合。克莱斯卡试图通过永恒创造论确立的是一个以爱为首要属性的神的形象，这个神永恒地关切着他所创造的世界（尤其是人）并以一种必然的方式将世界历史进程引导向他所设定—许诺的目标。② 和卡巴拉主义者一样，克莱斯卡的最终目的是通过这样一种神学来强化对于以色列之上帝的信仰。

二、 迈蒙尼德宇宙生成论思想对于犹太教的意义

1. 真正意义上的律法科学

迈蒙尼德宇宙生成论探讨的直接目标是在理性基础上建立从无创世信条。在这一点上，他行进在萨阿迪高恩所开启的道路上。从无创世（更确切的说，在虚无之后创世），与神圣自由意志、特选启示、奇迹（尤其是死者复活）等犹太教关键信条具有内在逻辑关联，简言之，一个从无创世的神才是一个具有绝对自由意志的神，只有这样一个不受制于自然规律与历史定例的神才能特选某个民族予以启示律法，也只有这样一个神能保证对为坚守律法而做出的巨大牺牲给予超自然回报——在这一点上，他的立场与萨阿迪并无二致。③ 迈蒙尼德通过持续而强力的论证与教学活动，利用自己并世无两的律法学术权威，最终将从无创世同神的无形体性一起确立为地中海犹太社群普

① Moshe Idel, *Absorbing Perfections：Kabbalah and Interpretation*, New Haven：Yale University Press, 2002, pp. 26 - 79；索伦：《犹太教神秘主义主流》，第 14 页。

② 傅有德等：《犹太哲学史》，北京：中国人民大学出版社，2008 年，第 373—374,376,378 页。

③ Saadia Gaon, *The Book of Beliefs and Opinions*, trans. By Samuel Rosenblatt, New Haven：Yale University Press, 1976, pp. 411 - 413；Maimonides, "Treatise on Resurrection", in *Maimonides' Empire of Light*, trans. by Hillel G. Fradkin, Chicago：The University of Chicago Press, 2000，pp. 171 - 174；《迷途指津》II 25, p. 302 - 303.

遍公认的信条。

　　值得注意的是,迈蒙尼德的宇宙生成论思想对犹太教的意义,不仅在于具体信条的确立,更在于确立这一信条的科学规范方式。后一方面其实是迈蒙尼德本人更为重视的,也是他区别于所有犹太前辈的独到之处。他在《迷途指津》开篇即指出,本书的主旨是建立"真正意义上的律法科学"(*'ilm al-sharī'a alā al-haqīqa*)。① 他所谓真正的律法科学是指区别于研究具体诫命的犹太律法学而致力于论证作为律法根基的以及律法书所要传达的知识—信念的科学。结合他的《律法再述》写作计划来看,建立律法科学不仅是《迷途指津》这部著作的宗旨,也是他毕生致力的一个理想目标。他理想中的律法科学,在建制规范上是以亚里士多德的逻辑学和物理学为典范,其探讨必须从现实存在事物的可观察本性出发,以已被证明的科学真理为基础,遵循严格的逻辑规则。而且,在论证的过程中必须以求真为最大目的,搁置信仰等理性之外因素的影响。② 在迈蒙尼德看来,宇宙生成论问题属于律法科学的高端部分(介于创世论与神车论之间),处理这些问题还需要对人类理性的局限有充分的意识,对无法证明的论题作审慎的、开放性的探讨。他之所以在《迷途指津》中给宇宙生成论问题以最大的篇幅和处理力度,一方面是由于这个问题本身的重要性,另一方面更是考虑到它是一个最典型的辩证论题,试图借对此问题的详尽处理来为律法—哲学学徒树立一个辩证探讨神学问题的样板。在这里,方法示范的意义甚至大于确立具体信条,因为迈蒙尼德始终承认自己的结论不是终结性的,其他的思路也并没有被封闭,随着知识视野的扩展,后世的探讨完全可以推翻他的结论,将神学科学重新建立在不同的原理基础之上(II 24,第 301 页;II 25,第 303 页)。对迈蒙尼德而言,一个投身于神学研究的学者,只要科学素养充分、认知态度纯正,在追寻终极真理的正途上坚持不懈,就已经达到了理智完善(I 32,第 68—69 页),具体结论(甚至是否达到结论)在此已不那么重要。

　　2. 东西双线圣战局面下的犹太人处境以及迈蒙尼德的应对策略

　　迈蒙尼德建构律法科学的动机,除对理智完善的终极追求外,还有现实的社会性考虑。作为地中海世界犹太族群的领袖人物,他必须对当前时代犹太

---

　　① 《迷途指津》,MJ, p. 2;HA, p. 5;汉译,第 5 页。这个短语按字面意思也可译作"基于真理的律法科学"。

　　② 信仰的作用是在认识的起点之前与终点之后。

人的艰危处境提出应对之策。迈蒙尼德生值阿拉伯—伊斯兰世界犹太族群
"黄金时代"的尾声。进入 12 世纪后,基督教世界与伊斯兰世界的东西双线圣
战——东线巴勒斯坦十字军对抗萨拉丁阿尤布王朝、西线西班牙"收复失地运
动"天主教王国对抗柏柏尔人穆瓦希德王朝——达到白热化。[①] 在前线圣战
号召的刺激下,双方境内异教徒的身份问题被提到前台,整个地中海世界针对
犹太人的改教压力空前强化。这种压力在伊斯兰世界最极端的表现就是穆瓦
希德王朝治下马格里布与安达卢西亚针对原先"受保护民"(ahl al -
Dhimma,主要是犹太人和基督徒)[②]的大规模强迫改宗,迈蒙尼德本人也遭逢
这场浩劫,不得不出走阿拉伯世界东部。尽管这只是极端个例,但穆斯林世界
的总体宗教氛围确实开始趋向于保守和排他,犹太族群在此起彼伏的迫害、压
制之下日趋萎缩。[③]

　　更为不利的形势是,此时穆斯林主流对犹太族群的优势不仅是在政治经
济方面,更体现在思想文化上。经过翻译运动和中世纪启蒙,伊斯兰宗教完成
了学科化的进程,对其启示经典、教法、信条的阐释与论证都达到了高度的系
统化。这在神学上体现为凯拉姆学的建立。而凯拉姆本身就具有宣道护教、
争取异教徒改宗的功能。在迈蒙尼德之前,很多犹太教思想者,如萨阿迪高恩
和犹大·哈列维,都曾不同程度地将凯拉姆引入拉比犹太教;犹太教内的异端
卡拉派,更是系统地接受了穆尔泰齐赖派凯拉姆神学,并以此为工具与拉比派
主流论争。凯拉姆调和理性与启示的方案对犹太教的青年学徒也极具吸引
力。迈蒙尼德判断这是一种危险的倾向。在他看来,凯拉姆是为伊斯兰教量
身定做的,在对手设定的前提与游戏规则下与其竞争必然落于下风;潜移默化
的结果终将导致改教或滋生异端。

　　与生活于古代近东世界的圣经作者所采取的策略[④]如出一辙,迈蒙尼德

---

　　① 关于收复失地运动与十字军的关联以及前者的"圣战"宣称,见 Joseph F. O'Callaghan,
Reconquest and Crusade in Medieval Spain, Philadelphia：University of Pennsylvania Press, 2003,
pp. 7 - 22.

　　② 关于犹太人作为受保护民在中世纪伊斯兰世界的生存境况的讨论,见宋立宏：《释"顺民"：犹
太人在伊斯兰世界中的法律和社会地位》,《学海》,2010 年第 2 期,第 128—134 页;增订版收入潘光、
汪舒明主编：《离散与避难：犹太民族难以忘怀的历史》,北京：时事出版社,2013 年,第 31—55 页。

　　③ Norman A. Stillman, *The Jews of Arab Lands*, Philadelphia：The Jewish Publication
Society of America, 1979, pp. 64 - 87;十字军时代基督教世界对犹太人迫害相关情况,见徐新：《反
犹主义解析》(上海：上海三联书店,1996,第 69—73 页)。

　　④ 见第一章第一节第一部分。

选择从根本上改变神学话语的范式,来扭转看似"命定"的败象。他将目光瞄准了阿拉伯亚里士多德主义哲学传统。通过把犹太神学重新奠定在亚里士多德物理学—形而上学的基础上,一举超越凯拉姆而获得一种方法规范性的优势。[1] 他要证明犹太律法不仅是最合乎理性的启示版本,而且是与科学典范融为一体的。

与这种策略相配合,迈蒙尼德设计了一整套循序渐进的教化方案,试图把理性化犹太教所必需的真信念灌输给各个层次的犹太民众,[2]最终将犹太族群打造为一个知识精英群体。这一设计与他本人作为宫廷犹太人的经历有关,其潜在的预期是要让犹太人群体凭其知识长才在异教主导的社会中执行某种难以替代的高端功能,从而保证犹太人作为边缘族群能够获得相对稳固的生存地位。我把迈蒙尼德的这种策略称为知识精英上行路线。

需要指出的是,迈蒙尼德并不是在思想真空之中实行他的犹太教改革。他的改革方案必然遭遇来自犹太教内部的种种阻力以及其他思潮的竞争。迈蒙尼德对阻力、竞争的预期和回应集中体现于他对萨比教世界永恒论版本的拒斥。在迈蒙尼德的神学建构图景中,萨比教永恒论没有获得哲学和凯拉姆那样的辩证对话者的资格,而是直接被以规范性标准断然排除。然而,迈蒙尼德对萨比教的理智评价之低与投入关注之多间的强烈反差,显示出这个问题的宗教—政治敏感性。正如上文所指出的,迈蒙尼德对萨比教的批判是有当代指向的,他借此所抵制的目标是当时犹太社群中一种试图复活、整合犹太教中固有的和来自异教的经过哲学化包装的神话—巫术资源以应对当代危机的动向[3]。迈蒙尼德认为这种倾向不仅威胁犹太教的一神论根基,还会带来一

---

① 在《迷途指津》I 71(pp. 165 – 166)中迈蒙尼德以一种托古改制的方式将这一神学方案归于安达卢西亚犹太学术传统(与拉比高恩们和卡拉派援用凯拉姆的做法形成对比),事实上,安达卢西亚的犹太知识界虽然有研习哲学的风气,但是将律法学术系统化地建基于哲学并将物理学—形而上学置于律法学的顶端,无疑是迈蒙尼德本人的创举。

② 见本章第二节二、4。在这一点上,迈蒙尼德与大部分中世纪哲学家(尤其是阿拉伯亚里士多德主义者们)意见相左,后者对以真理教化民众的可能性通常抱悲观态度。迈蒙尼德在这方面的旨趣反而更接近于穆瓦希德运动中的伊斯兰神学家。迈蒙尼德与穆瓦希德运动的复杂关系以及与阿维罗伊在神学—政治及教化问题上的分歧,见 Sarah Stroumsa, *Maimonides in His World*, Princeton: Princeton University Press, 2009, pp. 59 – 79.

③ 后者最终在卡巴拉神秘主义中获得最充分的表达,凯尔纳以一种向后投射的方式称迈蒙尼德所对抗的动向为"原卡巴拉主义"(proto-Kabbalah),见 Menachem Kellner, *Maimonides' Confrontation with Mysticism*, Oxford: The Littman Library of Jewish Civilization, 2006, pp. 3 – 4.

种对巫术化的律法实践功效的迷信，助长过度急切的弥赛亚预期，后者所导致的盲动将使犹太族群付出惨痛的代价。迈蒙尼德做出这种判断的根据是他对异教压迫艰难局面的长期性的清醒意识，他倾向于拒绝计算弥赛亚到来的日期或至少向后推延，[①]而且他的世界无终主张也有淡化弥赛亚奇迹性拯救期待的意味。历史证明——黑暗时代直至 1492 年西班牙大驱逐时才达到顶峰——迈蒙尼德的判断是正确的。

3. 迈蒙尼德思想遗产的历史命运

从 13 世纪迈蒙尼德的哲学著作在犹太社群引发的激烈争议以及 13—16 世纪间卡巴拉主义广泛流行的事实中，我们已经可以看出迈蒙尼德抵制犹太教内复神话化（re-mythologisation）及神秘主义倾向的努力并不成功。尤其讽刺的是，连他的儿子亚伯拉罕和将他奉为权威导师的也门犹太社群，[②]都热衷于神秘主义修行。卡巴拉主义显隐并置的双层流溢论宇宙观，可以为世界上的一切特殊现象提供某种因果解释，尤其是在这一背景下，犹太民族的苦难历史遭遇及其对摩西律法的执着坚持获得某种宇宙论意义上的恒久价值，这也正是卡巴拉主义对于中世纪后期的犹太知识分子吸引力大于哲学的缘由所在。

然而，在指出迈蒙尼德思想遗产"悲剧性"命运的同时，我们不应忽略问题的另一面，即迈蒙尼德对后世卡巴拉主义的反向形塑与制衡。13 世纪卡巴拉主义的形成，很大程度上是对迈蒙尼德所掀起的犹太教理性主义改革运动的一种回应，保守主义者们要回应迈蒙尼德及其门徒的强力挑战，仅仅重复塔木德与密德拉什的权威教诲无疑是不够的，因为迈蒙尼德已经对拉比犹太教经典做出了系统化的哲学寓意解释。他们必须对犹太教传统中固有的神话、巫术、通神术和诺斯替主义因素做出重新整合和系统化陈述，在这个过程中他们事实上也接受和应用了哲学家们的部分话语和预设。大部分早期卡巴拉主义者并不否定自然秩序的确定性、也没有全盘拒斥基于自然本性的哲学概念，在他们看来，神圣—隐秘秩序和自然秩序之间更多的是一种互补或互为表

---

① Maimonides, "Epistle to Yemen", trans. Joel Kraemer, in *Maimonides' Empire of Light*, Chicago: The University of Chicago Press, 2000, pp. 119 - 131.

② Paul Fenton, "Maimonides Father and Son: Continuity and Change", in *Traditions of Maimonideanism*, Leiden: Brill, 2009, pp. 118 - 135; Tzvi Langermann, *Yemenite Midrash*, New York: Harper Collins, 1996, pp. 279 - 280, 290 - 296.

里的关系①。同时,由于迈蒙尼德通过毕生努力成功地将神的无形体性—超越性和从无创世确立为犹太教的基本信条,卡巴拉主义者虽然对这些信条并不满意,但原则上不会同社群共识公然对抗。他们更倾向于对自身立场做出某种妥协,如将形体性从神本身转移到某个较低的神性流溢层级上;或者对迈蒙尼德确立的信条作隐微解释,如利用否定神学原理、将从无创世解释为从无定性的神本身创世。② 迈蒙尼德对巫术—通神术的激烈拒斥以及对其偶像崇拜本质的指控,也使卡巴拉主义难以在这方面得到充分发挥,转而走向内在化、精神体验化的道路,即使是具有神智学—通神术倾向的卡巴拉主义者,也只是将这些"神秘科学"作为解释圣经立法缘由和遵行律法所带来利益的途径,而避免对其做释经与冥想之外的实际应用。③

而且,尽管在与神秘主义路向的直接竞争中未能获胜,迈蒙尼德的理想在知识精英之中的传承仍不绝如缕。当卡巴拉主义方案于17世纪"伪弥赛亚"萨巴泰背教事件④的重创之下宣告破产,迈蒙尼德所代表的理性主义路线随即在犹太启蒙运动(*Haskalah*)的曙光中重焕生机。

---

① Moshe Idel, "*Deus Sive Natura*——The Metamorphosis of A Dictum from Maimonides to Spinoza", in *Maimonides and Sciences*, ed. R. S. Cohen, H. Levine, Dordrecht: Kluwer, 2000, pp. 87 - 88.

② 索伦(G. Scholem):《犹太教神秘主义主流》,涂笑非译,成都:四川人民出版社,2000年,第 25,200,207 页;另见 Joseph Dan, "Ashkenazi and the Maimonidean Controversy", *Maimonidean Studies* 3,1992 - 1993, pp. 30 - 32.

③ 索伦:《犹太教神秘主义主流》,第 272 页。

④ 17 世纪 60 年代,在卡巴拉主义不断营造的弥赛亚期待氛围中,萨巴泰(Sabbatai)在耶路撒冷宣称自己是弥赛亚并得到众多神秘主义学者的承认,但这个被寄予厚望的"弥赛亚"却最终在土耳其苏丹的胁迫下放弃犹太教信仰、皈依了伊斯兰教。此事件的经过及影响见索伦《犹太教神秘主义主流》,第 281—316,320—321 页。

结　　语

　　针对本书开篇提出的三个基本问题（迈蒙尼德宇宙生成论最终立场、达到此立场的进路以及表述形式的选择），在此做一总结性的陈述。

　　基于上文对文本证据的分析、逻辑理路的还原和对作者生平抱负的考察，我倾向于判断迈蒙尼德确实如他本人所说的相信世界有始，而他达到这一结论的途径是辩证探讨。按照辩证探讨的程序，迈蒙尼德首先确定在宇宙生成论问题上没有证明论证，因此只能在考察各种现有思路的基础上选择或提出一种疑难最少、解释力最强的意见。他详尽、系统地考察了当时两种最具影响力的思路，即阿拉伯亚里士多德主义基于亚里士多德物理学和新柏拉图主义流溢论的宇宙永恒论证，以及伊斯兰凯拉姆基于原子—偶因论的世界有始论证。在全面分析两家论证的利弊得失的前提下，他改造了凯拉姆关于世界有始的特殊决定论证，把它置入一个目的—设计论的宇宙论框架，而后者最大限度地保留了亚里士多德物理学和形而上学的基本预设。对宇宙生成论问题的探讨反映出迈蒙尼德本人区别于大部分前辈思想家的独特哲学见解，或者更确切的说，是这个辩证探讨把他引领到这样一种重新组构的哲学系统。简言之，他的目的—设计论框架推动了阿维森纳模态形而上学思路[①]与亚里士多德本人的物理学—形而上学根本预设的进一步深度整合，而这正是后来阿奎那所代表的拉丁经院哲学的发展方向。阿奎那处理宇宙生成论问题时确实参考并援引了迈蒙尼德的《迷途指津》。

　　迈蒙尼德对宇宙生成论问题的思考不仅限于哲学层面。他对世界永恒和

---

　　① 　建基于对可能性—必然性等模态概念的分析、以存在与本质分离为标志的一种新形而上学道路，其本身是阿维森纳综合阿拉伯亚里士多德主义与凯拉姆的一个成果。

在虚无之后创世两种观点各自的神学—宗教意义——尤其是对犹太教的意义——有非常敏感和深切的体认。从这个视角出发,能够对上面提到的第三个问题(即迈蒙尼德为什么要对自己的立场作一种曲折隐微的表述)给出解答。迈蒙尼德之所以在辩证探讨的过程中有意识地遮蔽凯拉姆前提与论证的合理性,在对萨比教世界永恒论的评述中表现出深恶痛绝又高度戒备的意向且刻意掩盖萨比教教义—实践与希腊化哲学的亲缘关系,最终的原因在于他改革、重建犹太教的计划。这套计划的具体做法是引入亚里士多德主义哲学、以它为基础—样板来实现犹太教的学科化,用他自己的话说,就是建立真正意义上的律法科学(《迷途指津》,第 5 页)。这是他面对 12—13 世纪地中海世界犹太生存困境而为犹太族群设计的一条出路。这一路线方案在教外所指向的对手主要是凯拉姆,而在犹太教内的最大阻力和竞争者则是被称为原卡巴拉(*Proto-Kabbalah*)的神秘主义倾向,迈蒙尼德用萨比教这个说法借古讽今、暗指的就是这种倾向。所以,迈蒙尼德在他的宇宙生成论探讨中提到这两个对手时,运用了一系列修辞策略,竭尽所能地使他的目标读者(犹太律法学徒)远离这两种其实相当有吸引力的备选方案,而趋近于他本人为犹太教设计的路线。

总而言之,迈蒙尼德的宇宙生成论思想体现出一套层层推进的构划:通过宇宙生成论探讨建立律法科学,通过建立律法科学贯彻犹太教发展的知识精英上行路线,通过贯彻这一理性化路线方案应对中世纪后期(15 世纪以降)地中海世界的犹太生存危机。

附录一

表 1.

	宇宙有始或永恒	宇宙是否有超越性的形式因	超越性形式因先于质料还是与质料永恒共在
伊壁鸠鲁	有始	无	——
摩西/凯拉姆	有始	有	先于
柏拉图	有始	有	共在
亚里士多德	永恒	有	共在
萨比教	永恒	无	——

表 2.

	存在与本质的关系	神圣意志与理智（本质）的关系	可能（在无限时间中）与现实的关系	世界始终
亚里士多德—阿维罗伊	本质内含存在	理智决定意志	可能必须进入现实，且重复实现	无始无终
阿维森纳	存在分离于本质	意志决定理智	可能不必进入现实	无始无终
迈蒙尼德	存在分离于本质	理智与意志相互限定	可能必须进入现实，但不必重复	有始无终
凯拉姆（迈蒙尼德所还原）	有存在，无恒定本质	有意志，无人类可知的理智	可能不必进入现实	有始有终

附录二　阿拉伯亚里士多德主义
对形而上学主题的理解[①]

本文旨在审视中世纪阿拉伯哲学家阿维森纳（Avicenna/Ibn Sīnā，980—1037）和阿维罗伊（Averroes/Ibn Rushd，1126—1198）对形而上学主题的不同理解。两人所代表的阿拉伯逍遥派，上承古代晚期的亚里士多德注疏传统，下启西方经院哲学中的形而上学探索。因此，对两人相关观点及其分歧的研究，将有助于澄清形而上学学科史上的这一关键环节。

一、　问题缘起：形而上学的双重主题

根据现代研究，《形而上学》不是亚里士多德本人编定的著作，亚氏也从未使用过"形而上学"这个名词，它是由逍遥派后学安德罗尼柯编辑并命名的。因此，这部著作的内在统一性一直是学界探讨的话题，其中一个引发争议的问题就是形而上学作为一门学科的主题究竟为何。[②]

在《形而上学》文本中，亚里士多德就这门"第一哲学"的主题给出两种不同的陈述。在 Gamma 卷和 Kappa 卷中，亚里士多德指出，这门学科所研究的对象是"作为存在者的存在者以及由于它自己的本性而属于它的性质"，它是"关于普遍的作为存在者的存在者，而不是关于它的一个部

---

① 本文原刊发于《哲学研究》2017 年第 12 期，标题为"阿维森纳与阿维罗伊论形而上学的主题"。收入本书时内容略有增订。

② Michael Frede，"The Unity of General and Special Metaphysics"，in *Essays in Ancient Philosophy* （Oxford：The Clarendon Press，1987），81 - 2；余纪元，*The Structure of Being in Aristotle's Metaphysics* （Boston：Kluwer，2003），201 - 10；聂敏里：《存在与实体》，上海：华东师范大学出版社，2011 年，第 3—7 页。

分"。① 由此，第一哲学的主题是作为存在者的存在者，所要探寻的是存在者本身是什么以及其自身具有的属性，这门学科后来被称为"存在论"(ontology)。而在 Epsilon 卷中，亚氏又将这门学科界定为与物理学和数学相对的神学，它所研究的是分离的和不动的(因而是神圣的)事物。② 相较于前一种陈述，这里对形而上学的定位似乎从凌驾于其他学科的普遍的元科学变为与物理学、数学并列的一种特殊学科，尽管由于其对象的优先性而高于其他学科。

　　亚里士多德本人已经意识到这两种陈述可能带来的疑惑，却并不认为二者之间存在矛盾。在上面提到的 Gamma 卷关于存在论的陈述中，亚里士多德也提到了诸本原和第一原因并认为它们与作为存在者的存在者密切相关。在 Epsilon 卷将第一科学确认为神学之后，他更是直接指出了双重主题带来的疑惑，即第一哲学究竟是关于普遍的还是某一类存在者的。③ 亚里士多德对这个问题的解释是：第一的也是普遍的，④因此，研究第一实体的科学也是普遍科学。他并没有解释何以优先性本身带来普遍性。古代晚期的逍遥派权威注释家阿弗罗迪西亚的亚历山大(Alexander of Aphrodisias，公元 2—3 世纪)在其《〈形而上学〉注疏》中指出："就像他在这部书的 Epsilon 卷中说的，第一的也是普遍的，因为它本身就是其他事物之存在的原因。"⑤按亚历山大的理解，由于第一的是所有在其之后的事物的原因，因此可以被视为存在者的本原，而后者也被亚里士多德归为考察作为存在者的存在者的科学的研究对象。⑥ 所以，研究第一因的科学与存在论属于同一门科学。此外，在《形而上学注疏》的不同场合，亚历山大分别称作为存在者的存在者为形而上学的主题(ὑποκείμενον)，称阐明第一实体的本原为这门学科的目标(al-ghāya al-maqsūda)。⑦ 亚历

---

　　① 亚里士多德：《形而上学》，李真译，上海：上海人民出版社，2005 年，第 83 页，1003a21 - 32；第 325 页，1060b31。译文有改动处以斜体标出。

　　② 亚里士多德：《形而上学》，第 178 页，1026a15 - 24。

　　③ 亚里士多德：《形而上学》，第 178—9 页，1026a25 - 32。

　　④ 1026a 30 - 31 句，李真译作"这种意义上的普遍也将是第一的"；苗力田译作"在这里普遍就是第一性的"。此处译文据 W. D. Ross 所编辑文本及其注释(Aristotle's Metaphysics，Oxford：The Clarendon Press，1924,351,356)修订，亚历山大注疏(见下)也支持这种理解。

　　⑤ Alexander of Aphrodisias, On Aristotle's Metaphysics 4, trans. Arthur Medigan (Ithaca：Cornell University Press，1993),21.

　　⑥ 亚里士多德：《形而上学》，李真译，第 83 页，1003a32。

　　⑦ Amos Bertolacci, The Reception of Aristotle's Metaphysics in Avicenna's Kitāb al-Šifā' (Leiden：Brill，2006),139,140；Averroes, Tafsir Ma Ba'd At-Tabi'at, ed. M. Bouyges (Beyrouth：Imprimerie Catholique，1938),1394.

山大是用因果关系来解释形而上学研究对象的优先性与普遍性之间的关系，并用目标和主题的区分来协调存在论与神学的双重定位。但他没有进一步解释存在论与神学在同一门科学中的具体关系是怎样的，尤其是没有说明究竟如何能从对作为存在者的存在者的探讨达到神学的目标。[①] 而在现存其他的古代晚期《形而上学》注疏中，注释家们或是根本没有提出双重主题问题、或是仅限于复述亚历山大的解释。博托拉齐据此推测，对古代晚期的亚里士多德主义和新柏拉图主义哲学家来说，形而上学或第一哲学的主题问题并不构成一个值得争论的重要论题，因为当时普遍流行的是对形而上学的"神学化"定位，即把在物理学之后的第一哲学界定为探究分离性存在者的神学。[②]

　　7 世纪阿拉伯人在征服波斯和原属拜占庭的叙利亚与埃及后，通过当地基督徒学者将大部分亚里士多德著作包括《形而上学》翻译成阿拉伯文，与此同时亚历山大等人《形而上学》注疏的节本也被译介。[③] 早期阿拉伯哲学家由此注意到形而上学主题问题。第一位阿拉伯哲学家肯迪（al-Kindī，卒于 870 年之后）承接古代晚期尤其是亚历山大里亚学派对形而上学的神学化理解，[④]坚持作为第一哲学的形而上学就是神学，并通过对存在者之本质属性的分析达到关于第一因的知识，而他对存在者之本质属性的界定和分析都带有明显的新柏拉图主义色彩。[⑤] 阿拉伯逍遥派的奠基人法拉比（al-Fārābī，卒于950—1 年）试图扭转这种对于形而上学的神学化解读。他在《论哲学家〈形而上学〉[⑥]的诸目标》（Fī Aghrād al-hakīm fī kull maqāla min al-kitāb al-mawsūm bi'l-hurūf）序言中指出一个"困惑"：如果形而上学就是神学，为何

---

　　① 阿维罗伊在其《〈形而上学〉长篇注疏》Lambda 卷导言中概述了亚历山大对形而上学目标及各卷次序的解释（Averroes, Tafsir Ma Ba'd At-Tabi'at, 1393 – 1405），但阿维罗伊同时指出这一概述中包含他自己的"增补或疑难"（p. 1394），因此，除了少数指明"亚历山大说"或"他说"的陈述，我们很难确定其中哪些观点是真正属于亚历山大的。

　　② Bertolacci, The Reception of Aristotle's Metaphysics, 140 – 2.

　　③ 见 Bertolacci, The Reception of Aristotle's Metaphysics, 137 – 8 列表 1。

　　④ Dimitri Gutas, Avicenna and the Aristotelian Tradition (Leiden: Brill, 2014), 284.

　　⑤ Al-Kindi, On First Philosophy, trans. A. L. Ivry (Albany: State University of New York Press, 1974), 56; 肯迪通过对存在属性的分析建立第一因的具体论证见此书第 2 至 4 章。值得一提的是，对中世纪哲学影响深远的伪作《亚里士多神学》（实质上是普罗提诺《九章集》IV 至 VI 卷的节译与改写）即出自肯迪圈子，见 Peter Adamson, The Arabic Plotinus: A Philosophical Study of the Aristotle Theology (London: Duckworth, 2002), 171 – 177。

　　⑥ 此处"哲学家"是指亚里士多德，《形而上学》标题的字面意思是"以字母标记之书"。

《形而上学》文本中的大部分内容都与神学没有直接关联。针对这一困惑，法拉比响应亚历山大，指出形而上学的主题乃是绝对意义上的存在者（*al-mawjūd al-mutlaq*），而对神的探讨是形而上学的目标（*gharad*）。①

二、 阿维森纳的形而上学构划： 从主题到目标

阿拉伯逍遥派的集大成者阿维森纳遵从法拉比的提示，②将形而上学的主题作为一个重要的学科先导性问题提出，并给予空前详尽和系统的处理。

在进入形而上学主题问题的探讨之前，阿维森纳首先区分了一门科学（*al-'ilm*）的主题和寻求对象（*al-matlūba*）：主题是这门科学所要处理的主要对象，而所寻求的对象则是必然伴随主题的东西，包括它的属性、分类以及由此衍生的研究内容。③ 阿维森纳进而指出，神（或终极原因）不是形而上学的主题，其根据是逍遥派从亚里士多德《后分析篇》中引申出的古典科学规范，即一门科学不能证明其主题的存在，也不能建立其主题的本原，换句话说，主题和本原的存在对这门科学而言只能被预设。④ 因为神是可感实体存在的原因，他作为物理学主题的本原就不能在物理学中被建立，而需要由上一级学科即形而上学来证明神的存在。由此，神的存在是形而上学的探讨内容，而由于形而上学证明其存在，神也就不能成为形而上学的主题。⑤

否定了神这个选项之后，阿维森纳将形而上学的主题锁定为作为存在者的存在者：

> 形而上学的主题不可能专属于任何范畴，也不可能是某个事物的偶

---

① Al-Fārābī, *Philosophische Abhandlungen*, ed. Friedrich Dieterici (Leiden：Brill，1890)，34 - 6.

② 阿维森纳在其自传中提到他曾读《形而上学》四十遍而不得其旨，直至看到法拉比《论亚里士多德〈形而上学〉的诸目标》始豁然开朗，见 *Avicenna's Treatise on Logic and Autobiography*, ed. and trans. F. Zabeeh，(The Hague：Martinus Nijhoff，1971)，6.

③ Avicenna, *al-Shifā'：al-Ilāhiyyāt/The Metaphysics of The Healing*, ed. and trans. M. E. Marmura (Provo：Brigham Young University Press，2005)，3.

④ 亚里士多德：《后分析篇》，余纪元译，《亚里士多德全集》第 1 卷，北京：人民大学出版社，1990 年，第 265—268 页；古代晚期逍遥派对这一原则的引申见下文阿维罗伊引用的亚历山大的相关论述。

⑤ Avicenna，*al-Shifā'：al-Ilāhiyyāt*，4.

性,除了作为存在者的存在者(*al-mawjūd bimā huwwa mawjūd*)。① 通过以上全部,你已经很清楚,作为存在者的存在者是所有这些(指诸范畴及对立属性)所共有的东西,而且,就像我们说过的,它必须被当作这门学科的主题。这也是因为它的本质与存在不需要被习得和建立,没有一门其他的科学能承担这一任务,也不可能有一门科学以确立它的存在为主题并确证它的本质,它的存在与本质只需被接受。因此,这门科学的首要主题就是作为存在者的存在者,它所寻求的对象是那些无条件的伴随作为存在者的存在者的东西。②

阿维森纳认为存在者是自明的概念,有存在者存在这一事实不需要被证明,因此,形而上学不需要从其他学科接受其本原和前提。按照阿维森纳对主题与寻求对象的理解,形而上学的主题是作为存在者的存在者,其所要寻求的是必然伴随这种存在者的东西,也就是存在者的本质属性以及建基于这些属性的存在者分类。

值得注意的是,阿维森纳将最终原因(*al-asbāb al-quswā*)定位为"这门学科的完善(*kamāl*)和寻求对象(*matlūb*)"。③ 这也就意味着神作为最终原因属于必然伴随存在者的东西。④ 要理解这层关联,我们需要进一步了解阿维森纳对形而上学研究内容的划定——

> 这门科学应当被划分为以下部分:
> 一部分研究最终原因,因为它们是所有被原因引起的存在者存在的原因;这部分还将研究第一因,后者流溢出所有被原因引起的存在者,这种研究是从对象作为被原因引起的存在者的角度出发,而非仅仅从它作为运动的存在者或具有数量的存在者的角度。

---

① 此短语的字面意思是"就其为存在的而言的存在者",是对希腊语表述 *to on hei on* 的阿拉伯语翻译。

② Avicenna, *al-Shifā': al-Ilāhiyyāt*, 9 - 10.

③ Avicenna, *al-Shifā': al-Ilāhiyyāt*, 6.

④ 博托拉齐(*The Reception of Aristotle's Metaphysics*, 135 - 6)认为,阿维森纳所说的"主题"和"寻求对象"对应于亚里士多德在《后分析篇》第一卷第 10 章中所说的"种"和"属性",因此,神属于作为存在者的存在者的属性。事实上,从下面对形而上学研究内容的列举看,阿维森纳所说的"寻求对象"范围要大于属性。

*一部分研究存在者的各种偶性。*①

*还有一部分研究各种特殊科学的原理。因为每一种较特殊的科学的原理都在更高的科学中被探讨。……因此，这门科学研究存在者的各种样态（ahawāl），以及属于它的东西，诸如划分与种类（al-aqsām wa-l-anwā'），直到这种特殊化（takhsīs）[分类]达到物理学的主题出现的程度，从而给予物理学[其原理]；进而达到数学的主题出现的特殊化程度，从而给予数学[其原理]；其他的学科也是如此。*②

将存在者的范畴和对立偶性视为必然伴随存在者的属性，是逍遥派传承自亚里士多德的通例。此处真正的关键在于，阿维森纳将按照各种对立偶性对存在者所进行的划分也纳入形而上学的研究内容，而且，他还将这门学科的任务延伸至探究这些划分出的特殊存在者的存在本性。通过这种特殊化的分类与探究，阿维森纳意图实现双重目标：一方面形而上学对这些特殊存在者之存在本性的研究成果可以为相应的特殊学科提供原理，这将真正实现形而上学作为"第一科学"的职能；另一方面，也是与这里所探讨的问题更为相关的，基于某些对立偶性——如潜能与现实、可能与必然——而对存在者的划分以及对相应的存在者类别之本性的分析，将提供通向第一因的必要途径。相对于潜能与现实这组经典的亚里士多德式对立，阿维森纳更为重视的是可能与必然的划分，正是通过这一组划分，他最终得到了神（作为必然存在者）是所有"被原因引起的存在者"（也就是可能存在者）的本原这一结论。③

至此，阿维森纳的逻辑理路大致可以概括为：形而上学的主题是作为存在者的存在者，主要探寻存在者的本质属性与分类，并且要进一步探究根据属性划分出的特殊存在者之为那一种特殊存在者的本性，后一种研究包括对可能存在者与必然存在者的分析，这种分析将带来关于第一因即神的知识。关于神的知识是形而上学所能达到的最高知识，对于作为存在者的存在者的探

---

①　与此相关，阿维森纳在本章上文中将无条件伴随存在者的东西描述为两类：其一是存在者的种类即范畴，如实体、量、质；其二是存在者的特殊偶性，如一与多、潜能与现实、普遍与特殊、可能与必然。（Avicenna, *al-Shifā': al-Ilāhiyyāt*, 10）

②　Avicenna, *al-Shifā': al-Ilāhiyyāt*, 11.

③　Avicenna, *al-Shifā'*, 10, 20. 需要指出的是，阿维森纳并不认为神是作为存在者的存在者的本原，存在者是最基本的概念（神本身也属于存在者）、不可能有本原，见 *al-Shifā': al-Ilāhiyyāt*, 10-11.

讨最终将达到认识神圣对象这个目标。正是在此种意义上,形而上学被称为
"神学":

> 由此,这门科学也将根据其中最高贵的部分命名,就像它也被称为
> "神学"(al-'ilm al-ilahiyyī)。因为对至高无上的神的知识是这门科学
> 的目标(ghāya)。······因此,这门科学是这样一种科学,其完善(kamāl)、
> 最高贵部分和第一目的(maqsūduhu al-awwal)都是关于在所有方面分
> 离于自然的事物的知识。[①]

在达到这一目标即确证了神圣实体的存在后,形而上学家们可以进而推
知,为分离性实体和可感实体所共有的作为存在者的存在者及其属性,其本身
必是独立于质料的,否则它们不可能属于分离性存在者。由此,存在论与神学
的统一性最终得到保证。[②]

三、 阿维罗伊的批评与重建: 回到亚里士多德

面对伊斯兰教义学家对哲学思想的逻辑一致性的质疑,西部阿拉伯逍遥
派的代表人物阿维罗伊提出回归本真的亚里士多德立场,以作为解困之
道。[③] 像在其他关键问题上一样,他对阿维森纳的形而上学主题论也持鲜明
的批评态度。在《〈形而上学〉长篇注疏》中,阿维罗伊指出阿维森纳对逍遥派
科学规范的理解有误,并将这一错误溯源至亚历山大,因为后者提出任何一门
学科都不能证明自身主题的本原,所以对存在者之第一本原的证明只属于形
而上学而不属于物理学。[④] 阿维罗伊对此问题做出"澄清":逻辑学中提到此
原则时所说的证明是一种特殊类型的证明,即从原因推论结果的绝对证明
(al-burhān al-mutlaq),确实不可能以这种方式证明第一本原的存在;但一

---

① Avicenna, al-Shifā': al-Ilāhiyyāt, 18. 阿维森纳在另一著作 al-Mabda' wa-l-ma'ād 中称
神学为形而上学的"果实"(thamara),见 Bertolacci, The Reception of Aristotle's Metaphysics in
Avicenna's Kitāb al-Šifā', 115,585。

② Avicenna, al-Shifā': al-Ilāhiyyāt, 12,17.

③ 相关探讨见拙文《真与是之间: 阿维罗伊论阿维森纳的存在—本质区分》,《世界哲学》2016
年第 4 期,第 127—8,132—3 页。

④ Averroes, Tafsir Ma Ba'd At-Tabi'at, ed. M. Bouyges (Beyrouth: Imprimerie
Catholique, 1938),1421.

门学科还是可以通过其他方式证明其主题之本原的存在,即提供从结果逆推原因的论证(dalā'il)。① 在他看来,阿维森纳的错误首先就在于将亚历山大所提到的原则绝对化,从而彻底否定一门学科证明其主题之本原的可能性:

> 阿维森纳坚信任何一门学科都不证明其本原这种说法的正确性,并按一种绝对化的方式理解它。他相信,应由第一哲学的研究者来说明可感实体——无论永恒与否——的本原的存在。因此,他说,物理学的研究者只是接受自然的存在,而神学的研究者证明它的存在。他在此处并不区分两种实体,②其实在这里的探讨中这[一区分]是很明显的。③

而事实上,亚里士多德恰恰是在《物理学》第八卷中证明第一哲学研究对象的存在,形而上学是从物理学获得这一前提的。④ 阿维罗伊进而指出,形而上学不可能证明分离性存在者的存在:

> 那种认为应由形而上学来证明分离性存在者之存在的人是错误的,因为这些分离性存在者是第一哲学的主题。正如《后分析篇》所表明的,任何一门科学都不可能证明其主题的存在,而只是将主题的存在作为自明的或业已为其他学科所证明的东西接受下来。所以,当阿维森纳说形而上学家证明第一本原的存在时,他犯了一个严重的错误。与此相应的,他在自己关于形而上学的著作中以一种他认为是必然的和对这门科学而言是本质性的方法来证明神的存在,并由此陷入明显的错误。⑤

---

① Averroes, *Tafsir*, 1423.
② 即可感实体和分离性实体。
③ Averroes, *Tafsir*, 1423 - 1424.
④ Averroes, *Tafsir*, 1424.
⑤ H. A. Wolfson, "Averroes' Lost Treatise on the Prime Mover", in *Studies in the History of Philosophy and Religion*, vol. 1 (Cambridge: Harvard University Press, 1973), 410 - 411. 另见 Averroes, *Tafsir*, 935。

阿维罗伊在接受形而上学的存在论主题界定的同时，①将分离性存在者
也归为形而上学的主题，并援用一门科学不能建立其主题的原则，将对第一本
原之存在的证明排除出形而上学的探讨范围。而且，他还对阿维森纳论证神
圣对象存在的所谓形而上学方法提出具体的批评，认为阿维森纳论证的出发
点（即可能存在者）实质上就是物理学中有生灭的存在者，因此他对必然存在
者之存在的证明不像他自己所宣称的那样是一个纯粹的形而上学证明。② 饶
有意味的是，在这个问题上阿维罗伊还援引抨击阿拉伯逍遥派哲学的神学家
安萨里(al-Ghazālī，1058—1111)的观点来批评阿维森纳的论证：

> 至于阿维森纳在这门科学中用来揭示第一本原的论证，完全是辩证
> 的和不可靠的论证，它们并没有以一种专属于[这门科学]的方法建立任
> 何东西。你从安萨里《哲学家的矛盾》(Tahāfut al-Falāsifa)中对这些
> 论证的反驳已经能够辨明这一点。……在物理学中出现的关于分离性本
> 原(mabādi' mufāriqa)之存在的内容，并不像阿维森纳所说的那样在这
> 门科学中是多余的，相反，它是必要的，因为这门科学应用它(dhalik)作
> 为预设前提，而且它们[指分离性本原]也是其主题的一部分(wa-hiya
> ahad ajzā' mawdūātihi)。③

在阿维罗伊看来，阿维森纳并没有提供一种能够建立第一本原之存在的
真正的形而上学证明，他所提出的从超越可感实体与分离性实体区分的普遍
存在论出发、通过分析"作为存在者的存在者的本性"达到神学目标的道路实
际上是不可行的。④ 分离性本原的存在只能以物理学的方式建立，形而上学
从物理学接受这个前提并以此为基础作进一步的处理。形而上学与物理学的
实质区别不在对象而在进路：

---

① 阿维罗伊在 gamma 卷注释中指出这一卷要"界定形而上学的主题及其属性"，而后二者就
是"作为存在者的存在者及其本质偶性"，见 Averroes, Tafsir, 297-298。

② H. A. Wolfson, "Averroes' Lost Treatise", 407-409。

③ Averroes, Compendio De Metafisica: Texto Arabe, ed. C. Q. Rodriguez (Madrid:
Imprenta De Estanislao Maestre, 1919),8。

④ Averroes, Tahāfut al-Tahāfut, ed. M. Bouyges (Beyrouth: Imprimerie Catholique,
1930),419.

物理学家给出运动实体的质料因和动力因。至于形式因和目的因，则超出他们的能力范围，而应由从事这门科学①的学者来阐明什么是运动实体的形式因和目的因，因为他们知道已由物理学阐明其存在的推动本原就是可感实体在形式和目的方面的本原。从这方面看，从事这门科学的学者探寻可感实体的要素，它们也是构成作为存在者的存在者的要素。他（亚里士多德）在这门科学中说明：他已[在物理学中]阐明的作为可感实体的推动者的非物质存在者，是一种先于可感实体的实体；因为它是可感实体的形式和目的，所以它是其本原。因此，我们应当理解，从事这门科学的学者研究自然实体的本原，即第一形式和目的。至于动力因和质料因，则由物理学家来研究。②

阿维罗伊认为，物理学只处理了可感实体四因中的质料因和动力因，并通过追究最终的动力因而提供对分离性存在者的证明，而形而上学则要处理形式因和目的因问题，说明分离性实体就是可感实体的形式因和目的因。因此，形而上学从分析可感实体入手是完全合法且必要的：对有生灭的可感实体的存在论分析所达到的终点是永恒的、其自身并不依赖于质料的形式③；而对永恒运动的可感实体即天体之本原的探究，则揭示了一种自上而下赋予形式的机制，即第一因作为认知和欲求的对象推动天体的永恒运动使天体获得形式，天体的运动又进而推动月下世界四元素混合、赋予有生灭的事物以形式。④ 在这种意义上讲，由于第一推动者是一切形式的最终来源，其本质中内在包含一切形式：

由于一切事物的最终推动者——即第一推动者——在某些方面如同最近的推动者，而且第一推动者施动于一切形式，因而显然第一推动者的形式在某种意义上就是一切形式。这就是亚里士多德说"在所有这些[原因]之外并先于全部这些[原因]的事物也是如此"时所指的

---

① 指第一哲学。
② Averroes, *Tafsir*, 1433 - 1434；另见 Averroes, *Compendio De Metafisica*, 7 - 8。
③ Averroes, *Tafsir*, 1402.
④ 相关探讨见 Herbert A. Davidson, *Proofs for Eternity, Creation and the Existence of God in Medieval Islamic and Jewish Philosophy* (Oxford: Oxford University Press, 1987),283。

意思。①

简言之,形而上学学科的内在逻辑是:根据以范畴论为基础的存在论,作为存在者的存在者是实体,而实体最终是形式;第一推动者是一切形式的原型,因而就是最终意义上的作为存在者的存在者,并由此成为形而上学主题的一部分。阿维罗伊所提供的形而上学道路,不是从存在论上升到神学,而是存在论与神学的双向对接,二者的接合点就是既内在于可感事物又具有分离性起源的形式。

四、 二者立场的异同及哲学史意义

在关于形而上学主题的探讨中,阿维森纳与阿维罗伊有一种共同的预设,即:形而上学是一门具有内在一致的逻辑架构的学科且在全部科学知识体系中占据顶端位置。二者的分歧在于如何建构这门第一哲学,具体地说,在于如何协调两种主题定位并相应安排第一哲学与其他学科(尤其是物理学)的关系。

首先,在对亚里士多德文本的态度上,阿维森纳将亚里士多德著作视为构建形而上学的材料,对于第一导师的教诲他更为重视的是其所确立的科学规范和对第一哲学的方向性前瞻,而不是其具体论证或表述。事实上他经常指出这些论证的瑕疵,其中与我们的探讨最密切相关的是他对亚里士多德第一推动者论证的批评。阿维森纳在其《形而上学》*Lambda* 卷评注中指出,第一推动者论证事实上只证成了运动之本原而没有证成诸存在者之本原,但亚里士多德确实暗示第一推动者应该就是诸存在者的本原(《形而上学》1072b,14)。② 质言之,第一导师只是预见并悬设了形而上学的目标,而并没有真正走出一条从存在论通达神学的道路——这正是阿维森纳在范畴论之外发展一条建基于模态论的形而上学进路的内在动因:他尝试以另一种方式去实现亚里士多德的未竟目标,通过对存在者的模态分析达到对第一本原的澄明。与此相对,阿维罗伊认为亚里士多德的著作本身就是字面意义上的经典,亚里士

---

① Averroes,*Tafsir*,1529. 阿维罗伊对 1070b35 句的理解与现代通行解释不同,相关探讨见 Michel Crubellier,"*Metaphysics Λ4*",in *Aristotle's Metaphysics Lambda*,eds. Michael Frede and David Charles(Oxford:Clarendon Press,2000),158。

② 相关探讨见 Davidson,*Proofs for Eternity*,282‑283。

多德达到了人类理智所能企及的顶峰，①他对第一哲学一定有完备且一致的规划，这种规划就体现在《形而上学》文本中。后辈哲学家应当做的工作就是通过细致的疏解将亚里士多德心中的第一哲学范型从文本中还原出来。

其次，在对物理学的态度上，阿维森纳所设想的形而上学无论在前提还是在方法上都完全独立于物理学。如果说两门学科之间有什么联系的话，那就是形而上学作为第一科学为物理学这种具体科学提供原理和前提。与分离性存在者相关的内容预先出现在物理学中，只是出于教学的需要。② 而阿维罗伊的形而上学则与物理学有着一种远为密切的相互配合关系。物理学建立形而上学之主题（即分离性存在者）的存在，而且，物理学与形而上学的直接研究对象都是可感实体。在研究范式上两门学科也具有连续性：物理学提出了四因论并集中于质料因和动力因的探究，形而上学在此基础上进而探讨形式因和目的因。

最后，在对神圣对象可知性的理解上，阿维森纳认为形而上学的主题不是神，而是作为存在者的存在者，通过对后者的分析可以达到对神的存在与属性的认识，但神的本质则落在这门学科之外。因为在逍遥派的学科体系中形而上学已经是终极性的第一哲学，神的本质注定出离人类理性能够把握的范围，这在客观上为启示神学和神秘主义路向预留了空间。③ 而阿维罗伊则坚持将神视为形而上学的主题，这就意味着，第一哲学将承担起阐明神之所是的任务，关于神的知识在理性范围之内，尽管这种知识只能从物理对象中推求。在他看来，启示不是与哲学真理重合就是后者的寓意表达，再无其他可能。④

阿维森纳和阿维罗伊的著作在其生前即成为当时知识界理解哲学的权威依据，但身后接受情况却有戏剧性的差别。在伊斯兰世界，与教义学、苏非主

---

① Richard C. Taylor，"Averroes：Religious Dialectic and Aristotelian Philosophical Thought"，收录于《剑桥哲学研究指针：阿拉伯哲学》，彼得·亚当森，理查德·C. 泰勒编，北京：生活·读书·新知三联书店，2006 年，第 189 页。

② Avicenna，*al-Shifā'：al-Ilāhiyyāt*，4.

③ 阿维森纳本人在《治疗论》序言中指出，在这部亚里士多德主义哲学百科全书之外他还有另一种更充分表达他自己的哲学思想的著作，就是所谓的《东方哲学》（*al-Hikmat al-Mushriqiyya*），尽管这一系列著作没有能够完整留传，但在《东方哲学》绪论中阿维森纳流露出对逍遥派传统的某种批评态度，而且在学科建制上突破亚里士多德的规划，将神学独立于存在论，见 Dimitri Gutas，*Avicenna and the Aristotelian Tradition*，38，44，137。

④ Ibn Rushd，*Fasl al-Maqāl*，ed. Muhammad 'Amāra（Cairo：Dār al-Ma'ārif，1983），30－3，55－58.

义合流之后的阿维森纳哲学成为穆斯林学者研习哲学的必经阶梯,阿维罗伊主义则长期处于失传的状态。在西方,阿维森纳被视为逍遥派的重要代表,而阿维罗伊也享有亚里士多德著作最权威注释家的声望。此处我们主要侧重于考察两人的形而上学主题论在西方的影响。

中世纪后期哲学家们关于这个问题的立场基本上都是处于阿维森纳与阿维罗伊之间,以二者为边界形成一种光谱式结构。概括地说,中世纪后期犹太与拉丁哲学家们对这个问题的立场基本上都是处于阿维森纳与阿威罗伊之间。对犹太哲学和拉丁经院哲学中的亚里士多德主义研究传统分别起到奠基与桥梁作用的迈蒙尼德(Moses Maimonides,1135—1204),在阿维森纳的影响下将对神之存在的证明纳入神学—形而上学的研究范围,认为圣名(YHVH)的本意就是必然存在者(*wājib al-wujūd*),其中暗含着阿维森纳的模态形而上学论证,[①]并认为神的本质不可知,关于神之存在及行为属性的知识只能从对此世一切存在者的研究中获得。[②] 然而,值得注意的是,他所说的对一切存在者的考察并不是一种一般存在论分析,在这一点上他更倾向于阿威罗伊的立场:他也认为阿维森纳关于神之存在的"形而上学"论证与亚里士多德对生灭之物的分析实质上是同一的,但迈蒙尼德并未就此摒弃这一论证,而是将它与可经验观察的生灭现象与现实—潜能转化结合起来形成两个更加"物理学化"的论证变种(《迷途指津》,II 1,论证三、四)。

作为基督教经院哲学亚里士多德主义的代表,大阿尔伯特和阿奎那采取阿维森纳的基本理论框架,将形而上学的主题界定为作为存在者的存在者、通过存在论探讨获取关于神圣对象的知识,而在从存在论到神学的过渡上,他们都在保留阿维森纳的模态形而上学进路的同时,根据阿维罗伊的批评对阿维森纳视存在为本质之偶性的观点做出修正。[③] 邓斯·司各脱也明确支持阿维

① Maimonides, *Mishneh Torah*: *The Book of Knowledge*, ed. and trans. Moses Hyamson, Jerusalem: Feldheim Publishers, 1974, "Yesodei ha-Torah", 1: 1; *Dalālat al-Hā'irīn/Moreh Nevuchim*, eds. S. Munk and I. Joel, Jerusalem: Junovitch, 1931, I 63, p. 106.

② "Yesodei ha-Torah", 2: 2,10; *Dalālat al-Hā'irīn*, I 52, p. 77; III 51, p. 455.

③ Thomas Aquinas, *Commentary on Aristotle's Metaphysics*, trans. John P. Rowan (Notre Dame: Dumb Ox Books, 1995), xxix - xxxi; Amos Bertolacci, "Avicenna's and Averroes' Interpretation and Their Influence in Albertus Magnus", in *A Companion to the Latin Commentaries on Aristotle's Metaphysics*, eds. F. Amerini and G. Galluzzo (Leiden: Brill, 2014), 129 - 30; J. C. Doig, *Aquinas on Metaphysics* (The Hague: Martinus Nijhoff, 1972),102,161 - 8; Leo J. Elders, *The Metaphysics of Being of St. Thomas Aquinas* (Leiden, Brill, 1993),4 - 5,13 - 24.

森纳的立场,试图从对存在者的对立属性的分析达到神学知识,但鉴于阿维森纳模态论进路所引发的争议,司各脱将神之存在证明主要建立在有限/无限这一组他自己提出的划分之上。① 与上述观点针锋相对,唯名论者奥康在权衡二者立场后认为阿维罗伊的主张更为合理,即作为存在者的存在者是形而上学的首要主题而神作为最高存在者也属于这门学科主题的一部分,但他同时也接受对存在者概念的单义理解,后者乃是阿维森纳普遍存在论的基石。② 处于光谱最贴近阿维罗伊一端的,是拉丁阿维罗伊主义的领军人物布拉班特的西格尔,他坚持“注释家”的根本立场,即神与分离性存在者是形而上学的主题、其存在只能由物理学建立。然而,需要指出的是,西格尔对形而上学与神学差别的“双重真理论”判分,并不真正代表阿维罗伊的观点,这种在形而上学之外别立神学的做法实质上是阿维森纳对逍遥派科学总体架构的改造。③

　　从一种更长时段的视野来看,阿维森纳对于形而上学的主要贡献在于根据古典科学规范建立学科框架,明确其主题是作为存在者的存在者,其目标是认识最高的存在者,其认知道路就是通过对存在者的普遍属性的分析最终达到对最高存在者的知识。由此审视此后的西方形而上学史,我们会发现,从经院哲学家到笛卡尔、斯宾诺莎、莱布尼茨再到谢林、黑格尔,尽管科学规范的标准不断更新、关于基本与终极存在者问题的答案言人人殊,阿维森纳所设定的从普遍存在论上升至神学的形而上学理路却始终被坚持。真正意义上的范式革命始于康德,他从认识论上否定了关于神之存在的本体论及宇宙论证明的可能性,从而切断存在论与神学之间的纽带,但在存在论范围内建立作为科学的形而上学的冲动依然被保留④——如果要追踪后者的发生史,我们仍不得不将其演化的起始点回溯到阿维森纳将神圣对象排除出形而上学主题范围的

　　① 马仁邦:《中世纪哲学:历史与哲学导论》,吴天岳译,北京:北京大学出版社,2015 年,第293—296 页。

　　② Jenny Pelletier, *William Ockham on Metaphysics* (Leiden: Brill, 2013),199 - 205,259 - 261.

　　③ Siger de Brabant, *Quaestiones in Metaphysicam*, ed. William Dunphy (Louvain-la-Neuve: Éditions de l'Institut supérieur de philosophie, 1981),35 - 37,359 - 61.

　　④ 康德:《纯粹理性批判》,李秋零译,北京:人民大学出版社,2004 年,第 373—418 页;《任何一种能够作为科学出现的未来形而上学导论》,庞景仁译,北京:商务印书馆,1997 年,第 134—135,142—154 页。

那一刻。① 从这个意义上讲,沃格林关于形而上学并非源于古希腊而是阿拉伯人的发明的惊人之论,还是具有一定的理据,虽然沃氏的本意并不在褒扬这一创制。②

阿维罗伊为建立形而上学引入了另一条标准,即最大限度地符合亚里士多德经典文本,尽可能从亚里士多德文本中还原出一种内在一致的学说。阿维罗伊遵循这一标准还原出的形而上学方案,很大程度上印证了古代注释家伊利亚斯(Elias)对亚里士多德思想风格的概括:"当亚里士多德讨论神学的时候,他总是在研究自然。"③从 13 世纪起,阿维罗伊注疏随同亚里士多德著作广泛流传于西方大学,这种物理学化的形而上学激发了一种贯穿神学院和艺学院的对于自然哲学的普遍兴趣,神学家—自然哲学家群体的兴起成为催生现代科学的条件之一。④ 在物理学为神学奠基的思路下,新兴的自然哲学先是从形而上学中获取支持,继而将形而上学吸纳入自身,最终扬弃形而上学、完成向现代科学的蜕变。⑤ 这

---

① 康德革命在形而上学领域的冲击,直到尼采时代才充分显露,对形而上学基础主义(metaphysical foundationalism)的批判延续至海德格尔而达到顶峰。海德格尔所还原的一切形而上学体系内在具有的存在论—神学(onto-theology)双重奠基结构,预设了经院传统的存在与本质区分,后者来自阿维森纳,这套架构在亚里士多德那里至多只有简要的提示,并无成型的体系。因此,海德格尔实际上是不自觉地借用阿维森纳和经院哲学的棱镜来透视形而上学的起源,他所解构的"西方形而上学传统",究其本源,毋宁说是阿维森纳—经院传统。关于海德格尔对形而上学传统的还原与解构,见 Iain Thomson, *Heidegger on Ontotheology*(Cambridge:Cambridge University Press,2005),7 - 43.

② 沃格林:《自传性反思》,徐志跃译,北京:华夏出版社,2009 年,第 80 页。

③ 溥林:《范畴篇笺释——以晚期希腊评注为线索》,上海:华东师范大学出版社,2014 年,第 78 页。

④ 爱德华·格兰特:《近代科学在中世纪的基础》,张卜天译,长沙:湖南科学技术出版社,2010 年,第 210—215 页。

⑤ 在 1230 年左右一份为巴黎大学艺学院学生所做的学科指导中已经将形而上学归为自然哲学的一个分支(格兰特,167)。弗朗西斯·培根在《学术的进展》(1605 年;刘运同译,上海:上海人民出版社,2007 年,第 82—89 页)中重申了这一学科分类:自然哲学分为形而上学和物理学,前者研究自然事物的目的因和形式因,后者研究其动力因和质料因。这一分类很明显受到阿维罗伊物理学与形而上学任务划分的启发。这里对阿维罗伊观点所做的逻辑引申是,既然形而上学的研究对象也是自然事物,它理应被归入自然哲学。培根在论及形而上学研究内容时着重批评了亚里士多德等古代哲学家以目的因解释取代动力因探究的做法而要求对形而上学加以限制(第 87—9 页),反映出当时经院外学者对新物理学与亚里士多德—阿维罗伊形而上学之间分歧的明确意识,也预示着自然哲学的进一步发展方向。新科学范式的建立者如伽利略、开普勒等人,认为他们所从事的数学物理学才是真正的哲学,后者所发现的物理世界的数学秩序直接反映出神圣智慧,见戴克斯特豪斯:《世界图景的机械化》,张卜天译,北京:商务印书馆,第 425—427,506—507 页;克莱因:《雅各布·克莱因思想史文集》,张卜天译,长沙:湖南科学技术出版社,第 5,11—12 页。

一转变或许是阿维罗伊本人所无法想象的,但他的形而上学方案中确实包含有解构性的因素:如果舍探究自然事物外别无认识最高存在者的途径,那么,自然哲学实质上就是第一哲学;如果可感世界与分离性本原的关联仅系于永恒推动,当物理学的进展证明这种推动为不必要时,形而上学所赖以容身的超越维度将会封闭。

附录三　阿拉伯亚里士多德学派中关于存在—本质区分的争论①

在中世纪阿拉伯亚里士多德主义哲学中,最具原创性且对后世影响最大的观点莫过于存在与本质的区分。关于这一区分的反复辩论构成中世纪后期哲学发展的枢纽之一(cf. Wisnovsky, 2012:27-48; Bertolacci, 2014:129-130; Menn, 2012:69; Morewedge, 1972:426)。近年来,随着部分西方哲学史研究成果的引介,国内学界对此问题开始有所关注(参见井筒俊彦,2014:28—29;王希,2004:29—30)。但是,关于存在—本质区分思想产生的缘由及其在阿拉伯亚里士多德学派内部的接受情况,则少有论者触及。本文试图通过梳理阿维森纳(Avicenna/Ibn Sīnā, 980—1037)与阿维罗伊(Averroes/Ibn Rushd, 1126—1198)在相关观点上的各自立场及论证,结合当时的思想语境,对中古哲学史上的这一关键问题给出一个尝试性的解释。

一、　阿维森纳的存在—本质区分

尽管未必是存在与本质区分的首倡者,②阿维森纳无疑是第一个对此观点做出充分阐发且将其确立为自己形而上学体系基石的阿拉伯哲学家。在《治疗论·形而上学》中,阿维森纳从分析基本概念"事物"(shai')入手:

---

① 本文主体内容原刊于《世界哲学》2016年第5期,标题为"真与是之间:阿威罗伊论阿维森纳的存在—本质区分"。

② 被归于法拉比的 Uyūn al-Masā'l 和 Fusūs al-Hikam 中包含对存在—本质区分观点的概述(cf. al-Fārābī, 1890:57,66),但这两个文本的真实性存在争议,cf. Gutas, 2014:430,523。

事物是适于对其做出陈述的东西。（Avicenna，2005：23）

事物是能够对其做出陈述的东西。（Avicenna，2005：25）

在他看来，"事物"普遍地指向一切能够被表象和描述的对象。他进而区分事物与存在：

> 存在（al-wujūd）的意义与事物的意义，在心灵中是两个不同的观念：存在的，被确立的（al-muthbat）和被实现的（al-muhsal），乃是同义词……每一事物都有一个它借之是其所是的真实本性（haqīqa），就像三角形有其之为三角形的真实本性，白色的［事物］有其之为白色的真实本性。我们可以称之为"特有的存在"（al-wujūd al-khāss），以区别于"确立的存在"（al-wujūd al-ithbātī）。"存在"一词可以指称很多意思，其中之一就是事物所具有的真实本性，这就是事物的"特有存在"。总之，显而易见，每一事物都有一种特有的真实本性，这就是它的本质（māhiyya），而每一事物所特有的这种真实本性，不同于意指"确立"的存在。（Avicenna，2005：24）

阿维森纳在这里区分了两种"存在"概念：一种是作为事物之所是的存在，是使一种事物成其为自身的本质，它通过定义被揭示；另一种是确立的存在，这是附加到事物本质之上的一种现实状态，这种状态可以被感官经验或证明所确认。后者就是阿维森纳所说的与本质相区别的存在。

阿维森纳对事物及其本质的分析大致对应于亚里士多德对于"存在/是"概念的实体中心论理解。而他所谓的"确立的存在"，似乎与亚里士多德提到的现实—潜能意义上的"存在"相关，但与亚里士多德不同的是，阿维森纳认为形式并不就是现实原则本身，而只是一种存在的可能性。也就是说，现实化变成了一个二阶过程：质料是绝对消极的存在潜能，形式相对于质料代表某种特定的现实化的方向；但形式凭其自身并不足以让质料进入自己这种现实样式，还需要有一个外在的动力因作用于形式、给予它一种规范质料的力量，从而将现实存在赋予这种特定的质料—形式复合物（cf. Avicenna，2005：196）。因此，事物就其本质——无论将本质理解为形式、质料还是质料—形式复合物——而言，都只是可能存在者（cf. Avicenna，2005：272）。质言之，存在对事物的本质来说是一种外来的偶性：

> 我们说：实存（al-anniyya）①和存在如果相对于本质成为偶然性
> 的，②则无外两种情况：或者是由本质自身必然带来的，或者来自于某种
> 外在事物。它们不可能来自本质自身，因为追随者只能追随业已存在的
> 事物，这就意味着本质在自身存在之前已经具有存在了——这是不可
> 能的。
>
> 我们说：任何具有并非实存的本质的事物，都是由［外在］原因引起
> 的。因为，如你所知，实存和存在并不像区别于实存的本质那样发挥承载
> ［其他］事物的基质的作用。所以，它们只能属于必然伴随者（al-
> lawāzim）。（Avicenna，2005：276）

阿维森纳认为，任何具有可界定的本质的事物，其存在都是由他者引起
的，但是这种外源的存在本身并非逻辑上独立的实体，而是必须附加在某种本
质—实体之上，因此，它被称为本质的"必然伴随者"。

存在与本质的区分，经过阿维森纳的系统阐发后迅速成为哲学家们广为
接受的一种观点，亚里士多德哲学的最有力挑战者、神学家安萨里（al-
Ghazāli，1058—1111）在《哲学家的矛盾》中也将其视为哲学家公认的标准立
场。③ 然而，从12世纪后期开始，阿拉伯思想界逐渐出现反思和批评这一区分
的声音，④其中最具代表性的就是阿维罗伊的相关论述。

---

① 源自阿拉伯语中表示强调的虚词 anna，阿维森纳在此处将其用作 wujūd 的同义词，
Marmura 将其译作 individual existence，Marmura 对该术语的解释参见 Avicenna，2005：383，译注
1。与此类似，F. Rahman 将阿维森纳的"实存/存在"解释为具现（instantiate），cf. Rahman，1958：
1－16。

② 此处译文依据 Marmura 校订本。Amos Bertolacci 认为此句应读作 al-anniya wa-l-wujūd
ūridāni li-l-māhiyyati，即实存和存在对于本质是偶然性的，见 Amos Bertolacci，"The Distinction
of Essence and Existence in Avicenna's Metaphysics：The Text and Its Context"，in *Islamic
Philosophy*，*Science*，*Culture and Religion*，ed. Felicitas Opwis and David Reisman，Leiden：Brill，
2012，p. 282。

③ Cf. al-Ghazāli，2000：88－9，111. 安萨里并未反驳存在—本质区分理论本身，只是指出它
与哲学家们的其他观点间存在逻辑上的不一致。

④ 与阿维罗伊约略同时起而批评存在—本质区分的还有苏赫拉瓦尔迪（Suhrawardi，1154—
1191），cf. Wisnovsky，2012：40－48.

二、 阿维罗伊对阿维森纳观点的批评—归因

阿维罗伊对阿维森纳存在与本质区分的批评,散见于他的《形而上学》注释论及存在这一概念意义的各种场合。他在《矛盾之矛盾》(对安萨里《哲学家的矛盾》一书的回应)中将这些批评集中概述,整合成一套系统的驳论。安萨里书中将存在与本质区分视为哲学家们的共识,阿维罗伊对此提出异议:

> 至于他(安萨里)说哲学家们的意见是存在只是事物之本质的一个普遍的必然伴生物(lāzim 'āmm),则是不正确的。我们在他处解释过,没有别的哲学家只有阿维森纳持此观点。阿维森纳否定存在是一个种——它或者单义的或者多义的被陈述——进而断言存在是指称诸事物的一个普遍的必然伴随者的词。然而,当他把存在视为必然伴随者时将遭遇把存在视为本体(dhāt)①所遭遇的[同样的困难]。(Averroes, 1930:369-370)

阿维罗伊所说的将存在视为本质所遭遇的困难,是指我们在上文提到的阿维森纳对存在来自本质自身这种观点的反驳。阿维罗伊认为,类似的反驳也可适用于阿维森纳自己关于存在是事物的偶性或必然伴随者的观点。他在《矛盾之矛盾》前文中曾提到这个反驳:

> 那种认为存在是附加于本质的并且存在者就其实体而言不依赖于存在的言论,是极其错误的,因为这将必然导致认为存在这个术语意指外在于灵魂的十范畴的一个普遍偶性的结论,而这是阿维森纳的立场。如果说这个偶性是存在的,可以追问它(指作为谓语的"存在")究竟是意指"真"(al-sādiq),还是意指存在于这个偶性中的一个偶性,由此将会有无限多的偶性[以使"存在"这个偶性存在]——这是不可能的。(Averroes, 1930:304-305)

这就是说,如果存在是事物的偶性,这种偶性要存在就需要另一个存在的

---

① 此处"本体"(dhāt),本义为"自身""本身",在阿拉伯亚里士多德哲学语境中往往被用作"实体"(jawhar)或"本质"(Māhiyya)的同义语。

偶性,由此陷入无限逆推。值得注意的是,阿维罗伊不仅对阿维森纳的观点进行逻辑反驳,还试图探究后者"错误"的原因:

> 阿维森纳在这一点上犯错,就是因为他认为"存在"在阿拉伯语中意指"真",而"真"所指称的是一种偶性——"真"事实上指称的是一种第二义的思维对象(ma'qūl min al-ma'qūlat al-thawānī),即逻辑学的思维对象——他以为翻译者用"存在"这个词时只是意指"真"。事实却并不是如此,翻译者只是用它来意指"本体"(dhāt)或"事物"所指称的东西。法拉比在《字母之书》(Kitāb al-Hurūf)中已经说明了这一点,他指出:这种错误发生的原因之一就在于"存在"一词在语言形式上是派生词,而派生词指称偶性。其实它在源语言中也是一个派生词,只是翻译者没能在阿拉伯语中找到一个词能指称这个被古代哲学家划分为实体与偶性、潜能与现实的概念,这个词应该是一个原初符号——一些翻译者用"存在"来指称这个概念,但并不把它理解为具有派生意义从而指称某个偶性,而是理解为具有和"本体"相同的意义。因此,它是一个技术术语而不是日常用词。……但是,"存在"一词作为"真"的意义不同于"本质"(māhiyya)……这种意义不是翻译者用"存在"这个词所指称的,他们用这个词指称"本质"本身。(Averroes,1930:371-372)

阿维罗伊的上述归因实际上具有三个层次:

(1)首先,阿维罗伊借用法拉比(Al-Fārabī,卒于 950/951 年)的相关理论,后者在《字母之书》中还原了希腊哲学著作阿拉伯语翻译的早期语境:由于阿拉伯语中没有系词,译者们难以找到一个词来对应希腊语中的 estin ('istīn),最终大部分人倾向于用"存在"(al-mawjūd)这个译名[①];但是,由于 al-mawjūd 按照阿拉伯语词法是一个派生词,而源于某种动作或活动(在这里是 wujid,即"被发现")的派生词通常意指某种偶性,于是有些人[②]被这种大

---

① 更确切地讲,al-mawjūd 对应的其实是 to on。

② Stephen Menn 认为,法拉比在这里所针对的是以肯迪(al-Kindi,卒于 870 年后)为代表的阿拉伯新柏拉图主义者(cf. Menn,2008:90-92)。事实上,尽管新柏拉图主义者认为太一是存在之源、有时也会把神圣理智称为存在本身,但他们绝不会将存在与本质(作为理型或形式)区分、也不会把存在视为偶性。而将存在视为事物的偶性,乃是一种典型的凯拉姆立场,因此,伊斯兰神学家更有可能是法拉比在此处的批评对象。

众(*al-jumhūr*)的语言用法误导、认为"存在"是一种偶性(cf. al-Fārābī, 1990：113-114)。阿维罗伊将这一理论套用在阿维森纳身上，认为阿维森纳像法拉比的批评对象一样由于存在的阿拉伯语译名 *al-mawjūd* 的派生形式而误认为它是一种偶性。

(2) 其次，阿维罗伊进一步将阿维森纳所理解的作为偶性的"存在"的意义确定为"真"。阿维罗伊承认真是一种偶性且是亚里士多德哲学语境中存在一词的主要含义之一(cf. Averroes, 1919：11-14)，但坚持这种意义仅适用于逻辑学领域，在形而上学领域中存在的意义只是实体或事物自身，而阿维森纳误以为《形而上学》中提到的存在也意指真。

(3) 最后，阿维罗伊认为真是第二义的思维对象，即指向观念的观念。具体到此处就是说，真是观念的一种偶性，即心灵中的这种观念有外界对应物且与之相吻合。由此，真不是外在事物本身具有的性质，而是关于该事物的观念所具有的性质，但阿维森纳却把真当作是外在事物本身具有的性质(cf. Averroes, 1919：13-14)，混淆了主观与客观、心灵与实在的界线。

概括来说，阿维罗伊所呈现的阿维森纳存在—本质观念形成的思路大致如下：在"存在/是"阿拉伯语译名派生词形式的误导下认为它是一种偶性，由于"存在"在逻辑学中的用法而将它理解为"真"，且将这重意义代入形而上学探讨，进而把作为真的存在从第二义的思维对象转换为第一义的思维对象，于是达到存在是外在事物本身(即本质)的偶性这样一个结论。

三、 对阿维罗伊批评—归因的分析

下面我们将结合阿维森纳的观点表述和《形而上学》相关段落的阿拉伯语译文以及阿维罗伊本人对这些段落的解释，来分析阿维罗伊对存在—本质区分理论的批评。

阿维罗伊的批评—归因中最引人注目的两部分——偶性无限逆推驳论和阿拉伯语翻译问题[①]——其实是整个理论中最薄弱的两个环节。如上文《治疗论·形而上学》引文所示，阿维森纳强调存在是一种无法充当承载其他事物

---

① Stephen Menn 在处理阿维罗伊存在—本质区分驳论时主要关注的就是这两点，cf. Menn, 2012：55,62-64；偶性无限逆推驳论同样出现在苏赫拉瓦尔迪对阿拉伯逍遥派(*mashā' in*，这里指阿维森纳的追随者)立场的批评中(cf. Suhrawardī, 1999：45-46)；关于语言归因的现代反响，cf. Shehadi, 1982：29-41.

的基质的偶性,因此,不可能有另一个存在偶性附着其上。至于语言归因,需要考虑的是,阿维森纳不仅是一个阿拉伯语作者,还是一个波斯语作者。在其波斯语哲学著作中,他使用 *hastī* 来指称"存在",而这个词就源于波斯语的系词 *hast*(Avicenna,1963:8‑11.)。而且,从《治疗论·形而上学》下文中对范畴和实体理论的解释来看,阿维森纳对亚里士多德建基于系词谓述功能来分析存在意义的形而上学进路有充分的理解和掌握(cf. Avicenna,2005:45‑48)。说他由于阿拉伯语 *al-wujūd / al-mawjūd* 源于实义动词的派生形式而将《形而上学》中本应指称实体的存在误解为某种偶性,显然是站不住脚的。比较耐人寻味的反而是阿维罗伊为何做出这种批评和归因。有两种可能的解释:其一是阿维罗伊没有接触过《治疗论·形而上学》——作为举世公认的哲学权威而未曾读过当时最流行的哲学著作,很难想象这样一种学术教育缺陷会出现在阿维罗伊身上;其二是阿维罗伊在有意识地将阿维森纳描述为一个不具备完全资质的哲学家,以使自己的目标读者远离阿维森纳的著作及其所代表的哲学进路,这一点通过下文的分析还会得到更清晰的呈现。

　　语言翻译问题其实并不构成阿维罗伊批评—归因的必然逻辑起点,他完全可以从分析存在作为真的意义出发。他承认存在具有"真"的意义,真可以成为观念中的事物①的偶性,但这仅限于逻辑学领域,阿维森纳的错误在于将逻辑学的概念非法地代入形而上学。当阿维罗伊谈论作为真—偶性的存在时,显然指涉的是亚里士多德《后分析篇》卷 2 中对于"(某物)是否存在"与"是什么"的区分(参见亚里士多德,1990—6:1:312,322),这很可能确实是阿维森纳存在—本质区分理论的源头。② 而阿维罗伊关于阿维森纳将本应被理解为第二义思维对象的真理解为事物本身具有的属性的判断,似乎也可以在《治疗论·形而上学》对"真实"的界定中找到根据:

----

　　① 阿维罗伊在反驳存在—本质区分的语境中援引亚里士多德在《后分析篇》卷 2 章 7 中确立的标准(知道事物本质(即"是什么")必定[先]知道它存在",92b4),指出这种观念中的事物不是真正意义上的本质,而只是"名词意义解释"(*sharh ma'nā ism min al-ismā'*),参见 Averroes,1930:304.

　　② 现代学者中较早指出这一点的是 A. M. Goichon 和 Nicholas Rescher,参见 Goichon,1937:131‑132;Rescher,1963:41‑42. 此外,值得注意的是,阿维森纳在《治疗论·形而上学》(Avicenna,2005:24)和《指示书》(Avicenna,1960:3:15)中论及存在—本质区分时都以三角形为例,而这恰恰是亚里士多德在《后分析篇》卷 2 章 7 中所使用的例子。

　　至于真实（*al-haqq*），有人把它理解为绝对意义上的实际存在（*al-wujūd fī al-a'yān*），有人理解为永恒存在。有人理解为指称外在事物状态的陈述或信念当其符合对象时的一种状态，所以我们会说：这个陈述是真实的，这个信念是正确的。因此，必然存在者（*al-wājib al-wujūd*）凭借自身就是永远真实的，可能存在者（*al-mumkin al-wujūd*）凭借他者成为真实的、而就其自身只能是虚假的。在独一的必然存在者之外的所有事物就其自身而言都是虚假的。至于符合意义上的真实，它接近于"真"（*al-sādiq*），只是——在我看来——说"它是真的"是就"它"相对于事实的关系而言，说"它是真实的"是就事实相对于"它"的关系而言。（Avicenna，2005：38－39）

　　如同对于"存在"概念的处理，阿维森纳将"真实"也区分为两重意义：一种是符合意义的真实，即观念符合外在对象的状态，大致相当于阿维罗伊所说作为观念之偶性的真实；另一种是作为外在的现实存在的真实，是指外在事物本身具有的现实状态。阿维罗伊在这一点上是正确的，阿维森纳确实在认识论意义上的真实之外谈论一种本体论意义上的真实，而且认为后者比前者更为根本。然而，问题在于阿维森纳对真实的本体论理解是否真如阿维罗伊所说是毫无经典依据的个人独创？

　　事实上，在亚里士多德的《形而上学》中，已经可以观察到相关思想的雏形：

　　　　我们无法认识真实（*al-haqq*），除非认识它的原因。每一种首要事物（*kul wāhid min al-awwā'il*），都是那些与它同名的其他事物在特定方面的原因，就像火是最热的。因此，在真实上首要的事物应当是在它之后的事物[成为]真实的原因。所以，永恒存在的事物的本原（*mabādi'*）必然永远是最真实的，因为它们不只是一时为真，而且它们在成为真实方面没有原因，反而是其他事物在这方面的原因。因此，对每一事物而言，它在存在方面的状态必定就是它在真实方面的状态。（Averroes，1938：12－13）[1]

---

　　[1]　Aristotle, *Metaphysics*, α1，993b 23－31. 为还原阿拉伯哲学家们所依据的文本，此处及下文的《形而上学》引文都是从阿维罗伊的《形而上学长篇评注》中译出。

尽管在对这段文本的注释中阿维罗伊遵循阿弗罗迪西亚的亚历山大的先例竭力将此处的"真实"作认识论解释（cf. Averroes，1938：13 - 14；Alexander，1992：21），亚里士多德关于永恒存在的事物的本原必定永远是最真实的判断在这种解释下仍显得十分突兀。而且，亚里士多德在 Θ 卷第 10 章中对类似观点作了进一步发挥：

> 关于那些非复合的事物（*alutī lā tarkīb lahā*），一个事物是（*yakūn*）或不是（*lā yakūn*）、进而是真（*al-sidq*）①是假（*al-kidhb*）［的情形］，则不是如此（指不同于复合之物的情形）……无知就是未曾触及事物，因此关于本质并无蒙蔽（*khud'a*），除非以某种偶性的方式。复合实体（*al-jawāhir al-murakkaba*）②也是如此，关于它们没有蒙蔽，它们全部都是现实的而非潜能的，否则就是生成的并将毁灭。而现在存在自身不生不灭，否则事物就是从无物中（*min ghayr shai'*）生成的了。关于所有是其所是并现实［存在］的事物，都没有蒙蔽，只有理解或不理解，而探寻其所是就是探寻它是如此或不是如此。（Averroes，1938：1223 - 1234）③

对亚里士多德而言，非复合的事物（即分离于质料的纯形式）永远处于现实之中，只要我们发挥理智官能去理解它们就会获得关于它们的真实判断，它们的本性中不包含发生"蒙蔽"（即引起错误判断）的因素。反之，复合实体（即质料与形式复合的实体）可能进入现实也可能不进入现实，这先验决定了我们关于这类事物的判断只能是或然为真。亚里士多德正是在这种意义上说永恒存在的事物的本原永远为真，这种本体论意义上的"真"实际上就是事物所具有的现实状态，后者使认识论意义上的"真"（即观念符合存在）成为可能。有

---

① 阿拉伯译者在翻译中交替使用 *sidq*（"真"）和 *haqq*（"真实"，亦见于本段下文、被用作"假"的反义词，Averroes，*Tafsir Ma Ba'd At-Tabi'at*，p. 1223，f）来对应希腊文中的 ἀληθές（"真—去蔽"）。

② 此处阿拉伯译本出现讹误，原文为"非复合实体"（μὴ συνθετὰς οὐσίας，*Aristotle's Metaphysics*，ed. W. D. Ross，Oxford：Clarendon Press，1924，1051b27），正确的翻译当为 *al-jawāhir al-ghayr murakkaba*（见下文引文，注35），但大部分流传的抄本都脱略了"非"（*ghayr*），阿维罗伊注释的中世纪希伯来译本（此处作［*ha-*］'*atzamim ha-murkavim*，Paris，Bibliothèque Nationale，héb. 886：126b8）和拉丁译本（此处作 *substantiis compositis*，cf. Averroes，1962：8：248，M11 - A1）也都因循了这处讹误。

③ Aristotle，*Metaphysics*，1051b17 - 1051b34.

意思的是,阿维罗伊在此处的注释最终选择遵从文本自身的逻辑:

> 亚里士多德说"无知就是未曾触及事物",意思是:设想($tasawwur$)单纯之物(al-$bas\bar{a}$'it)时的这种无知,就是理智对于单纯之物没有设想任何东西,因此这是就缺乏知识而言的无知。……亚里士多德说"复合实体也是如此,关于它们没有蒙蔽,它们全部都是现实的而非潜能的,否则就是生成的并将毁灭",意思是:由于非复合实体(al-$jaw\bar{a}hir$ al-$ghayr$ $murakkaba$)的自然本性($tab\bar{a}$'i'),不会有关于它们的蒙蔽发生,那些不被潜能影响而[总是]处于现实状态的复合实体也是如此,这方面的蒙蔽只是由于我们自己。如果由于这种复合之物的自然本性而有关于它们的蒙蔽发生,它们就是生成的并将毁灭;如果它们的本质和形式是生成的并将毁灭,[事物]就是从无物中生成的了。这就是他所意指的。(Averroes,1938:1227 - 8)

我们发现,阿维罗伊"纠正"了阿拉伯译文的错误,并且相当有创造性地将讹误之处"复合实体"解释为永恒现实的复合实体即天体,这样天体就和单纯之物就被划为一类(它们都永远处于现实和真实状态)而与月下世界的复合之物(它们都具有流变的质料,时而现实时而潜在)对立。这说明,阿维罗伊其实对亚里士多德从真实角度探讨存在的形而上学思路有着清楚的了解。

从这个视角出发,我们也能够理解阿维罗伊埋藏在其对存在—本质区分的批评中的某些暗示:

> 当这个词意指附加于本质上的东西时,它不是指存在,而是指真,后者是一种观念性的事物(ma'$n\bar{a}$ $dhihn\bar{\imath}$),不具有外在于灵魂的存在,除非是在潜能上(bi-l-$quwwa$)。(Averroes,1930:392 - 3)

在这里,阿维罗伊实际上承认了真可以在潜能的意义上成为第一义的思维对象,也就是说,真可以是外在存在本身具有的一种状态,这种状态构成观念性的真的潜在原因。他在陈述语言归因时的一段插入语更具体地表达了这种观点:

　　　　至于就真而言的存在,理解它不意味着理解本质,因此一个人可以知道本质而不知道存在——**这种意义(指真)在复合之物中并不必然是本质,而在单纯之物中与本质是同一的。** 但这种意义不是译者们就"存在"一词所意指的。(Averroes,1930:372)

这意味着,在复合之物(不包括天体)的领域,存在——作为本体论意义上的真——是可以与本质相分离的,复合之物就其木质而言可以进入现实也可以不进入现实;在单纯之物的领域,本质与存在同一而必然处于现实状态。至此,我们终于达到阿维罗伊与阿维森纳的真正分歧点,即:神之外的单纯之物(以及天体)的存在是必然的抑或可能的。

四、 隐微表述之下的真正分歧

　　基于上述分析,阿维森纳在从本体论意义的真实出发理解存在的方面并未背离亚里士多德的相关思路。而且,亚里士多德和阿维罗伊也不否定月下事物的现实存在对于其本质而言是偶然性的。争论的真正焦点在于天体和分离存在者(对阿维森纳和阿维罗伊而言就是分离性理智)是否可能存在者。

　　阿维森纳坚持,除独一的必然存在者之外的整个世界,包括永恒存在的分离性理智和天体,都是存在与本质可分离的可能存在者(cf. Avicenna,2005:38 - 39)。阿维罗伊则从逻辑上彻底否定这种就自身是可能的、凭他者成为必然—永恒的存在者的概念:

　　　　断言有那种凭自身是可能的而凭他者成为永恒和必然的事物,是一种错误的说法。像阿维森纳就说必然者中有凭自身而必然者和凭他者而必然者,[事实上后者]仅限于天体的运动。至于说有就其实体而言是可能的、通过他者成为必然存在者的事物,则是不可能的。这是因为,本质上是可能的同一个事物不可能从他者获得必然存在,除非它能反转自身的自然本性(*tab'*)。(Averroes,1938:1632)

阿维罗伊所依据的是亚里士多德的可能性观念,即一种可能性在无限时间中必会实现,由此,永恒的一定是必然的(参见亚里士多德,1990—6:2:

303—311，466；7：148，215—216）。如果天体（及其推动者即分离性理智）就其本性是可能存在者，它们就具有毁灭的可能性，而阿维森纳又承认它们是永恒的，也就是说它们毁灭的可能性永不实现，这与亚里士多德学派以现实性和物理学规律为基础的可能性概念相冲突（cf. Averroes，2003：408）。遵循一贯寻根究底的习惯，阿维罗伊再一次试图追溯阿维森纳视世界总体为可能存在者立场的来源：

> 阿维森纳从凯拉姆学家（al-mutakallimīn）那里吸取这一论证（指宇宙论论证），这些凯拉姆学家认为将存在两分为可能的与必然的乃是自明的，又设想可能者需要动因，世界总体作为一个可能者需要一个必然存在者作为动因。这是艾什尔里派（al-Ash'arirya）之前的穆尔太齐赖派（al-Mu'tazila）的信念。这是一个不错的论证，唯一的瑕疵是预设了世界总体是可能的，而这并不是自明的。（Averroes，1930：276）

此处所说的凯拉姆学家是从事伊斯兰思辩神学（Kalām）的学者，穆尔太齐赖派和艾什尔里派是其前后相继的主流派别。凯拉姆学家们的可能性观念，被迈蒙尼德称为"容许性原则"（tajwīz），认为凡是能够被合乎逻辑地设想的都是可能的，可能性本身并不受到经验现实或者现实中的物理学规律的限制。[①] 不难发现，阿维森纳对事物—本质与存在的分离以及关于天体作为可能存在者可能毁灭但永不毁灭的观点，都是建基于这种可能性观念。而且，阿维森纳在其形而上学中从分析"事物"概念入手进而探讨它与"存在"间逻辑关系的做法，也具有明显的凯拉姆影响印记（cf. Wisnovsky，2003：146 - 160）。阿维森纳不仅吸取了凯拉姆的可能性观念，更发挥了其背后的逻辑实在论倾向，使之成为建构形而上学的基本预设。对他来说，所有逻辑可能的事物—本质，都具有某种纯粹的本体论地位，这种地位本身无所谓普遍或个别、一或多、主观或客观、现实或潜能，只是在外在原因的作用下进入这些对立状态之一而获得某种意义上的存在（cf. Avicenna，2005：149）。

循着阿维罗伊的批评思路，我们最终发现，阿维森纳实质上继承和发展了

---

① 参见迈蒙尼德，1998：193—199；据 Michael Schwartz 考证，这实际上是早先（9—11 世纪）穆尔太齐赖派巴士拉支派的观点（cf. Schwartz，1992 - 1993：155 - 163）。

亚里士多德所预示的从真实观念出发的形而上学路向,在这个过程中他吸取了凯拉姆的可能性观念和方法论原则作为跳板,从而形成一套独特的模态形而上学理论。阿维罗伊从亚里士多德学派经典的实体中心论出发,对《形而上学》中对真实作本体论理解的倾向持有所保留的态度,而对阿维森纳区分本质与存在的形而上学进路则加以激烈批评。正如 Stephen Menn 所示,阿维罗伊之所以选择这种立场,很大程度上是出于应对以安萨里为代表的神学家的挑战的考虑(cf. Menn,2012:66)。由于安萨里在《哲学家的矛盾》中主要将阿维森纳的观点(包括存在与本质区分)树立为阿拉伯亚里士多德主义哲学的样板,阿维罗伊在《矛盾之矛盾》中所采取的应对策略是说明阿维森纳的观点并不真正代表哲学家的立场而是他的个人独创,以使安萨里的攻击火力失去目标。

这种解释相当具有说服力,但是似乎无法说明阿维罗伊在反驳存在—本质区分时为何不着重揭示阿维森纳与亚里士多德在月上世界存在模态以及可能性观念上的实质分歧而采取上文呈现的这样一系列曲折隐微的修辞表述。因此,我在这里将提供另一种与之并行的补充解释。阿维森纳通过将凯拉姆的部分洞见吸纳入哲学体系而开启了哲学与凯拉姆合流的思想史动向,这一趋向经过朱伟尼(al-Juwaynī,卒于 1085 年)、安萨里[①]的推动而在阿维罗伊的同时代人法赫尔·丁·拉齐(Fakhr al-Dīn al-Rāzī,卒于 1210 年)以及后来的伊吉(al-Ijī,卒于 1355 年)手中获得经典的表达形式,成为中世纪后期伊斯兰神学—哲学思想的主流框架,存在—本质区分更构成其中的标准配备。[②] 阿维罗伊对这种当世流行的思想动向心存戒惧,预见它终将牺牲哲学探讨的独立性与纯粹性。出于反制合流趋向的目的,阿维罗伊力图在哲学和凯拉姆神学之间划出一条截然分明的界线,而要呈现阿维森纳与亚里士多德的实质分歧势必首先说明二者在形而上学探讨进路上的某种连续性,这与划清界限的论战目标存在冲突。经过权衡,阿维罗伊选择使用种种修辞手段在大部分目标读者——哲学学徒和宫廷知识分子,也就是哲学事业的潜在后继

[①] 安萨里一方面批评哲学家背离教义的观点,另一方面也主张吸取哲学方法来建构作为严格科学的神学,参见 Davis Jr.,2005:105 - 119。

[②] 关于凯拉姆学家对存在—本质区分思想的吸收,参见 Wisnovsky,2012:32 - 5,40 - 47;al-Ijī,al-Jirjānī,1998:2:127 - 168.

者与赞助者①——心目中造成阿维森纳严重误读亚里士多德的印象,使其远离阿维森纳所代表的思想趋向。与此同时,他通过简要的附言、插入语等形式将指向二者关联与实质分歧的线索透露出来,期待更细心的读者能够领会。

---

① 阿维罗伊注释亚里士多德全集的工作,就是在时任宫廷御医的哲学家伊本·图斐利(Ibn Tufyal,卒于 1185—6 年)推荐下、受穆瓦希德王朝哈里发阿布·叶尔孤白·优素福(Abū Ya'qūb Yusūf, 1168—1184 年在位)委托而启动的,参见 Urvoy, *Ibn Rushd*, 1991: 32 - 33; Fakhry, 2001: 1 - 2.

参 考 文 献

一、 外文文献

(一) 原始资料汇编:

[1] Epstein, I. (ed.), *The Babylonian Talmud*, London: Soncino, 1935 - 1948.

[2] Foster, B. R. (ed. and trans.), *Before the Muses*, Patomac: CDL Press, 2005.

[3] Freedman, H. (trans.), *Midrash Rabbah: Genesis*, London: Soncino, 1961.

[4] Kataja, L. and Whiting, R. (eds.), *Grants, Decrees and Gifts of the Neo-Assyrian Period*, State Archives of Assyria, Volume XII (SAA XII), Helsinki: Helsinki University Press, 1995.

[5] Lambert, W. G. (ed. and trans.), *Babylonian Creation Myths*, Leiden: Brill, 2013.

[6] Pritchard, James B. (ed.), *Ancient Near Eastern Texts Relating to the Old Testament*, 3rd, Princeton: Princeton University Press, 1969.

[7] Roberts, Alexander and Donaldson, James (eds.), *Ante-Nicene Fathers II: Fathers of the Second Century*, Buffalo: The Christian literature publishing company, 1885.

(二) 古代及中世纪著作:

[1] Alexander of Aphrodisias, *On Aristotle's Metaphysics 2 & 3*, trans. W. E. Dooley and Arthur Madigan, Ithaca: Cornell University Press, 1992.

[2] Aquinas, Thomas. *Aquinas on Creation: Writings on The Sentences of Peter Lombard, Book 2, Distinction 1, Question 1*, trans. Steven E. Baldner, William E. Carroll, Toronto: Pontifical Institute of Medieval Studies, 1997.

[3] Aristotle. *Aristotle's Metaphysics*, ed. W. D. Ross, Oxford: Clarendon Press, 1924.

[4] Augustin. *Anti-Pelagian Writings*, ed. Philip Schaff, New York: Christian Literature Publishing Co., 1887.

[5] ——. The Literal Meaning of Genesis, Vol. I, trans. and annot. J. H. Taylor,

New York: Paulist Press, 1982.

[6] ——. *The Literal Meaning of Genesis*, Vol. II, trans. and annot. J. H. Taylor, New York: The Newman Press, 1982.

[7] Averroes (Ibn Rushd). *Tafsir Ma Ba'd At-Tabi'at*, ed. M. Bouyges, Beyrouth: Imprimerie Catholique, 1938.

[8] ——. *Compendio De Metafisica: Texto Arabe*, ed. C. Rodriguez, Imprenta De Estanislao Maestre, 1919.

[9] ——. *Parush Ma She-Ahar Ha-Teba'*, trans. Moshe ben Salomon of Salon(?), Paris, Bibliothéque Nationale, héb. 886,15th C.

[10] ——. *Averrois Commentaria magna in Aristotelem De celo et mundo*, trans. Michael Scotus, ed. Francis J. Carmody, Rüdiger Arnzen, Gerhard Endress, Peeters, 2003.

[11] ——. *Aristotelis Opera cum Averrois Commentariis*, Minerva, 1962.

[12] ——. *Ibn Rushd's Metaphysics*, trans. Charles Genequand, Leiden: Brill, 1986.

[13] ——. *Tahāfut al-Tahāfut*, ed. M. Bouyges, Imprimerie Catholique, 1930.

[14] ——. *Tahāfut al-Tahāfut*, annot. Sulaimān Dunyā, Cairo: Dār al-Maʿārif, 1964.

[15] ——. *The Incoherence of the Incoherence*, trans. Simon Van Den Bergh, Cambridge: EJW Gibb Memorial Trust, 1954.

[16] Avicenna (Ibn Sīnā). *The Metaphysics of The Healing/al-Shifā': al-Ilāhiyāt*, A parallel English-Arabic text, trans. and annot. Michael E. Marmura, Provo: Brigham Young University Press, 2005

[17] ——. *Dānish Nāma-i ʿAlā'ī*, Ilahiyāt, ed. M. Maʿīn, Anjoman Athār, 1963.

[18] ——. *al-Ishārāt wa-l-Tanbīhāt*, ed. S. Dunya, Dār al-Muʿārif bi-Misr, 1960.

[19] Al-Fārābī. *Al-Farabi on the Perfect State: Abu Nasr al-Fārābī's Mabādi' Arā' Ahl al-Madīna al-Fādila*, ed. and trans. Richard Walzer, Oxford: Oxford University Press, 1985.

[20] ——. *Philosophische Abhandlungen*, ed. F. Dieterici, Brill, 1890.

[21] ——. *Kitāb al-Hurūf*, ed. M. Mahdi, Dar el-Mashred, 1990.

[22] Gersonides, *The Wars of The Lord*, Volume 3, trans. Seymour Feldman, Philadelphia: The Jewish Publication Society, 1999.

[23] Al-Ghazālī. *Tahāfut al-Falāsifa/The Incoherence of the Philosophers*, ed. and trans. M. E. Marmura, Provo: Brigham Young University Press, 2000.

[24] ——. *al-Iqtisād fi al-Iʿtiqād*, Ankara: Nur Matbaasi, 1962.

[25] ——. *Al-Ghazālī on Divine Essence: A Translation from The Iqtisad fi Iʿtiqād with Note and Commentary*, trans. and annot. Dennis Morgan Davis Jr, A dissertation submitted to the faculty of The University of Utah, 2005.

[26] ——. *The Logical Part of Al-Ghazālī's Maqāsid al-Falāsifa*, ed. And trans. Gershon B. Chertoff, A dissertation submitted to the faculty of Philosophy, The

University of Columbia, 1952.

[27] Halevi, Judah. *The Kuzari*, trans. Hartwig Hirschfeld, New York: Schocken Books, 1964.

[28] Al-Ijī, al-Jirjānī, 1998, *Sharh al-Mawāqif*, ed. M. U. al-Dimyātī, Dar al-Kotob al-Ilmiyah.

[29] Ibn al-Nadīm. *The Fihrist of al-Nadīm*, ed. and trans. B. Dodge, New York: Columbia University Press, 1970.

[30] Ibn Wahshiyya. *Al-Filāha al-Nabatiyya*, ed. Toufic Fahd, Damascus: Institut Francais De Damas, 1993 – 1998.

[31] Maimonides, Moses. *Dalālat al-Hā'irīn/Moreh Nevuchim*, Judaeo-Arabic version, ed. S. Munk and I. Joel, Jerusalem: Junovitch, 1931.

[32] ——. *Dalālat al-Hā'irīn*, Arabic version, ed. Husein Atāy, Cairo: Maktabat al-Thaqāfat al-Dīniyat, 1972.

[33] ——. *The Guide of the Perplexed*, trans. Shlomo Pines, Chicago: The University of Chicago Press, 1963.

[34] ——. *The Guide for the Perplexed*, translated by M. Friedlander, London: Routledge, 1910.

[35] ——. *Maimonide et les Brouillons Autographes du Dalālat al-Hā'irīn*, ed. and trans. C. Sirat, S. Di Donato, Paris: Librairie Philosophique J. Vrin, 2011.

[36] ——. *Mishneh Torah: The Book of Knowledge*, ed. and trans. Moses Hyamson, Jerusalem: Feldheim Publishers, 1974.

[37] ——. *Mishneh Torah: Yesodei ha-Torah*, A parallel English-Hebrew text, trans. Eliyahu Touger, Jerusalem: Moznaim Publishing Corporation, 1989.

[38] ——. *Mishneh Torah: Hilchot De'ot/Hilchot Talmud Torah*, Jerusalem: Moznaim Publishing Corporation, 1989.

[39] ——. *Mishneh Torah: Hilchot Avodat Kochavim*, Jerusalem: Moznaim Publishing Corporation, 1990.

[40] ——. *Mishneh Torah: Hilchot Teshuvah*, Moznaim Publishing Corporation, 1990.

[41] ——. *Mishnah im Perush Rabbenu Moshe ben Maimon*, ed. J. Kafih, Jerusalem: Mossad ha-Rav Kook, 1963.

[42] ——. *Maimonides' Treatise on Logic*, ed. and trans. Israel Efros, New York: The American Academy for Jewish Studies, 1938.

[43] ——. *Ethical Writings of Maimonides*, "Eight Chapters", trans. R. L. Weiss and C. E. Butterworth, New York: New York University Press, 1975.

[44] ——. *A Maimonides reader*, ed. Isadore Twersky, Springfirld: Behrman House Publisher, 1972.

[45] Philoponus, John. *Against Proclus: On the Eternity of the World 12 –18*, trans. James Wilberding, London: Bloombury, 2006.

[46] Proclus, *Commentary on Plato's Timaeus*, Vol. 2, trans. David T. Runia and Michael Share, Cambridge: Cambridge University Press, 2008.

[47] ——. *The Book of Causes* [*Liber de Causis*], trans. Dennis J. Brand, Milwaukee: Marquette University Press, 1984.

[48] Saadia. *The Book of Beliefs and Opinions*, trans. Samuel Rosenblatt, New Haven: Yale University Press, 1976.

[49] Suhrawardi, 1999, *The Philosophy of Illumination*, ed. and trans. John Walbridge and Hossein Ziai, Brigham Young University Press.

(三) 研究文献:

[1] Alcoloumbre, Thierry J. "Prophecy Revisited: A New Approach to Maimonides' Cosmogony-Prophetology Puzzle", *Review of Rabbinic Judaism* 2008, 11. 2, pp. 243 – 276.

[2] Athanassiadi, Polymnia. and Frede, Michael. (eds.), *Pagan Monotheism in Late Antiquity*, Oxford: Oxford University Press, 1999.

[3] Beckwith, Christopher. *Warriors of the Cloisters: The Central Asian Origins of Science in the Medieval World*. Princeton: Princeton University Press, 2012.

[4] Ben-Shammai, H. "Major Trends in Karaite Philosophy and Polemic in the Tenth and Eleventh Centuries", in *Studies in Judaica, Karaitica and Islamica*, ed. S. R. Brunswick, Ramat Gan: Bar-Ilan University Press, 1982, pp. 339 – 362.

[5] ——. "Studies in Karaite Atomism", *JSAI* 6, 1985, pp. 243 – 298.

[6] Bertolacci, Amos, "Avicenna's and Averroes' Interpretation and Their Influence in Albertus Magnus", in *A Companion to the Latin Commentaries on Aristotle's Metaphysics*, ed. F. Amerini and G. Galluzzo, Brill, 2014.

[7] Bladel, Kevin van. *The Arabic Hermes: From Pagan Sage to Prophet of Science*, Oxford: Oxford University Press, 2009.

[8] Boer, T. J. de. *History of Philosophy in Islam*, London: LUZAC & CO. LTD, 1903.

[9] Brown, William P. *Structure, Role, and Ideology in the Hebrew and Greek Texts of Genesis 1: 1 – 2: 3*, Atlanta: Scholars Press, 1993.

[10] Cogan, Morton. *Imperialism and Religion: Assyria, Judah and Israel in the Eighth and Seventh Centuries BCE*, Atlanta: Society of Biblical Literature, 1974.

[11] Cohen, Hermann. *Ethic of Maimonides*, trans. A. S. Brucstein, Madison: The University of Wisconsin Press, 2004.

[12] Cook, M. A. "The Origins of Kalām", *Bulletin of the School of Oriental and African Studies*, Vol. 43, No. 1(1980), pp. 32 – 43.

[13] Craig, Willim Lane. *The Cosmological Argument from Plato to Leibniz*, London: The Macmillan Press LTD, 1980.

[14] Dan, Joseph. "Ashkenazi and the Maimonidean Controversy", *Maimonidean Studies* 3, 1992 – 1993.

［15］ Davidson, Herbert. "Maimonides' Secret Position on Creation", in *Studies in Medieval Jewish History and Literature*, Cambridge, MA: Harvard University Press, 1979, pp. 16 - 40.

［16］ ——. *Proofs for Eternity, Creation and the Existence of God in Medieval Islamic and Jewish Philosophy*, Oxford: Oxford University Press, 1987.

［17］ ——. *Moses Maimonides: the Man and His Works*, Oxford: Oxford University Press, 2005.

［18］ ——. *Maimonides the Rationalist*, Oxford: The Littman Library of Jewish Civilization, 2011.

［19］ Davies, Daniel. *Method and Metaphysics in Maimonides' Guide for the Perplexed*, Oxford: Oxford University Press, 2011.

［20］ Dhanani, Alnoor. *The Physical Theory of Kalām*, Leiden: E. J. Brill, 1994.

［21］ Efros, Israel. "Some Aspects of Yehudah Halevi's Mysticism", *Proceedings of the American Academy for Jewish Research*, Vol. 11(1941), pp. 27 - 41.

［22］ Ess, Josef van. *The Flowering of Muslim Theology*, Cambridge: Harvard University Press, 2006.

［23］ Fackenheim, Emil L. "The Possibility of the Universe in Al-Farabi, Ibn Sina and Maimonides", *Proceedings of the American Academy for Jewish Research*, Vol. 16(1946 - 1947), pp. 39 - 70.

［24］ Fakhry, M. *Islamic Occasionalism*, London: George Allen & Unwin Ltd, 1958.

［25］ ——. *Averroes: His Life, Works, Influence*, Oneworld, 2001.

［26］ Feldman, S. "The Theory of Eternal Creation in Hasdai Crescas and Some of His Predecessors", *Viator*, 11(1980), pp. 291 - 315.

［27］ Fenton, Paul. "Maimonides Father and Son: Continuity and Change", in *Traditions of Maimonideanism*, Leiden: Brill, 2009, pp. 103 - 137.

［28］ Fox, Marvin. *Interpreting Maimonides*, Chicago: University of Chicago press, 1990.

［29］ Goichon, A. M., 1937, *La Distinction de I'Essence et de VExistence d'apres Ibn Sina*, Desclee de Brouwer.

［30］ Grellard, Christophe. and Robert, Aurélien. (eds.) *Atomism in Late Medieval Philosophy and Theology*, Leiden: Brill, 2009.

［31］ Gutas, Dimitri, 2014, *Avicenna and the Aristotelian Tradition*, Brill.

［32］ Guttmann, Julius. *The History of Jewish Philosophy: From Biblical Times to Franz Rosenzweig*, translated by David Silverman, New York: Holt, Rinehart and Winston, Inc., 1944,1964.

［33］ Halbertal, Moshe. *Maimonides: Life and Thought*, Princeton: Princeton University Press, 2014.

［34］ Halpern, Baruch. *From Gods to God: The Dynamics of Iron Age Cosmologies*, Tübingen: Mohr Siebeck, 2009.

[35] Hämeen-Anttila, Jaakko. *The Last Pagans of Iraq: Ibn Wahshiyya and his Nabatean Agriculture*, Leiden: Brill, 2006.

[36] Hartman, David. *Maimonides: Torah and Philosophic Quest*, Philadelphia: The Jewish Publication Society, 1976.

[37] Harvey, Warren Zev. "A Third Approach to Maimonides' Cosmogony-Prophetology Puzzle", *The Harvard Theological Review*, Vol. 74, No. 3 (Jul., 1981), pp. 287 – 301.

[38] ——. "Maimonides' Critical Epistemology and Guide 2: 24", *Aleph* 8(2008), pp. 213 – 235.

[39] ——. "Maimonides' Avicennianism", in *Maimonidean Studies*, vol. 5, New York: Yeshiva University, 2008, pp. 107 – 118.

[40] Harvey, Steven. "Maimonides in the Sultan's Palace", in *Perspectives on Maimonides*, ed. J. L. Kraemer, Oxford: The Littman Library of Jewish Civilization, 1991, pp. 47 – 75.

[41] ——. *Falaquera's Epistle of the Debate: An Introduction to Jewish Philosophy*, Cambridge (MA): Harvard University Press, 1987.

[42] Hourani, G. F. "The Dialogue between Al-Ghazali and the Philosophers on the Origin of the World," *The Musliin World*, XLVIII, No. 3, 1958, pp. 183 – 191, 308 – 314.

[43] Husik, Isaac. *A History of Mediaeval Jewish Philosophy*, New York: the Macmillan company, 1916.

[44] Hyman, Arthur. "Demonstrative, Dialectical and Sophistic Arguments in the Philosophy of Moses Maimonides", in *Maimonides and His Time*, ed. E. L. Ormsby, Washington, DC: The Catholic University of America Press, 1989, pp. 35 – 52.

[45] Idel, Moshe. *Absorbing Perfections: Kabbalah and Interpretation*, New Haven: Yale University Press, 2002.

[46] ——. "*Deus Sive Natura*——The Metamorphosis of A Dictum from Maimonides to Spinoza", in Maimonides and Sciences, ed. R. S. Cohen, H. Levine, Dordrecht: Kluwer, 2000.

[47] Ivry, Alfred. "Maimonides on Possibility", in *Mystics, Philosophers and Politicians*, Durham: Duke University Press, 1982, pp. 67 – 84;

[48] ——. "Maimonides on Creation", in *Creation and The End of Days*, Lanham: University Press of America, 1986, pp. 185 – 214.

[49] Jacobsen, Thorkild. *The Treasure of Darkness: A History of Mesopotamian Religion*, New Haven: Yale University Press, New edition, 1978.

[50] Janos, Damien. "Al-Fârâbî, Creation ex nihilo, and the Cosmological Doctrine of K. al-Jam' and Jawâbât", *Journal of the American Oriental Society* 129. 1 (2009), pp. 1 – 17.

[51] Kaplan, Lawrence. "Monotonically Decreasing Esotericism and the Purpose of *The Guide of the Perplexed*", in *Maimonides after* 800 *Years*, ed. Jay M. Harris, Cambridge, MA: Harvard University Press, 2007, pp. 135 – 150.

[52] ——. "Maimonides on the Miraculous Element in Prophesy", *HTR* 70(1977), pp. 233 – 56.

[53] Kaufmann, Y. *The Religion of Israel*, trans. M. Greenberg, London: Geoge Allen & Unwin LTD, 1961.

[54] Keith, Arthur B. *Indian Logic and Atomism*, Oxford: Clarendon Press, 1921.

[55] Kellner, Menachem. *Dogma in Medieval Jewish Thought*, Oxford: Oxford University Press, 1986.

[56] ——. *Maimonides' Confrontation with Mysticism*, Oxford: The Littman Library of Jewish Civilization, 2006.

[57] ——. "Rashi and Maimonides on Torah and the Cosmos", in *Between Rashi and Maimonides*, ed. Ephraim Kanarfogel and Moshe Sokolow, New York: The Yeshiva University Press, 2010, pp. 23 – 58.

[58] Klein-Braslavy, Sara. *Maimonides as Biblical Interpreter*, Brighton, MA: Academic Studies Press, 2011.

[59] Kluxen, Wolfgang. "Maimonides and Latin Scholasticism", in *Maimonides and Philosophy*, ed. S. Pines and Y. Yovel, Dordrecht: Kluwer, 1986, pp. 224 – 230.

[60] Kraemer, Joel. "Maimonides on Aristotle and Scientific Method", in *Maimonides and His Time*, Washington, DC: The Catholic University of America Press, 1989, pp. 53 – 88.

[61] ——. "Maimonides' Use of Dialectic", in *Maimonides and the sciences*, ed. R. S. Cohen, H. Levine, Dordrecht: Kluwer Aacademic Publishers, 2000.

[62] ——. *Maimonides: The Life and World of One of Civilization's Greatest Minds*, New York: Doubleday Religion, 2010.

[63] Kreisel, Howard. "Judah Halevi's Influence on Maimonides", *Maimonidean Studies* 2,1991, pp. 95 – 121.

[64] ——. "Maimonides on the Eternity of the World", in *Jewish Philosophy: Perspectives and Retrospectives*, ed. Raphael Jospe and Dov Schwartz, Brighton, MA: Academic Studies Press, 2012, pp. 157 – 184.

[65] Langermann, Tzvi. *Yemenite Midrash*, New York: Harper Collins, 1996.

[66] ——. "Maimonides and Miracles", *Jewish History* 18,2004, pp. 147 – 172.

[67] ——. "Islamic Atomism and the Galenic Tradition", *Hist. Sci.*, xlvii, 2009, pp. 277 – 295.

[68] Lawrence, Bruce B. *Shahrastani Shahrastānī on the Indian Religions*, The Hague: Mouton, 1976.

[69] Leaman, Oliver. *Moses Maimonides*, Richmond: Curzon, 1997.

［70］ Lerner, Ralph. *Maimonides' Empire of Light*, Chicago: The University of Chicago Press, 2000.

［71］ Litvinsky, B. A. , "Outline History of Buddhism in Central Asia". In: *Kushan Studies in USSR*, Calcutta: Indian *Studies*, 1970, pp. 54 – 132.

［72］ Lorberbaum, Yair. "On Contradictions, Rationality, Dialectics, and Esotericism in Maimonides's *Guide of the Perplexed*", *The Review of Metaphysics*, 55: 4 (Jun. 2002), pp. 711 – 750.

［73］ Macdonald, D. B. "Continuous Re-Creation and Atomic Time in Muslim Scholastic Theology", *Isis*, Vol. 9, No. 2 (Jun. , 1927), pp. 326 – 344.

［74］ Mahdi, Muhsin. "Alfarabi against Philoponus", *Journal of Near Eastern Studies*, Vol. 26, No. 4 (Oct. , 1967), pp. 233 – 260.

［75］ May, Gerhard. *Creatio Ex Nihilo*: '*The Doctrine of Creation out of Nothing' in Early Christian Thought*, trans. A. S. Worrall, London: T&T Clark, 1994.

［76］ Melikian-Chirvani, "The Buddhist Ritual in the Literature of Early Islamic Iran", *South Asian Archaeology*, 1981, pp. 272 – 279。

［77］ Menn, Stephen, 2012, "Fārābī in the Reception of Avicenna's Metaphysics: Averroes against Avicenna on Being and Unity", in *The Arabic, Hebrew and Latin reception of Avicenna's Metaphysics*, ed. D. Hasse and A. Bertolacci, De Gruyter.

［78］ ——. "Al-Fārābī's *Kitāb al-Hurūf* and His Analysis of the senses of Being", *Arabic Sciences and Philosophy*, vol. 18(2008).

［79］ Mitchell, Stephen and Nuffelen, Peter van. (eds.), *One God: Pagan Monotheism in the Roman Empire*, Cambridge: Cambridge University Press, 2010.

［80］ Morewedge, Parviz, 1972, "Philosophical Analysis and Ibn Sina's Essence-Existence Distinction", *Journal of the American Oriental Society*, Vol. 92, No. 3 (1972).

［81］ Niehoff, Maren R. "Creatio ex Nihilo Theology in Genesis Rabbah in Light of Christian Exegesis", *The Harvard Theological Review*, Vol. 99, No. 1, 2006, pp. 37 – 64.

［82］ Nusseibeh, Sari. "The Possible Worlds of Avicenna and Leibniz", in *The Misty Land of Idea and The Light of Dialogue*, ed. Ali Paya, London: ICAS Press, 2014, pp. 239 – 278.

［83］ Phillips, John F. "Neoplatonic exegeses of Plato's cosmogony (Timaeus 27C – 28C)", *Journal of the History of Philosophy*; Apr 1997: 35,2, pp. 173 – 197.

［84］ Pines, Shlomo. "Translator's Introduction", in *The Guide of the Perplexed*", Chicago: The University of Chicago Press, 1963, pp. lvii – cxxiv.

［85］ ——. "The Limitation of Human Knowledge according to Al-Farabi, ibn Bajja and Maimonides", in *Studies in Medieval Jewish History and Literature*, ed. Isadore Twersky, Cambridge, MA: Harvard University Press, 1979, pp. 82 – 109.

［86］ ——. "The Philosophical Purport of Maimonides' Halachic Works and *The Guide of the Perplexed*", in *Maimonides and Philosophy*, ed. S. Pines and Y. Yovel, Dordrecht: Kluwer, 1986, pp. 1 - 14.

［87］ ——. "A Study of The Impact of Indian, Mainly Buddhist, Thought on Some Aspects of Kalām Doctrines", *Jerusalem Studies in Arabic and Islam* 17(1994), pp. 182 - 203.

［88］ ——. *Studies in Islamic Atomism*, Jerusalem: The Hebrew University Magnes Press, 1997.

［89］ Pingree, David. "The Sabians of Harran and the Classical Tradition", *International Journal of the Classical Tradition*, Summer 2002, pp. 8 - 35.

［90］ Plantinga, Alvin. *Essays in the Metaphysics of Modality*, Oxford: Oxford University Press, 2003.

［91］ ——. *The Nature of Necessity*, Oxford: Oxford University Press, 1974.

［92］ Rahman, F., 1958, "Essence and Existence in Avicenna", *Medieval and Renaissance Studies* 4(1958).

［93］ Rashed, Marwan. "Al-Fârâbî's Lost Treatise *On Changing Beings* and the Possibility of a Demonstration of the Eternity of the World," *Arabic Sciences and Philosophy*, vol. 18(2008), pp. 19 - 58.

［94］ Ravitzky, Aviezer. *History and Faith: Studies in Jewish Philosophy*, Amsterdam: J. C. Gieben, 1996.

［95］ ——. "Maimonides: Esotericism and Educational Philosophy", in *The Cambridge companion to Maimonide*, ed. K. Seeskin, Cambridge: Cambridge University Press, 2005, pp. 300 - 323.

［96］ Rescher, N., 1963, *Studies in the History of Arabic Logic*, University of Pittzburgh Press.

［97］ Samuelson, Norbert. *Judaism and The Doctrine of Creation*, Cambridge: Cambridge University Press, 1994.

［98］ ——. "Maimonides' Doctrine of Creation", *The Harvard Theological Review*, Vol. 84, No. 3 (Jul. , 1991), pp. 249 - 271.

［99］ Schwartz, Dov. *Studies on Astral Magic in Medieval Jewish Thought*, Leiden: Brill, 2005.

［100］ Schwartz, Michael. "Who Were Maimonides' Mutakallimun", part 1, *Maimonidean Studies* 2, 1991, pp. 159 - 209.

［101］ ——. "Who Were Maimonides' Mutakallimun", part 2, *Maimonidean Studies* 3, 1992 - 1993, pp. 143 - 172.

［102］ Scott, David Alan. "The Iranian Face of Buddhism", *East and West*, Vol. 40, No. 1/4 (December 1990), pp. 43 - 77.

［103］ Seeskin, Kenneth. "Metaphysics and its Transcendence", in *The Cambridge companion to Maimonides*, Cambridge: Cambridge University Press, 2005, pp.

82 - 104.

[104] ——. *Maimonides on the Origin of the World*，Cambridge：Cambridge University Press，2006，pp. 6 - 34,121 - 153.

[105] ——. "Maimonides on Creation"，in *Jewish Philosophy：Perspectives and Retrospectives*，Brighton，MA：Academic Studies Press，2012，pp. 185 - 199.

[106] Shehadi，Fadlou，1982，*Metaphysics in Islamic Philosophy*，Caravan Books.

[107] Smith，Mark. *The Priestly Vision of Genesis 1*，Minneapolis：Fortress Press 2010.

[108] Stavinsky，Boris. "*Buddha-Mazda* from Kara-tepe in the Old Termez"，*The Journal of The International Association of Buddhist Studies*，1980，Vol. 3，pp. 89 - 94.

[109] Stern，Josef. *Problems and Parables of the Law：Maimonides and Nahmanides on Reasons for the Commandments*，Albany：State University of New York Press，1998.

[110] ——. *The Matter and Form of Maimonides' Guide*，Cambridge，MA：Harvard University Press，2013.

[111] Stillman，Norman A. *The Jews of Arab Lands*，Philadelphia：The Jewish Publication Society of America，1979.

[112] Strauss，Leo. *Persecution and the art of writing*，Chicago：University of Chicago press，1952.

[113] ——. "How to Begin to Study *the Guide of the Perplexed*"，in *The Guide of the Perplexed*"，trans. S. Pines，Chicago：The University of Chicago Press，1963，pp. xi - lvi.

[114] Stroumsa，Guy G. *Hidden Wisdom：Esoteric Traditions and the Roots of Christian Mysticism*，Leiden：Brill，1996.

[115] Stroumsa，Sarah. "Al-Farabi and Maimonides on the Christian Philosophical Tradition：a Re-evaluation"，*Islam*，68(1991)，pp. 263 - 286.

[116] ——. *Maimonides in His World：Portrait of A Mediterrenean Thinker*，Princeton：Princeton University Press，2009.

[117] ——. "Philosophy as Wisdom：On the Christians' Role in the Translation of Philosophical Material into Arabic"，in *Exchange and Transmission across Cultural Boundaries*，The Israel Academy of Sciences and Humanities，2013，pp. 276 - 294.

[118] ——. "The Mu'tazila in al-Andalus：The Footprints of a Phantom"，*Intellectual History of the Islamicate World 2*(2014)，pp. 80 - 100.

[120] Taylor，Richard C. "Averroes：Religious Dialectic and Aristotelian Philosophical Thought"，收录于《剑桥哲学研究指针：阿拉伯哲学》，彼得·亚当森，理查德·C. 泰勒编，北京：生活·读书·新知三联书店，2006，pp. 180 - 200。

[121] Thomson，Iain. *Heidegger on Ontotheology* (Cambridge：Cambridge University

Press，2005.

[122] Thompson, Richard Jude. *Terror of the Radiance：Aššur Covenant to Yhwh Covenan*, Göttingen：Vandenhoeck & Ruprecht，2013.

[123] Treiger，Alexander. *Inspired Knowledge in Islamic Thought*，Abingdon：Routledge，2012.

[124] Twersky, Isadore. *Introduction to the Code of Maimonides*. New Haven：Yale University Press，1980.

[125] Urvoy, D. *Ibn Rushd*, trans. Olivia Stewart, Routledge, 1991.

[126] Weiss, Roslyn. "Comments on Seeskin and Kreisel's Essays on Maimonides on Creation", in *Jewish Philosophy：Perspectives and Retrospectives*, Academic Studies Press, 2012, pp. 210 - 212.

[127] ——. "Natural Order or Divine Will：Maimonides on Cosmogony and Prophecy", *JJTP*, 15. 1,2007：1 - 26.

[128] Willemen, Charles., Dessein, Bart., Cox, Collett. *Sarvastivada Buddhist Scholasticism*, Leiden：Brill, 1998.

[129] Winston，David. "Philo's Theory of Eternal Creation：De Prov. 1. 6 - 9", *Proceedings of the American Academy for Jewish Research*, Vol. 46/47, Jubilee Volume（1928 - 29/1978 - 79）[Part 2]（1979 - 1980）, pp. 593 - 606.

[130] Wisnovsky, Robert, 2012, "Essence and Existence in the Eleventh-and Twelfth-Century Islamic East：A Sketch", in *The Arabic，Hebrew and Latin reception of Avicenna's Metaphysics*, Brill.

[131] ——. *Avicenna's Metaphysics in Context*, Ithaca：Cornell University Press, 2003.

[132] Wolfson, Harry A. "The Meaning of Ex Nihilo in Isaac Israeli", *Jewish Quarterly Review*, New Series, Vol. 50, No. 1 (Jul. , 1959), pp. 1 - 12.

[133] ——. "The Meaning of Ex Nihilo in the Church Fathers, Arabic and Hebrew Philosophy and St. Thomas", in *Studies in the History of Philosophy and Religion*, Vol. 1, ed. I. Twersky and G. H. Williams, Cambridge, MA：Harvard University Press, 1973, pp. 207 - 221.

[134] ——. *The Philosophy of the Kalam*, Cambridge, MA：Harvard University Press，1976.

[135] Zeller, Eduard. *Outline of the History of Greek Philosophy*, Oldbery：Meridian Books, 1955.

二、　中文文献

（一）原始资料：

[1] 高楠顺次郎等（辑）：《大正新脩大藏經》,电子佛典集成（光碟）,2014 年,中华电子佛典协会（CBETA）。

[2] 玄奘、辩机：《大唐西域记校注》,季羡林等校注,北京：中华书局,1985 年。

［3］慧立、彦悰著:《大慈恩寺三藏法师传》,北京:中华书局,2000 年。

［4］义净:《南海寄归内法传校注》,王邦维校注,北京:中华书局,1995 年。

［5］——:《大唐西域求法高僧传校注》,王邦维校注,北京:中华书局,1988 年。

［6］慧超、杜环:《往五天竺国传笺释·经行记笺注》,张毅、张一纯笺注,北京:中华书局,2000 年。

(二) 译著:

1. 宗教经典翻译:

［1］《和合本圣经》,中国基督教协会,南京,1996 年。

［2］《圣经后典》,张久宣译,北京:商务印书馆,1999 年。

［3］《中文译解古兰经》,中阿对照本,马坚译,麦地那:法赫德国王古兰经印刷局,回历 1407 年。

［4］《密释纳·种子部》,张平译注,济南:山东大学出版社,2011 年。

2. 著述翻译:

［1］阿尔法拉比(即法拉比):《柏拉图的哲学》,程志敏译,上海:华东师范大学出版社,2006 年。

［2］阿奎那:《神学大全》,第一集,段德智译,北京:商务印书馆,2013 年。

［3］——:《论存在者与本质》,段德智译,《世界哲学》2007 年第 1 期,第 53 - 76 页。

［4］阿维罗伊:《阿维罗伊论〈王制〉》,刘舒译,北京:华夏出版社,2008 年。

［5］奥古斯丁:《忏悔录》,周士良译,北京:商务印书馆,1963 年。

［6］——:《上帝之城》,王晓朝译,北京:人民出版社,2006 年。

［7］——:《上帝之城:驳异教徒》(上、中、下),吴飞译,上海:上海三联书店,2007—2009 年。

［8］——:《论原罪与恩典》,周伟驰译,北京:商务印书馆,2012 年。

［9］——:《论三位一体》,周伟驰译,上海:上海人民出版社,2005 年。

［10］北京大学哲学系:《西方哲学原著选读》(上卷),北京:商务印书馆,1981 年。

［11］柏拉图:《蒂迈欧篇》,谢文郁译注,上海:上海人民出版社,2003 年。

［12］第·博尔:《伊斯兰哲学史》,马坚译,北京:中华书局,1958 年。

［13］法赫里:《伊斯兰哲学史》,陈中耀译,上海:上海外语教育出版社,1992 年。

［14］法拉比:《论完美城邦》,董修元译,上海:华东师范大学出版社,2016 年。

［15］斐洛:《论创世记》,王晓朝、戴伟清译,北京:商务印书馆,2012 年。

［16］爱德华·格兰特:《近代科学在中世纪的基础》,张卜天译,长沙:湖南科学技术出版社,2010 年

［17］吉尔松:《中世纪哲学精神》,沈清松译,上海:上海人民出版社,2008 年。

［18］井筒俊彦,2014,《伊斯兰形而上学之思的基本结构》,王希译,《世界哲学》,2014 年第 4 期。

［19］凯思:《印度逻辑和原子论》,宋立道译,北京:中国社会科学出版社,2006 年。

［20］康德:《纯粹理性批判》,李秋零译,北京:人民大学出版社,2004 年。

［21］约翰·马仁邦(主编):《劳特利奇哲学史第三卷·中世纪哲学》,孙毅等译,冯俊审校,北京:中国人民大学出版社,2009 年。

[22] ——：《中世纪哲学：历史与哲学导论》，吴天岳译，北京：北京大学出版社，2015 年。

[23] 马苏第：《黄金草原》，耿升译，西宁：青海人民出版社，1998 年。

[24] 迈蒙尼德：《迷途指津》，傅有德、郭鹏、张志平译，济南：山东大学出版社，1998 年。

[25] ——：《论知识》，董修元译，济南：山东大学出版社，2015 年。

[26] 普洛克罗：《柏拉图的神学》，石敏敏译，北京：中国社会科学出版社，2007 年。

[27] 普罗提诺：《九章集》，石敏敏译，北京：中国社会科学出版社，2009 年。

[28] 舍尔巴茨基：《小乘佛学》，立人译，北京：中国社会科学出版社，1994 年。

[29] 列奥·施特劳斯：《犹太哲人与启蒙》，刘小枫编，张缨、李秋零等译，北京：华夏出版社，2010 年。

[30] ——：《迫害与写作艺术》，刘锋译，北京：华夏出版社，2012 年。

[31] G. G. 索伦：《犹太教神秘主义主流》，涂笑非译，成都：四川人民出版社，2000 年。

[32] 沃格林：《自传性反思》，徐志跃译，北京：华夏出版社，2009 年。

[33] 伊本·图斐利：《哈义·本·叶格赞的故事》，王复、陆孝修译，北京：商务印书馆，1999 年。

[34] 亚里士多德：《亚里士多德全集》（10 卷），苗力田主编，北京：中国人民大学出版社，1990—1996 年。

[35] 溥林：《范畴篇笺释——以晚期希腊评注为线索》，上海：华东师范大学出版社，2014 年

[36] 汉斯·约纳斯：《诺斯替宗教》，张新樟译，上海：上海三联书店，2006 年，第 165 - 178 页。

[37] 赵敦华、傅乐安（主编），吴天岳（审校）：《中世纪哲学》，北京：商务印书馆，2013 年。

（三）研究文献：

[1] 蔡德贵：《阿拉伯哲学史》，济南：山东大学出版社，1992 年。

[2] 曹彦：《从极微论看佛教时空及涅槃观》，《佛学研究》，2002 年，第 52 - 57 页。

[3] ——：《〈顺正理论〉的极微观》，《哲学动态》，2011 年第 4 期，第 66 - 71 页。

[4] ——：《〈阿毗达摩顺正理论〉实有观念研究》，武汉：武汉大学出版社，2014 年。

[5] 程志敏：《阿尔法拉比与柏拉图》，上海：华东师范大学出版社，2008 年。

[6] 董尚文：《阿奎那存在论研究》，北京：人民出版社，2008 年。

[7] 傅有德：《犹太哲学与宗教研究》，北京：中国社会科学出版社，2007 年。

[8] 傅有德等：《犹太哲学史》，北京：中国人民大学出版社，2008 年。

[9] 高山奎：《迈蒙尼德是一个亚里士多德主义者吗？——一种施特劳斯主义的视角》，《哲学动态》，2017 年第 11 期，第 72 - 73 页。

[10] 郭鹏：《信仰合理化的企图——从〈迷途指津〉看迈蒙尼德的理性主义》，《犹太研究》第 1 辑，2002 年，第 50 - 92 页。

[11] ——：《迈蒙尼德犹太教十三条信条简析》，《犹太研究》第 5 辑，2007 年，第 17 - 29 页。

[12] 黄心川：《印度哲学史》，北京：商务印书馆，1989 年。

[13] 李秋零、田薇:《神光沐浴下的文化再生》,北京:华夏出版社,2000 年。

[14] 刘小枫:《施特劳斯与启蒙哲学(上)——读施特劳斯早期文稿〈柯亨与迈蒙尼德〉》,《西北师大学报》(社会科学版),2009 年第 3 期,第 1 - 9 页。

[15] 宋立宏:《释"顺民":犹太人在伊斯兰世界中的法律和社会地位》,《学海》,2010 年第 2 期,第 128 - 134 页;增订版收入潘光、汪舒明主编:《离散与避难:犹太民族难以忘怀的历史》,北京:时事出版社,2013 年,第 31 - 55 页。

[16] 汤用彤:《印度哲学史略》,上海:上海古籍出版社,2006 年。

[17] 王希:《安萨里思想研究》,北京:宗教文化出版社,2016 年。

[18] ——:《伊斯兰哲学中的是、存在、本质》,《哲学动态》,2004 年第 3 期。

[19] 王彦:《中世纪犹太教教条思想研究》,山东大学博士学位论文,2008 年。

[20] ——:《对上帝的爱和对律法的恐惧——论迈蒙尼德建立十三条基本原则的原因》,《犹太研究》,2011 年,第 57 - 67 页。

[21] 王增福:《理性的有限性与形而上学的可能性——论迈蒙尼德关于理性与信仰关系的思想》,《华中科技大学学报》,2010 年第 5 期,第 18 - 24 页。

[22] 吴雁:《伊斯兰原子论的哲学思考》,《阿拉伯世界》,2004 年第 2 期,第 37 - 40,49 页。

[23] 夏歆东:《迈蒙尼德寓意释经法研究》,上海:上海三联书店,2016 年。

[24] ——:《古希腊哲学影响下的犹太教圣典诠释》,《犹太研究》,2011 年,第 16 - 27 页。

[25] 谢文郁:《存在论的基本问题》,《世界哲学》,2006 年第 6 期,第 25 - 35 页。

[26] ——:《存在论的新动向:偶态分析》,《哲学动态》,2006 年第 2 期,第 24 - 28 页。

[27] 徐新:《反犹主义解析》,上海:上海三联书店,1996 年。

[28] 许潇:《〈大毗婆沙论〉中的极微说》,《重庆交通大学学报》(社科版),2012 年第 1 期,第 111 - 113,123 页。

[29] 章雪富:《斐洛思想导论(I)》,北京:中国社会科学出版社,2006 年。

[30] 张缨:《何来迷途,如何指津——略论作为教育者的迈蒙尼德》,《海南大学学报》(人文社会科学版),2012 年第 5 期,第 21 - 25 页。

[31] ——:《智慧与对上帝的认识——透过迈蒙尼德的眼光读〈约伯记〉》,《求是学刊》,2012 年第 2 期,第 28 - 31 页。

[32] 赵敦华:《基督教哲学 1500 年》,北京:人民出版社,1994 年,2005 年。

[33] 赵同生:《论迈蒙尼德在〈迷途指津〉中对寓意解经法的理性化应用》,《济南大学学报》(社会科学版),2008 年第 5 期,第 75 - 78 页。

[34] ——:《迈蒙尼德宗教哲学思想研究》,上海:上海三联书店,2016 年。

[35] ——:《迈蒙尼德〈评密西那〉导言中的哲学思想》,《犹太研究》,2008 年,第六辑,第 16 - 24 页。

[36] 周燮藩、刘精忠:《犹太教概论》,北京:中国社会科学出版社,2012 年。

后　　记

　　本书的主体内容是基于我的博士论文《迈蒙尼德宇宙生成论思想研究》（2014 年，山东大学）修订而成。在书稿杀青之际，向各位给予指导与帮助的师友致谢。

　　首先感谢我的博士论文导师傅有德教授，是他将我引领入犹太思想与中世纪哲学的天地，使我在其中发现一小块自己的园地，他十年来的言传身教不仅形塑了这篇论文，也为我树立了学术生涯的方向与目标。感谢我的博士后合作导师 Steven Harvey 教授，他是我探索希伯来—阿拉伯语哲学文献宝藏的指路明灯。

　　感谢 Sarah Stroumsa 教授、Guy Stroumsa 教授、Zev Harvey 教授、Tzvi Langermann 教授、Yair Lorberbaum 教授、Howard Kreisel 教授和 Sara Klein-Braslavy 教授等以色列中世纪哲学专家在迈蒙尼德研究方面给予我的宝贵指点，他们的意见对论文中若干核心观点的形成起到至关重要的作用。特别感恩已故 Shlomo Pines 教授，尽管无缘亲炙教席，冥冥之中我的每一步学术探索都踩在他的巨人足印之上。

　　同时，与 Josef Stern 教授、Lenn Goodman 教授、Alfred Ivry 教授、Frank Griffel 教授、Kenneth Seeskin 教授、James Diamond 教授、Tzvi Abusch 教授、Edward Halper 教授、刘新利教授、宋立宏教授、田海华教授、王希博士、张缨博士、夏歆东博士、艾仁贵博士、王强伟博士、Yehudah Halper 博士和 Daniel Davies 博士的交流和通信，令我受益匪浅，在这里也向他们致谢。

　　感谢上海三联书店的工作人员，特别是黄韬总编辑为本书出版所付出的心力。

　　最后，感谢我的妻子毛思敏，多年来为支持我的学术事业，她不仅承担

起家庭的重任,更延迟了自己的学业。没有她的包容和付出,本书不可能
完成。

董修元

2022 年 6 月 16 日

图书在版编目(CIP)数据

迈蒙尼德宇宙生成论思想研究/董修元著. —上海：上海三联书店,2022.8
(犹太学博士文库/傅有德主编)
ISBN 978 - 7 - 5426 - 7802 - 7

Ⅰ.①迈… Ⅱ.①董… Ⅲ.①犹太哲学-哲学思想-研究-中世纪 Ⅳ.①B382

中国版本图书馆 CIP 数据核字(2022)第 146363 号

迈蒙尼德宇宙生成论思想研究

著　　者 / 董修元

责任编辑 / 黄　韬
装帧设计 / 徐　徐
监　　制 / 姚　军
责任校对 / 王凌霄

出版发行 / 上海三联书店
　　　　　(200030)中国上海市漕溪北路 331 号 A 座 6 楼
邮　　箱 / sdxsanlian@sina.com
邮购电话 / 021 - 22895540
印　　刷 / 上海惠敦印务科技有限公司

版　　次 / 2022 年 8 月第 1 版
印　　次 / 2022 年 8 月第 1 次印刷
开　　本 / 710 mm×1000 mm　1/16
字　　数 / 300 千字
印　　张 / 17.75
书　　号 / ISBN 978 - 7 - 5426 - 7802 - 7/B・785
定　　价 / 68.00 元

敬启读者,如发现本书有印装质量问题,请与印刷厂联系 021 - 63779028